OURO POR LIXO

OURO POR LIXO

as inserções de Gana
na divisão internacional
do trabalho

Kauê Lopes dos Santos

Rio de Janeiro | 2021

copyright © 2020
Kauê Lopes dos Santos

editoras
Cristina Fernandes Warth
Mariana Warth

coordenação de produção, projeto gráfico e diagramação
Daniel Viana

preparação de originais
Eneida D. Gaspar

revisão
BR75 | Clarisse Cintra e Rowena Esteves

capa
Catarina Bessel (sobre foto do autor)

Este livro segue as novas regras do Acordo Ortográfico da Língua Portuguesa.

Todos os direitos reservados à Pallas Editora e Distribuidora Ltda. É vetada a reprodução por qualquer meio mecânico, eletrônico, xerográfico etc., sem a permissão por escrito da editora, de parte ou totalidade do material escrito.

CIP-BRASIL. CATALOGAÇÃO NA PUBLICAÇÃO
SINDICATO NACIONAL DOS EDITORES DE LIVROS, RJ

S2350

    Santos, Kauê Lopes dos, 1986-
    Ouro por lixo : as inserções de Gana na divisão internacional do trabalho / Kauê Lopes dos Santos. - 1. ed. - Rio de Janeiro : Pallas, 2021.
    288 p. ; 23 cm.

    Inclui bibliografia
    ISBN 978-65-5602-029-7

    1. Gana - Condições econômicas. 2. Desenvolvimento econômico. 3. Divisão internacional do trabalho. 4. Lixo eletrônico - Reaproveitamento. 5. Brasil - Relações exteriores - Gana. I. Título.

21-69591   CDD: 330.09667
                           CDU: 330(667)

Camila Donis Hartmann - Bibliotecária - CRB-7/6472

Pallas Editora e Distribuidora Ltda.
Rua Frederico de Albuquerque, 56 – Higienópolis
CEP 21050-840 – Rio de Janeiro – RJ
Tel./fax: 21 2270-0186
www.pallaseditora.com.br
pallas@pallaseditora.com.br

Para Sebastião, Iracema,
Conceição, Heitor e Helena:
as raízes daqui que forçam o meu
olhar para o outro lado do oceano.

AGRADECIMENTOS

Desde agosto de 2013, quando a pesquisa de doutorado que deu origem a este livro foi institucionalmente iniciada no Programa de Pós-Graduação em Geografia Humana – da Faculdade de Filosofia, Letras e Ciências Humanas da Universidade de São Paulo (FFLCH-USP) –, pude contar com o apoio e a colaboração de muitas pessoas. Aqui faço um breve agradecimento àqueles que foram diretamente importantes para a elaboração desta tese entre 2013 e 2016.

Ao meu orientador, o Professor Armen Mamigonian, gostaria de agradecer profundamente por todo o processo de orientação, iniciado em 2013. Conheci o Armen no primeiro ano da graduação, em 2004, quando fui seu aluno na disciplina Geografia Econômica I. Ainda "verdes" na FFLCH-USP, Armen nos colocou em contato com uma sofisticada literatura que ia de Karl Marx a Milton Santos, passando por Lênin, Trotsky, Kondratiev, Rangel e Cholley. Estimulado pelas leituras e discussões em sala de aula, ao fim da disciplina, acabei elaborando uma pesquisa sobre a indústria de cobre na Zâmbia, sem saber que essa seria a semente das minhas preocupações acadêmicas na geografia dez anos mais tarde. No doutorado, foram numerosas reuniões de orientação sobre a ciência geográfica e sobre Gana, todas elas enriquecedoras. Acredito ainda ser importante mencionar que, em tempos de produtivismo acadêmico, não são todos os professores que como ele acreditam verdadeiramente na autonomia de seus alunos.

Agradeço também ao meu coorientador, o Professor Michael Watts, pela excelente recepção na University of California, em Berkeley (UC-Berkeley). Suas aulas e reuniões de orientação ampliaram as minhas referências bibliográficas sobre geografia econômica e sobre a África Ocidental.

À Coordenação de Aperfeiçoamento de Pessoal de Nível Superior (Capes), eu agradeço a concessão da Bolsa de Doutorado Sanduíche no Exterior (PDSE), entre agosto de 2015 e agosto de 2016, que viabilizou minha pesquisa na UC-Berkeley.

Devo agradecer enormemente as leituras, os comentários, as sugestões e as críticas que este trabalho recebeu enquanto tese, defendida em 2017. Nesse sentido, as arguições do Embaixador Celso Amorim e dos Professores Luiz Felipe de Alencastro, André Martin e Mónica Arroyo me estimularam a seguir estudando Gana e fazer a constante atualização dos dados quantitativos e qualitativos aqui apresentados e analisados.

Dentro da família, devo agradecer a influência de meu pai, Luiz Carlos dos Santos, por me apresentar uma ampla literatura sobre a África e, em especial, sobre os movimentos de independência no continente. Já à minha mãe, Ana Lucia Lopes, agradeço por sempre estar disponível para discussões metodológicas que ajudaram a estruturar minha presença nos trabalhos de campo, como pesquisador. Por fim, agradeço aos meus irmãos Ynaê Lopes dos Santos e Uyrá Lopes dos Santos pelas leituras cuidadosas, pelas críticas e pelas sugestões feitas em alguns capítulos deste livro.

Sou extremamente grato a Rodrigo Lopez pelas entusiasmadas conversas sobre literatura e arte africana. Agradeço também pelas inúmeras e ricas discussões acadêmicas feitas com Mariana Teixeira Marques, Gabriel Locke e Vitor Hirshburn. Aos meus amigos geógrafos do Laboratório de Geografia Política e Planejamento Territorial e Ambiental (Laboplan) – do Departamento de Geografia da FFLCH-USP –, gostaria de agradecer, primeiramente, à Ana Elisa Rodrigues Pereira, que sempre me prestou solidariedade em diferentes momentos. Agradeço também a Larissa Santos, Jonatas Mendonça e Evandro Andaku pelo interesse e pela disposição com que discutiram comigo os assuntos relacionados a este livro.

SUMÁRIO

LISTA DE ABREVIATURAS E SIGLAS   12

PREFÁCIO   14

APRESENTAÇÃO: Gana e a África ontem e hoje   17

INTRODUÇÃO   37
    A formação socioespacial e as *combinações* na geografia   41
    A elaboração da pesquisa   45

CAPÍTULO 1: Gana no tempo, Gana no mundo   49
    1.1 As inserções da África Ocidental no comércio transaariano em tempos pré-capitalistas   52
    1.2 As inserções da África Ocidental no tráfico atlântico em tempos de capitalismo mercantil   56
    1.3 As inserções da África Ocidental na DIT em tempos de capitalismo industrial   58
    1.4 Os esforços de subversão da formação socioespacial ganense na DIT entre 1957 e 1983   73
    1.5 A chegada do neoliberalismo a partir de 1983   85
    Conclusões do Capítulo 1   88

CAPÍTULO 2: O espaço econômico de Gana no início do século XXI   91
    2.1 As condições gerais de produção   94
    2.2 As condições gerais de circulação e distribuição   129
    Conclusões do Capítulo 2   148

CAPÍTULO 3: As exportações e os circuitos espaciais de produção das *commodities*   151
    3.1 As exportações   154
    3.2 Ouro, manganês, bauxita e diamante   158

3.3 Petróleo **187**

3.4 Cacau **193**

3.5 O mercado das *commodities made in Ghana* **203**

Conclusões do Capítulo 3 **206**

CAPÍTULO 4: As importações e o circuito espacial de produção das *recommodities* **209**

4.1 As importações **212**

4.2 As empresas importadoras **216**

4.3 A importação de alimentos e bens de consumo não duráveis **218**

4.4 A importação de bens de produção **222**

4.5 A importação de bens de capital e de bens de consumo duráveis **225**

4.6 A predominância chinesa nas importações ganenses em escala mundial **229**

4.7 A predominância dos países do ECOWAS nas importações ganenses em escala continental **235**

4.8 A importação de lixo eletrônico **239**

4.9 *Recommodização* da economia **255**

Conclusões do Capítulo 4 **258**

CONSIDERAÇÕES FINAIS: Ouro por lixo **261**

REFERÊNCIAS **267**

LISTAS DE ILUSTRAÇÕES **281**

Imagens **282**

Mapas e croquis cartográficos **284**

Quadros **285**

LISTA DE ABREVIATURAS E SIGLAS

ACE – Alcan Chemical Europe
AFRC – Armed Forces Revolutionary Committee
AGC – Ashanti Goldfields Corporation
AMCL – African Manganese Company Limited
BMG – Bosai Minerals Group
Cast – Consolidated African Selection Trust
CI – Circuito Inferior
CMB – Cocoa Marketing Board
Cocobod – Ghana Cocoa Board
CPP – Convention People's Party
Crig – Cocoa Research Institute of Ghana
CS – Circuito Superior
DIT – Divisão Internacional do Trabalho
ECOWAS – Economic Community of West African States
ERP – Economic Recovery Program
FAO – Food and Agriculture Organization
FMI – Fundo Monetário Internacional
GACL – Ghana Airports Company Limited
GBC – Ghana Bauxite Company
GBCL – Ghana Bauxite Company Limited
GCAA – Ghana Civil Aviation Authority
GCC – Global Commodity Chain
GCD – Ghana Consolidated Diamonds
Gimc – Ghana International Manganese Corporation
GMC – Ghana Manganese Company
GMWU – Ghana Mine Workers Union
GNMG – Ghana National Manganese Corporation
GNPC – Ghana National Petroleum Corporation
GPHA – Ghana Ports and Harbours Authority

GRCL – Ghana Railway Company Limited
GRDA – Ghana Railway Development Authority
GSS – Ghana Statistical Service
GVC – Global Value Chain
Ibes – Integrated Business Establishment Survey
Interpol – Polícia Internacional
KIA – Kotoka International Airport
LBT – Labor-Based Technology
MoEP – Ministry of Energy and Petroleum
NDC – National Democratic Congress
NLC – National Liberation Council
NPP – New Patriotic Party
NRC – National Redemption Council
ONU – Organização das Nações Unidas
PBC – Produce Buying Company
PC – Petroleum Commission
PIB – Produto Interno Bruto
PMMC – Precious Mineral Marketing Company
PNDC – Provisional National Defence Council
PNP – People's National Party
PP – Progress Party
PPP – Parcerias Público-Privadas
SAP – Structural Adjustment Plan
SGMC – State Gold Mining Corporation
SMC – Supreme Military Council
TLS – Trade Liberalization Scheme
TOR – Tema Oil Refinery
UGCC – United Gold Coast Convention
VRA – Volta River Authority
WAMZ – West African Monetary Zone

PREFÁCIO

Quando o jovem doutorando Kauê Lopes dos Santos me procurou, no fim de 2016, eu já havia deixado o governo quase dois anos antes. Meu último cargo fora o de Ministro da Defesa durante o primeiro mandato de Dilma Rousseff. Mas o que certamente o levou a me convidar para ser uma espécie de membro honorário da banca que julgaria a sua tese, na Universidade de São Paulo, foi a minha atuação como Ministro das Relações Exteriores do Presidente Luiz Inácio Lula da Silva. O ponto de contato entre o jovem estudante de pós-graduação e o antigo ministro estava relacionado com dois temas aos quais me dediquei com empenho na minha longa gestão entre 2003 e 2010. Na verdade, já me ocupara deles antes, durante o governo do Presidente Itamar Franco e, mesmo, como embaixador brasileiro junto às Nações Unidas e como Representante Permanente do Brasil em Genebra. Esse ponto de contato se situava no cruzamento de duas linhas fortes da política externa do Brasil no primeiro decênio do século XX: nossa aproximação com a África e o papel que exercemos nas negociações comerciais internacionais. Por essas razões, principalmente, interessei-me pelo trabalho de Kauê e o li com muito interesse.

Gana fora um dos primeiros países africanos a proclamar a independência, e seu primeiro líder, Kwame Nkrumah, foi, no início dos anos 1960, um dos mais importantes líderes do chamado Terceiro Mundo. Curiosamente, sua deposição por golpe militar – assim como a do indonésio Sukarno – praticamente coincidiu, com pequeno intervalo, com a derrubada do presidente João Goulart (Jango) no Brasil. Coincidência ou não, a vivência daqueles fatos, em uma época em que eu ainda cursava o Instituto Rio Branco (a academia diplomática brasileira), ficou marcada na minha memória como uma evidência do destino comum dos países coloniais e semicoloniais e do perene empenho de forças internas e externas em derrubar governos progressistas no Terceiro Mundo. Foi, assim, com interesse que li a competente recapitulação histórica feita pelo autor, a fim de situar o núcleo da sua tese na inserção de Gana na economia mundial.

Antes de comentar esse aspecto, gostaria de fazer uma breve referência às relações entre Brasil e Gana, especialmente durante o período do Presidente Lula. Embora Acra tenha sido uma das primeiras capitais africanas em que o Brasil havia aberto embaixada, as relações entre os dois países eram tênues. Na minha primeira viagem à África, como ministro de Lula, fiz questão de incluir Acra no roteiro. Atraía-me não só o lado histórico-político, mas também a informação de que havia na capital ganense uma comunidade descendente de ex-escravos brasileiros, que haviam conseguido a liberdade e haviam migrado para o continente de suas origens. Essa comunidade tinha uma denominação peculiar; chamava-se "Tabons", palavra que seria derivada, segundo se dizia, da forma simplificada como esses "reimigrantes", desconhecendo a língua local, respondiam a qualquer pergunta que lhes era formulada: "Tá bom!" (*It's OK!*). A comunidade dos Tabons seria objeto de atenção carinhosa da nossa diplomacia. Na primeira visita de Lula ao país, o Rei (!) dos Tabons receberia de presente um trono de madeira. Também lhe foi oferecida uma "sala de despachos" na *Brazil House*, para que pudesse receber seus súditos!

Chamo a atenção para esses detalhes curiosos e pouco conhecidos, entre outras razões, para demonstrar que a tese de Kauê não surgiu em um vácuo, mas no contexto de uma crescente atenção à África e, em particular, a Gana. Menos pitoresco, mas não menos importante, foi a decisão de instalar em Acra a "sucursal" africana da Embrapa, empresa de pesquisa agropecuária, responsável, em grande medida, pelo desenvolvimento da nossa agroindústria. A relação estreita com Gana se expressou também em foros multilaterais, com ênfase especial às discussões sobre a reforma do Conselho de Segurança das Nações Unidas, tema em que o então chanceler e atual presidente, Nana Akufo-Addo, teve participação destacada. O escritório da Embrapa foi fechado anos depois, em período de retração da diplomacia brasileira, e as discussões sobre a reforma do Conselho de Segurança nunca chegaram a bom termo, mas a aproximação entre os dois países, bem como os laços com a comunidade dos Tabons, terão influído, creio, ainda que inconscientemente, na escolha do país tema da tese de doutorado daquele jovem afrodescendente de São Paulo, cujo interesse pela África havia sido despertado por seus pais, também cientistas sociais.

Para além da evolução política e das distintas percepções dos presidentes que se seguiram a Nkrumah no comando de Gana sobre o modelo econômico mais adequado para o país, a tese (agora livro) de Kauê faz uma análise pioneira da forma perversa pela qual muitas nações em desenvolvimento se inserem na economia internacional, seja pela carência de capitais próprios, seja em função da volatilidade dos preços das *commodities*. Depois de fazer um detido apanhado do crescimento esporádico propiciado por aumentos dos preços internacionais de alguns produtos como o ouro, o cacau e a bauxita, e de apontar as dificuldades da produção mais voltada para o mercado interno, o autor se detém sobre uma espécie de "novo pacto colonial", subproduto da economia moderna, entre Gana e os países ricos.

Tendo feito dezenas de visitas a países africanos, eu pouco conhecia do fenômeno que Kauê descreve com minúcia: a importação de lixo eletrônico e sua reciclagem ou "recommodização", como ele a chama, pela transformação desses rejeitos em um mineral que, sob essa forma reprimarizada, poder-se-ia dizer, volta ao mercado internacional. O autor ressalta não só o aspecto econômico desse processo, mas seus impactos sociais e ambientais. O estudo constitui, portanto, um importante aporte para o entendimento da evolução econômica de Gana. É também contribuição importante para o entendimento das duras condições em que ainda vivem muitos dos países que emergiram do jugo colonial. Por todos os motivos, merece ser lido e estudado e, quem sabe, inspirar novas pesquisas e análises.

No momento em que escrevo essas linhas, o Brasil vive um dos momentos mais sombrios de sua história. Assolado, como todo o planeta, pela pandemia do coronavírus, o Brasil convive com retrocessos em todos os aspectos de sua vida sociopolítica, do econômico ao cultural, dos direitos humanos ao meio ambiente. Uma das vítimas maiores desse processo sem precedentes em nossa história tem sido a diplomacia brasileira, hoje totalmente sem rumo. Livros como o de Kauê Lopes dos Santos, que focalizam a realidade de um país africano com o qual temos muitas afinidades, certamente ajudarão a recuperar as perdas desse período obscurantista.

Embaixador Celso Luiz Nunes Amorim
Rio de Janeiro, 25 de março de 2020

APRESENTAÇÃO:
Gana e a África ontem e hoje

Nos anos 1930, quando P. Deffontaines e P. Monbeig formavam os primeiros geógrafos paulistas, entre os quais Caio Prado Júnior, a geografia humana que ensinavam era principalmente geografia econômica, como evidencia a tese de P. Monbeig sobre as frentes pioneiras do café no estado de São Paulo. Tratava-se, em grande parte, da continuação dos ensinamentos da *École des Annales*, dirigida por M. Bloch e L. Febvre, ambos formados em geografia e história.

P. Deffontaines e P. Monbeig contribuíram com F. Ruellan e L. Waibel para criar uma geografia física e humana de alto nível, em vigor no Brasil nos anos 1950 e 1960, os "anos dourados" da geografia, na feliz expressão de M. Alves de Lima. Entretanto, logo depois passaram a vigorar, importados dos EUA, vários modismos empobrecedores, como a chamada "teorética", seguida pelo "marxismo de salão" e depois pela "globalização" e finalmente pela geografia cultural, todos desprezando a geografia econômica e enveredando pelo caminho obscuro da "espaciologia", das relações "locais-globais" e outros primarismos, esquecendo-se da existência das relações centro-periferia e dos interesses nacionais.

Nos anos 1980, M. Santos teve o mérito de discutir o conceito de formação socioespacial e de sugerir aos geógrafos brasileiros a importância do estudo de outros países, atitude que os geógrafos da natureza já realizavam com bons resultados, como J. J. Bigarella, A. Ab'Saber e C. A. Figueiredo Monteiro. Assim, pouco a pouco, foram produzidos bons estudos sobre Argentina, China, EUA e outros países, retomando a linha de estudos que C. Delgado de Carvalho realizou praticamente sozinho, por muitos anos, com viés econômico e geopolítico.

Kauê Lopes dos Santos, no seu estudo sobre Gana, levou a vantagem de ser afrodescendente e participar de uma família de sociólogos, antropólogos e historiadores dedicada ao conhecimento da África. Além do seu doutorado ter sido aprovado por banca de alto nível, ele assumiu a tarefa de continuar suas pesquisas sobre o continente africano, estagiando desde 2019 na London School of Economics e realizando viagem ao Egito e a outros países.

Os caminhos da pesquisa: a teoria e a prática

Gana, nação localizada na África Ocidental subsaariana, ocupa um território pequeno, de 238 mil km², mas tem uma população numerosa e crescente de 8,6 milhões em 1970, 20,5 milhões em 2003 e aproximou-se dos 30 milhões em 2020. Ao enfrentar a difícil tarefa de decifrar sua geografia econômica, Kauê teve vários méritos: 1) fazer uma boa escolha teórico-metodológica; 2) explorar ao máximo os estudos africanistas de intelectuais africanos, europeus e brasileiros, entre os quais E. M'Bokolo, C. Coquery-Vidrovitch e A. Costa e Silva; e 3) não esquecer das pesquisas *in loco*, valorizadas pela geografia e pela antropologia e nem tanto pela economia e pela sociologia, o que o levou a percorrer o país do sul ao norte e de leste a oeste, realizando entrevistas em dez cidades, duas das quais portuárias.

A opção teórica adotada por Kauê Lopes dos Santos tem elementos provenientes da geografia clássica, bem como do marxismo. A. Cholley, em meados do século XX, explicitou sua rica visão de "combinações geográficas", desde as mais simples, como as chuvas, até as mais complexas, como a expansão da agricultura do trigo nas pradarias centrais do Canadá, até então subutilizadas. As "combinações" de A. Cholley equivalem às "múltiplas determinações" de K. Marx, que não se restringiam à determinação econômica.

Gana, por ter um longo passado histórico e ter caído no século XIX sob a dominação inglesa, exige uma análise do período colonial sob o ângulo das relações centro-periferia, tentando entender em que medida o imperialismo retraçou a fisionomia do poderoso reino Axânti, que deu origem ao país, e que acabou destruído. As ideias de V. Lênin sobre o imperialismo e sua aplicação aos países coloniais e semicoloniais foram retomadas por I. Rangel e ajudaram a entender o crescimento da economia pelo estímulo das exportações e o crescimento pela substituição de importações, aplicando-se a ideia da relação entre capacidades ociosas e os nós de estrangulamento econômicos.

Metodologicamente, a geografia econômica é um cruzamento de geografia, história e economia. Kauê começa seu livro com uma análise sobre a gênese das atividades humanas; isto é, a história delas da origem até o presente. Em seguida, ele enfatiza a organização do espaço; isto é, a localização das atividades econômicas e suas regionalizações, a distribuição das infraestruturas, a rede de cidades etc. No terceiro capítulo, ele aborda a inserção de Gana na economia mundial por meio da exploração de ouro, petróleo, cacau e outras *commodities*. No último capítulo ele atenta às dinâmicas de importações, dinâmicas essas que ajudam a entender também as capacidades ociosas e os nós de estrangulamento, ou aquilo que as forças produtivas no território não conseguem garantir. No estudo empreendido, Kauê procurou entender os mecanismos históricos, econômicos e geográficos, acima referidos, mas também os mecanismos culturais, geopolíticos etc., usando teorias, leituras e trabalhos de campo, o que garantiu o seu sucesso.

Bases naturais e humanas da África

Fazendo a comparação da África com outros continentes, vale a pena ressaltar algumas de suas especificidades. Uma delas é de ordem climatobotânica, como a presença do deserto do Saara, o maior do mundo, com enorme extensão que vai do oceano Atlântico até o mar Vermelho, que separou por muito tempo as populações do litoral mediterrâneo das populações ao sul do Saara, separação que foi sendo corrigida pela introdução, pouco a pouco, dos camelos nos três primeiros séculos da Era Cristã.

Ao norte do Saara, na extensão do Atlântico ao mar Vermelho, do Marrocos ao Egito, tem vigência o clima mediterrâneo, também presente em toda a Europa Meridional, com verões quentes e secos e invernos frios e chuvosos, o que facilitou nos dois lados do mar Mediterrâneo a sedentarização das populações. Do lado europeu, cedo se desenvolveram agricultura, pecuária e pesca abundantes, com produção de trigo e outros cereais, de oliveiras, videiras e outras frutas, inclusive secas. Desenvolveu-se numerosa criação de bovinos, ovinos e caprinos, frequentemente em transumância entre os pastos das planícies e das montanhas, além da atividade pesqueira por todos os litorais, que foi a base, mais tarde, da navegação marítima e oceânica de gregos, portugueses e italianos. Todas essas riquezas econômicas permitiram a emersão, na Antiguidade, de várias sociedades, como a grega, a romana, a fenícia e outras, que acabaram se expandindo e colonizando o lado africano do Mediterrâneo. Vale lembrar que Santo Agostinho, importante figura do cristianismo nos seus inícios, viveu do lado africano do Império Romano.

Insistimos nas enormes extensões do deserto do Saara e da área climatobotânica mediterrânea da África Setentrional, e por isto devemos acrescentar que, na África Meridional, essas formações naturais reaparecem, mas com extensões muito menores, no deserto do Kalahari e no clima mediterrâneo da Província do Cabo. Também menor em outros continentes, como no sul da Austrália, na Califórnia e interior nos EUA, nos litorais do Peru e do Chile, e, assim, não tão importantes para as sociedades como no norte da África.

Ao sul do Saara começa o Sahel, outro gigantesco espaço climatobotânico que vai do Atlântico ao oceano Índico, caracterizado pelo clima tropical, ao norte menos chuvoso, com campos e cerrados próprios para pastagens, e ao sul mais chuvoso, com matas e florestas favoráveis aos plantios. Esses dois ambientes tropicais caracterizam Gana e vários outros países desta faixa climatobotânica, que começa no litoral Atlântico em Cabo Verde. A África Subsaariana vai até o extremo sul do continente, ocupada por etnias variadas, que viveram a sucessão de religiões e culturas, começando pelo politeísmo, que durou intacto por muito tempo, superposto pelo islamismo árabe e depois pelo cristianismo imposto pelos colonizadores europeus.

Ao sul do Sahel, também no sentido leste-oeste, passa a ter presença dominante o clima equatorial (mas com extensão muito menor do que a das três faixas acima referidas), muito quente e chuvoso, onde estão Congo e Angola, com rios caudalosos e grandes florestas, que dificultaram a expansão árabe-muçulmana. Ao sul da faixa equatorial, os ambientes naturais, acima descritos, aparecem em ordem inversa, terminando com deserto e clima mediterrâneo no extremo sul.

Como se sabe, a humanidade surgiu na África Subsaariana quente e úmida; essas primeiras populações humanas viviam de coleta, caça e pesca, e acabaram se espalhando por todos os continentes numa aventura extraordinária. Entretanto, as primeiras sociedades sedentarizadas nasceram em outros lugares, como nos vales férteis do rio Nilo (na África Setentrional), do Eufrates, do Indo e do Amarelo (na Ásia).

A proximidade com a natureza vem de milênios, tornando a África uma das esperanças do mundo atual, carente de bons exemplos. G. Balandier (autor de *Antropologia política*), importante africanista, percebeu a importância das religiões acima referidas, e constatou que nenhuma substitui completamente o politeísmo local, que em geral absorveu o islamismo e o cristianismo. E assim manteve o reconhecimento da importância das forças naturais de várias origens, a Iemanjá rainha do mar, por exemplo. Sabedoria que se manifestava desde os primeiros trabalhos agrícolas, em geral coletivos, cantados e dançados, e também na criação dos filhos, vistos como dádivas divinas, educados com muita atenção, visando torná-los alegres e corajosos desde os primeiros anos de vida. Tudo isso resulta, em grande parte, da força da sobrevivência do matriarcado presente nas famílias e nos negócios. Assim, os afrodescendentes no Brasil, em Cuba, nos EUA e em outros lugares demonstram até hoje sua alegria, suas altas qualidades artísticas, musicais, dançantes, e o destaque nas universidades, mesmo em condições sociais difíceis, e assim são crescentemente admirados por outros grupos culturais e odiados pelas classes dominantes, em geral racistas.

Formações econômico-sociais na África Subsaariana: gênese e evolução

Além das especificidades naturais e sociais africanas, acima expostas, é necessário acrescentar alguns elementos de sua evolução econômica e política ao longo do tempo, que Kauê Lopes dos Santos enfrentou com êxito. A África ao Sul do Saara recebeu a atenção de viajantes e estudiosos assinalados por A. Costa e Silva na obra *Imagens da África*, que reuniu extratos de 83 autores, cobrindo mais de dois milênios, desde Heródoto e Estrabão, geógrafos e historiadores gregos. O primeiro teve notícias da África Subsaariana em Assuã, no Egito, enquanto o segundo esteve em vários territórios de populações negras. Vale a pena assinalar relatos chineses, dos séculos XI e XIII, referentes ao litoral do oceano Índico, desde o "Chifre", ao norte, até Mogadíscio, ao sul (porto comercial importante), e também lembrar os relatos de autores árabes da África do Norte, como Ibn Battuta e Ibn Khaldun, geógrafos e historiadores do século XIV, antecedidos e seguidos por outros viajantes árabes. Depois deles, aparecem naturalmente relatos dos navegadores portugueses e outros europeus, sobretudo do litoral atlântico, e os extratos chegam até o fim do século XIX, encerrados por uma dama inglesa vitoriana.

As formações econômicas sociais da África Subsaariana não mereceram a devida atenção da maioria dos africanistas, exceção dos poucos de formação marxista, como J. Suret-Canale e C. Coquery-Vidrovitch. Os historiadores em geral referem-se aos reinos e aos impérios, mas quase nunca às antigas formações tradicionais, apesar dos viajantes, desde Heródoto, terem feito referências explícitas a elas. Assim, sem dar muita atenção às classes sociais, acabam esquecendo as antigas formações tradicionais, sem propriedade privada, altamente comunitárias e matriarcais. Mas os clãs, originados dessas formações, continuam muito numerosos e importantes por toda a África ao sul do Saara, como na Etiópia, na Eritreia e também no Senegal, onde vivem atualmente 11 clãs, ou etnias, ao gosto dos antropólogos, a maior delas com 2 milhões de pessoas, aproximadamente, e a menor com 500 mil, todas com características e línguas próprias.

Quanto à formação dos Estados, deve-se assinalar que muitos dos reinos e impérios da África Subsaariana tiveram vida longa, de vários séculos, ou curtas, de poucos. Os últimos deles desapareceram, exceção da Abissínia, diante das invasões dos imperialismos europeus na segunda metade do século XIX. Os de vida longa passaram por várias dinastias ou superposição de outros mandantes, como o famoso Império do Mali, antecedido por outro comando e seguido pelo Império Songhai. O Império do Mali, na África Ocidental, teve grande importância do século VII ao XIV, controlando um grande território, desde o litoral atlântico, Senegal por exemplo, até o interior semiárido de Burkina Faso. Mas, muito antes disso, o Sudão marcou presença com uma dinastia que dirigiu o Egito imperial. No caso da Etiópia, o grande viajante Estrabão assinalou a presença de pequenos reinos nos primeiros anos da Era Cristã, com populações politeístas. Séculos depois, como reino importante, recebeu influência judaica, seguida pelo cristianismo copta, devendo sua prosperidade às planícies férteis do alto rio Nilo, como também foi o caso do Sudão.

Na África Ocidental, vale lembrar que o Império do Mali se tornou importante pela exportação de ouro e escravos para o Mediterrâneo, alcançando Veneza e outras ricas cidades, por intermédio do comércio árabe. Essa prosperidade permitiu a um dos seus imperadores fazer uma peregrinação a Meca, passando pelo Cairo, onde prestou depoimento a um dos cronistas relacionados por A. Costa e Silva.

O islamismo árabe teve vantagens e desvantagem para a África Subsaariana. Vantagem pelas relações com outras sociedades, viabilizando grandes avanços administrativos, científicos, artísticos e outros. Desvantagens por ter sofrido uma exploração colonial, mesmo atenuada, baseada na troca desigual de ouro por sal, além do domínio religioso-cultural, também moderado em relação ao que veio depois.

E. M'Bokolo, na obra *África negra: história e civilizações* (tomo 2), mapeou a presença de mais de 20 pequenos reinos na África Subsaariana por volta de 1800, muitos na faixa tropical imediatamente ao sul do Saara, desde o litoral atlântico até a Abissínia, no mar Vermelho. Mais ao sul, assinalou a presença de vários reinos, um dos quais no interior de Madagascar, no oceano Índico. Esse historiador deu prioridade à análise do reino Axânti, fato que chamou a atenção de Kauê Lopes dos Santos, para poder melhor entender a gênese de Gana, o primeiro país a se tornar independente do imperialismo europeu e a organizar em Acra uma grande reunião de líderes e militantes africanos que lutaram pela independência nacional, como P. Lumumba, do Congo belga.

Séculos antes do nascimento do reino Axânti, numerosas sociedades locais se sedentarizaram naquela área tropical úmida, plantando nos solos férteis das florestas, em parte preservados, banana, inhame e outras plantas, levando ao aumento das populações. No século XVIII, um dos seus pequenos reis passou a explorar grupos vizinhos, provocando uma reação militar vitoriosa, chefiada por outro líder local, tornando-o rei de Axânti de 1680 a 1717, tendo se revelado grande comandante político e militar. Assim, é reverenciado até hoje e foi um dos inspiradores da independência de Gana.

O reino prosperou bastante por três grandes razões: 1) conquistas de territórios vizinhos, em todas as direções, desde o litoral até o interior semiárido, ultrapassando mesmo a atual extensão de Gana, usando armamentos obtidos dos comerciantes portugueses; 2) extração do ouro, com trabalho escravo, e sua exportação, além de escravos e noz-de-cola, sob monopólio estatal; e 3) acordos com as províncias incorporadas, assegurando-lhes alguma autonomia administrativa. Assim, a cidade de Kumasi, capital do reino, cresceu como sede de burocracia poderosa, militar, financeira cobradora de impostos, administrativa, diplomática etc., com grande palácio real e prédios administrativos imponentes, além de cidade comercial e residencial, abrigando por volta de 15 mil pessoas em 1817 e 30 mil por volta de 1839.

Na verdade, o reino Axânti, como outros da África ao sul do Saara, se constituiu a partir da implantação de uma burocracia profissional poderosa, que administrou sua população em grande maioria camponesa, distribuída em aldeias, fortemente igualitária, dada sua origem. Assim, é possível dizer que construiu um modo de produção asiático elementar, muito difundido pelo mundo afora, mas pouco estudado pelos historiadores no caso da África Subsaariana.

Entretanto, este reino acabou sendo abalado pelo fim do tráfico escravista para as Américas, mais acentuadamente após meados do século XIX. As províncias que se sentiram prejudicadas pela queda dos negócios em geral acabaram se rebelando, com apoio dos ingleses, que se instalaram em 1874, primeiro em pontos do litoral, e passaram nos anos seguintes a ocupar toda a "Costa do Ouro". Em 1896, invadiram militarmente Kumasi, a capital do reino, e exilaram o último rei, pondo fim a essa rica experiência africana.

O imperialismo europeu e o processo de independência nacional na África

A Costa do Ouro, colônia inglesa implantada com a queda do reino Axânti, é um bom exemplo da política dos imperialismos europeus – Inglaterra e França principalmente – posta em prática brutalmente no período depressivo do ciclo longo da economia mundial (1873-1896). Nesse período, EUA e Alemanha produziram invenções – como eletricidade, motor a explosão e fordismo – que deram origem à segunda Revolução Industrial. No caso da Inglaterra e da França, o capitalismo industrial liderou a fusão com o bancário e, como estavam em crise de crescimento econômico, trataram de buscar novos mercados na periferia do capitalismo mundial, na América Latina, na África e na Ásia. A mesma fusão, liderada pelo capital bancário nos EUA e Alemanha, permitiu a ascensão desses países como as potências do século XX, paralelamente ao declínio da Inglaterra e da França, as grandes potências do século XIX.

As potências europeias, em cada uma de suas colônias, exerceram pesadas influências nos setores econômicos, político-administrativos e culturais. A presença do imperialismo, desde o Magreb mediterrâneo até a África do Sul, e do Atlântico ao Índico, representou exploração muito maior do que as que ocorreram anteriormente, pois tanto árabes quanto portugueses praticavam exploração comercial mais atenuada e interferências culturais menores.

A política econômica dos imperialismos teve várias faces, e uma das mais importantes foi a introdução da agricultura de exportação, como a viticultura no Magreb árabe, os *produits tropicaux*, como dizem os franceses até hoje (cacau, café, amendoim etc.), e a presença que vai até a África do Sul. Assim, expropriaram terras camponesas africanas, que há séculos produziam gêneros de subsistência, acrescentados de mandioca e do milho provenientes das Américas. Desta maneira, houve crescimento econômico, de um lado, inclusive com a construção de inúmeras ferrovias, como a de Kumasi até o porto de Tema, para o escoamento do cacau e do ouro, mas de outro lado jogou milhões de camponeses expropriados ao desemprego e ao subemprego nas cidades e zonas rurais de toda a África.

Ainda no campo econômico, os imperialismos controlaram o comércio de *export-import* e as agências bancárias, além de implantarem indústrias de consumo simples, cerveja, cigarros, calçados etc., sempre com capitais das metrópoles, e dificultarem as produções artesanais africanas, como tecidos finos e populares, móveis tradicionais e modernos etc.

A atuação agressiva dos imperialismos se estendeu à organização político-administrativa, incluindo forças armadas numerosas e disciplinadas, com recrutamento de jovens africanos. Os imperialismos também atuaram na área cultural, principalmente na implantação de igrejas cristãs e do ensino elementar, localizados nas cidades e não nas aldeias, mas com pouca ou nenhuma presença nos níveis mais altos, o que resultou na escassez de quadros administrativos, econômicos, médicos etc. que fizeram muita falta por ocasião das independências nacionais. No ensino elementar, mais difundido, as intenções foram as piores possíveis, com tentativa de lavagem cerebral e a imposição de complexo de inferioridade diante dos europeus, como constatou ironicamente R. Aron ao visitar escolas nas colônias francesas. Ora, nem os árabes nem os portugueses foram tão cruéis frente às tradições culturais da África Subsaariana.

Diante da realidade exposta, cresceu o descontentamento popular e a conscientização dos intelectuais africanos e afro-norte-americanos, desde os fins do século XIX. Daí resultaram os movimentos pan-africano, entre os negros, e pan-arabista do norte da África, por influência egípcia.

L. Leite Hernandez, na obra *A África na sala de aula*, estudou cuidadosamente esses movimentos de independência das colônias africanas. A Primeira Guerra Mundial, e sobretudo a revolução bolchevique, radicalizaram esses movimentos, resultando na realização, em Paris, do primeiro Congresso Pan-Africano, em 1919, sob a direção de W. E. B. Du Bois (1868-1963), intelectual afro-americano que se destacou na luta pela igualdade entre negros e brancos nos EUA e que havia lançado as ideias básicas do pan-africanismo, com a presença de 57 delegados africanos, antilhanos e afro-norte-americanos, com grande repercussão.

Na sequência, em 1921, realizaram-se congressos em Paris, Londres e Bruxelas, com 130 delegados das mesmas procedências, e outros ainda em Londres e Lisboa (1922) e em Nova Iorque (1927). Vale a pena lembrar que intelectuais progressistas franceses visitaram colônias africanas, como A. Gide, que esteve no Camarões e no Congo, e depois publicaram significativos depoimentos em 1925 e 1927. Após a vitória da revolução bolchevique, inúmeros intelectuais africanos residentes na França, como L. Senghor, senegalês que participou da Primeira Guerra Mundial, e T. Konyaté, do Mali, que estudou a recolonização do Haiti, de 1915 a 1936, imposta pelos EUA, aderiram ao Partido Comunista Francês. Na mesma época, Ho-Chi Minh, Chu Enlai e Deng-Xiaoping estiveram na França por bom tempo.

A Segunda Guerra Mundial e a vitória do Exército Vermelho, esmagando o nazismo alemão, deram um novo impulso aos movimentos pela independência, como ficou evidenciado no 5º Congresso Pan-Africano de 1945, que reuniu em Manchester políticos, sindicalistas e estudantes exigindo independência imediata e incondicional das colônias, condenando o *apartheid* na África do Sul e fazendo apelo à mobilização das massas populares africanas, refletindo o ideário marxista de inúmeros líderes políticos africanos daquela época, como J. Kenyatta, H. Selassié, J. Nyerere, K. Nkrumah, A. Cabral, S. Machel, entre outros.

Ora, quando se trata de conflitos de interesses entre dois lados opostos e mais nitidamente nas relações metrópoles-colônias, as duas partes tratam de estabelecer seus planos de atuação. Assim, não foi simples coincidência que em 1945, no ano da realização do 5º Congresso Pan-Africano, que os imperialismos europeus admitiram que algumas mudanças eram inevitáveis, começando pelo governo trabalhista inglês, que estabeleceu, naquele mesmo ano, suas diretrizes para aceitação da independência, seguido discretamente pelo governo De Gaulle e pela realeza belga.

A Inglaterra outorgou em 1946 uma Constituição para a Nigéria, Gana e outros, aceitando maioria de africanos no Legislativo, mas não o controle do Executivo. Essa pequena concessão ocorria porque os imperialistas estavam cientes de que a verdadeira independência avançava aceleradamente na Ásia, como na Índia e no Vietnã, e para eles era importante retardar o processo e administrá-lo para que fosse gradual e nunca incondicional e soberano, criando sistemas semicoloniais como os ingleses criaram no Egito, na década de 1930.

O Congresso Pan-Africano em Acra, no ano de 1958, teve muita importância nos rumos da independência das colônias africanas. Nele, F. Fanon, martinicano formado na França e militante na guerra da Argélia, conseguiu radicalizar os ideais de vários líderes presentes, como P. Lumumba, que havia sido recebido, anteriormente, com simpatia em Bruxelas. Ao assumir o governo do Congo, P. Lumumba nacionalizou empresas estrangeiras, com imediata reação da Bélgica, que ocupou a província de Katanga, rica em minérios de ouro, cobre e urânio, obrigando-o a pedir auxílio militar da URSS.

Entretanto, o exército do Congo independente, formado no período colonial, como em outros países, tornou-se facilmente braço do imperialismo norte-americano, derrubando e executando o líder extremamente popular. Ocorreram manifestações de protesto na França, na Bélgica e em outros países, sobretudo de estudantes africanos, e até mesmo greve no porto de Antuérpia, mas o general Mobutu passou a ser bem recebido nos EUA, na França e em outros países, como modelo de dirigente político. Foi copiado também na queda de S. Touré, da Guiné, e de K. Nkrumah, cuja atuação antes e após a independência mereceu grande atenção de Kauê Lopes dos Santos. Acrescente-se que K. Nkrumah (autor de *Challenge of the Congo*) denunciou a presença imperialista nos países africanos recentemente independentes.

Na verdade, até hoje (no fim da segunda década do século XXI) a batalha pela conquista da soberania em toda a África continua tarefa árdua e permanente.

Gana e África, hoje e amanhã

A última frase não é força de expressão, pois a queda de M. Khadafi na Líbia, a derrota da Frelimo em Moçambique, as privatizações dos serviços aduaneiros para capitais europeias durante a "globalização" fazem parte dos muitos conflitos entre os interesses africanos e os imperialistas. A diferença é que as possibilidades de vitórias africanas aumentaram nos dias de hoje.

A maior contribuição de Kauê Lopes dos Santos talvez seja a de ter decifrado os avanços de Gana nos campos político e econômico-social, acrescentando a presença crescente da China não apenas nesse país, mas em outros do continente. No campo econômico é importante registrar que desde o início do século XXI, depois de longo período neoliberal, Gana tem assumido uma postura mais desenvolvimentista, registrando crescimento de 2,7% em 2002, 4,5% em 2003 e acima de 5% na década de 2010. Isto resultou do aumento da presença do Estado, dos estímulos aos empresários privados, inclusive pelos recentes planos de industrialização substituindo importações, além do avanço dos investimentos estrangeiros em rodovias, na produção de ouro e na recente extração de petróleo, ajudando a desafogar o déficit do comércio exterior e a própria dívida externa.

Kauê Lopes dos Santos deu muita atenção ao setor de exportações, apontando o rápido crescimento das exportações de petróleo, novidade na economia do país que já ocupa o segundo lugar, ultrapassando o cacau, introduzido pelo imperialismo inglês. O ouro continua ocupando o primeiro lugar, acompanhando o crescimento da produção mundial, que passou de 2.380 toneladas em 2007, alcançando 3.104 toneladas em 2016.

Como já se assinalou, a exportação do ouro data do século XVIII e tem continuidade desde então. Sua importância tem vários fatores, e um deles é que o mineral desempenha, na economia capitalista mundial, o valor de refúgio seguro, usado pelos bancos centrais e pelos grandes fundos financeiros. Daí resulta o aumento da produção mundial, o aparecimento de novos produtores e novas aquisições, como dos chineses no Canadá e na Austrália. No setor de ouro existem também dezenas de pequenas empresas, algumas ilegais, e várias visitadas por Kauê.

No caso do cacau, as exportações sofreram queda nos últimos anos da década de 2010, e a maior parcela da produção mundial concentrou-se na África, onde os dois maiores produtores, Costa do Marfim (32,2%) e Gana (19,3%), somavam mais da metade da produção mundial em 2015, e Camarões e Nigéria ocupavam o quinto e o sexto lugares, além de outros. A produção mundial, que havia passado por grande crescimento até 2010, quando alcançou 4.340 mil toneladas, estagnou a partir de então, registrando 4.450 toneladas em 2015 e queda nos preços. A razão principal está ligada à estagnação do consumo do chocolate na OCDE e mesmo à regressão no Benelux e nos EUA de 2% ao ano desde 2005, provocando a situação desastrosa atual entre os exportadores. Acrescente-se o uso de gorduras vegetais, tornando os chocolates puros mais raros. O crescimento das importações de cacau pelos países emergentes, aumentando de 4% a 5% ao ano, não tem pesado no mercado, obrigando Costa do Marfim e Gana a realizarem intervenções na economia do cacau.

As descobertas de petróleo na Argélia, na Líbia, em Angola e na Nigéria, na segunda metade do século XX, tiveram grande importância nos conflitos entre os imperialismos e suas ex-colônias. Após o Egito, em 2015, outros países, como Mauritânia e Tanzânia, demonstraram potencialidades, e a descoberta de petróleo *offshore* em Gana deu um grande impulso nas exportações do país. O governo ganense entrou em acordo com empresas petrolíferas estrangeiras e, assim, as crescentes exportações seguem para a China, o primeiro consumidor mundial (23%), e para a Nigéria, onde é refinado e reexportado, compensando as quedas das divisas do setor cacaueiro.

Além da atenção dada ao comércio exterior, Kauê Lopes dos Santos dedicou-se também a entender as características econômico-sociais, constatando a expansão recente do setor industrial e a presença de empresários ganenses em outros setores. A produção de tecidos e mobiliários artesanais sofisticados, parte importante da tradição africana, ganhou importância, e a substituição de importações avançou nos tecidos de algodão populares, na produção de cimento e na gênese de um grande grupo empresarial ganense que produz tintas, móveis de madeira, colchões, sofás e espumas de origem petroquímica, além de uma rede de lojas comerciais. Outros empresários se dedicaram a *shopping centers* em Acra e negócios comerciais, onde é forte a presença dos ganenses de origem libanesa de terceira geração. Por outro lado, o empresariado ganense está presente na produção e na exportação de cacau, cadeia econômica privada, mas com supervisão estatal, assim como atua na extração e na produção de ouro em pequena escala, legal ou ilegal.

No fim da década de 2010, a agricultura de Gana estava em crise e, infelizmente, a presença da Embrapa foi encurtada pelos últimos governos neoliberais brasileiros. Quase 50% da população ativa do país estava no campo, onde o setor cacaueiro ocupava 17% da população ativa e uns 30% estavam na agricultura de subsistência, carente de melhorias técnicas e incapaz de atender às necessidades nacionais, forçando importações. A crise das exportações de cacau provocou nova onda de empobrecimento e migrações para as cidades, lotadas de subempregados.

Apesar do quadro negativo apontado, Gana tem melhorado aos poucos no setor social, pois enquanto Nigéria (70%), Madagascar (75%) e mesmo Costa do Marfim (42%), Angola (40%) e muitos outros apresentam taxas altíssimas de população abaixo da linha de pobreza, Gana apresenta 24%, não muito longe dos 16% da África do Sul, num dos melhores resultados da África Subsaariana. Na área de educação, Gana investe 6,2% do PIB, valor semelhante ao da África do Sul (6%), com bons resultados na taxa de alfabetização dos jovens de 15 a 24 anos, acima dos 90%, se aproximando dos 99% da África do Sul, sem falar nos avanços no ensino universitário, incluindo pós-graduação, preocupação de todos os países africanos. A expectativa de vida dos dois países também é superior aos 60 anos, acima da maioria no continente.

Este quadro positivo da situação econômica e social de Gana nos dias de hoje não é exceção na África Subsaariana, que está superando aos poucos a agressividade imperialista de R. Reagan e M. Thatcher dos anos 1980, que não só derrubou a URSS e bloqueou o Japão como também provocou grandes destruições na África e na América Latina. A melhor novidade desta superação talvez seja a presença, nos últimos anos da década de 2010, de seis países da África Subsaariana na relação dos dez que mais crescem no mundo: Ruanda, Etiópia, Benin, Costa do Marfim, Tanzânia e Mauritânia, os dois primeiros com forte presença de fábricas chinesas.

Assim, há vários indícios, além dos apontados, de que a proposta de unidade econômica, política e militar de todo o continente, defendida desde meados do século XX por vários líderes africanos visionários, e um novo "renascimento", capaz de criar uma África de crescimento econômico--social contínuo, de superar a fome e as doenças, marcando sua presença no mundo, já estão em andamento, como tentaremos resumir em seguida.

No fim da segunda década do século XXI, o quadro internacional é muito melhor do que na época da independência dos países africanos, pois a Guerra Fria entre EUA e URSS foi muito perigosa e desfavorável, como ficou evidenciado pelos golpes militares e imposições de políticas neoliberais. Agora o quadro é outro, pois a nova disputa pela África, que está em andamento, pode resultar num fato novo: os vencedores podem ser os próprios africanos, como sugere a revista The Economist (*Estadão*, 10/3/2019). Vale a pena assinalar que as relações comerciais estão em forte crescimento e diversificação, pois em 2006 os parceiros comerciais eram EUA, China e França nos primeiros lugares, enquanto em 2018 passaram a ser China, Índia e EUA, tendo a França sido desalojada para o sétimo lugar. Nesse período, as relações com a Rússia quadruplicaram, mais do que triplicaram com a Turquia e a Indonésia e cresceram apenas 41% com a União Europeia. Os investimentos estrangeiros também cresceram, continuando os EUA, a Grã-Bretanha e a França na frente, mas por pouco tempo, pois a China e mesmo a Índia e Singapura avançam mais rapidamente, em portos, ferrovias, rodovias, aeroportos e mesmo em instalações industriais.

Na época das primeiras independências, havia enorme escassez de quadros na administração, na economia, na saúde, na diplomacia, na pesquisa científica etc. Uma grande desvantagem naquela época, e mesmo em 2020, a escassez não foi completamente superada, mas muitos economistas, por exemplo, adquiriram experiências, inclusive no Banco Mundial e no FMI. No setor diplomático, dois exemplos são admiráveis: K. Annan, de Gana, exerceu o cargo de secretário-geral da ONU, por indicação dos EUA, de 1997 a 2006, com equilíbrio, isenção e coragem, assim como T. Adhanom, da Eritreia, indicado pela China, dirige a OMS no período de pandemia da COVID-19 em 2020, também com as mesmas qualidades, apesar das hostilidades dos EUA, que aliás se estendem à OMS e à própria ONU.

A política econômica interna dos países africanos tem melhorado consideravelmente. A maioria dos governantes percebeu que o Estado tem de exercer um papel importante na economia, mas deve estimular a presença dos capitais privados nacionais e estrangeiros, como Kauê Lopes do Santos demonstrou no seu estudo sobre Gana. Assim, de maneira surpreendente, enquanto 13% de jovens em idade de trabalho no continente asiático se lançaram em novos negócios, e 19% na América Latina, eles alcançam 22% na

África. Não é de se estranhar que a renda *per capita* na África Subsaariana tenha crescido 20% de 2000 a 2018.

Diante da disputa estrangeira pelos negócios africanos, pode-se dizer que seus governos, muito mais competentes na década de 2010, não são mais obrigados a escolher um dos lados, adotando uma geopolítica antigamente impossível, o que a China está explorando melhor do que as outras potências. Em 2018, Xi Jinping sediou em Pequim uma cúpula africana que reuniu seus governantes e anunciou créditos, investimentos e projetos no total de US$ 60 bilhões em três anos. Em 2019, os líderes africanos aprovaram a criação de uma área continental de livre-comércio, reunindo 1,3 bilhão de pessoas e US$ 3,4 trilhões de PIB, cujo sucesso vai depender da redução de tarifas e outras barreiras comerciais. Há mais motivos para otimismo do que pessimismo na realidade atual da África Subsaariana.

Algumas observações complementares

M. Santos, um dos poucos geógrafos brasileiros que conhecia a África, tanto realizando pesquisas no fim dos anos 1950 como lecionando na Tanzânia nos anos 1970, fez uma interessante observação sobre a vida cultural na transição mundial do capitalismo para o socialismo, que já estava em andamento. Defendeu a ideia de que o capitalismo desempenhava papel negativo ao enfraquecer ou extinguir as culturas não capitalistas, afunilando a vida cultural da humanidade, enquanto o avanço do socialismo estimulava um processo inverso, isto é: as culturas não capitalistas nas diferentes partes do mundo estavam voltando a desabrochar. Domenico de Masi, na obra *O futuro chegou: modelos de vida para uma sociedade desorientada*, incluiu o Brasil entre outros modelos, com boas razões.

A temática é, sem dúvida, muito importante e exige uma boa dose de realismo, mas também de profecia, dos melhores pensadores pelo mundo afora. Talvez seja possível observar que, com o rápido crescimento do socialismo chinês e a lenta e destrutiva decadência do capitalismo norte-americano, novas realidades estão se criando no mundo cultural da humanidade. Assim, aparentemente, as grandes religiões monoteístas estão se distanciando das classes dominantes e trilhando um retorno às suas origens, mais preocupadas com os pobres, até porque muitos de seus ex-seguidores estão em busca de maior espiritualidade, ainda muito viva entre hinduístas e budistas.

Nesta temática importante e complexa é necessário acrescentar algumas observações sobre o "modelo brasileiro" e o "modelo da África Subsaariana". A respeito do Brasil, é bom relembrar que sempre houve entre nós otimistas e pessimistas, décadas otimistas e pessimistas, intérpretes otimistas e pessimistas. Por isto mesmo tentemos resumir algumas observações: 1) Domenico de Masi, otimista, citou Nelson Rodrigues: "O Brasil é muito impopular no Brasil", opinião dominante entre os serviçais do imperialismo, ontem inglês e hoje norte-americano, sempre estridentes; 2) rememoremos a curiosidade e mesmo a admiração de tantos importantes intelectuais europeus e norte-americanos que conheceram o Brasil no século XX: O. Wells, A. Camus, R. Bastide, P. Verger, S. Zweig entre outros, alguns dos quais também se interessaram pela África Subsaariana; 3) é preciso fazer referência ao padre Antônio Vieira, grande intelectual português do século XVII, pioneiro em destacar a futura importância do Brasil em âmbito mundial. Sua origem modesta, portuguesa e africana (avó paterna afrodescendente), deu-lhe coragem para denunciar e combater a Inquisição pela perseguição aos judeus, índios e negros, ao mesmo tempo reconhecendo que portugueses e negros criavam uma sociedade tolerante na colônia. Agostinho da Silva, que conheceu o Brasil na segunda metade do século XX, retomou e enriqueceu as ideias do padre Antônio Vieira sobre a futura importância brasileira no mundo; e 4) a Independência, o fim da escravidão, a proclamação da República e a Revolução de 1930 ocorreram com pouco derramamento de sangue, como observou I. Rangel, assim como a queda da ditadura salazarista portuguesa.

A África Subsaariana certamente deve aparecer entre os "modelos de vida", visando alimentar o futuro mais saudável da humanidade. Devemos relembrar os vínculos milenares e muito fortes dos negros africanos com a natureza, como o amor aos filhos, criados corajosos e alegres, a importância do trabalho agrícola coletivo, realizado com danças e cantorias, sem esquecer da importância das mulheres na família e na sociedade. Assim, os valores universais da música e da dança casam-se com um equilíbrio entre os valores éticos e os estéticos, como aparece na arte tradicional africana, admirada primeiro pelos portugueses e depois pelos artistas europeus nos séculos XIX e XX.

O Brasil e a África Subsaariana se entendem muito bem, como apareceu na biografia *Francisco Félix de Souza, mercador de escravos* de A. Costa e Silva, e, talvez por isto mesmo, Barack Obama tenha dito que Luiz Inácio Lula da Silva era "o cara", pois, como autêntico brasileiro, assumiu o papel de Antônio Conselheiro como líder sindical e de João Grilo como presidente da República.

Armen Mamigonian
Livre-docente da USP e do Instituto Ignácio Rangel
Maio de 2020

INTRODUÇÃO

Este livro não é sobre a África. Comunico isso aos leitores deste trabalho, de pronto, com o objetivo de evitar possíveis frustrações na leitura das próximas páginas.

Ao longo do processo de pesquisa de doutorado que resultou nesta obra, constatei que a generalização é a operação mais tentadora aos acadêmicos que se debruçam sobre temáticas relacionadas ao continente em questão. Isso pode ser verificado em numerosos estudos empíricos que, centrados na análise de uma ou duas localidades específicas, apontam padrões e tendências universais para essa complexa massa de terra de 30 milhões de km² onde vivem mais de 1 bilhão de pessoas distribuídas por 54 países.

Comuns no mundo acadêmico, as generalizações são ainda mais difundidas pela imprensa e pela indústria cultural. A última, por sua vez, parece não ter tido nenhuma espécie de constrangimento ao lançar nos cinemas, em meados de 2015, um filme onde crianças eram aliciadas de forma perversa em guerras civis em "algum lugar da África"; nessa irresponsável e perversa abstração continental, não importava ao público saber se a trama se desenvolvia na Nigéria, na Namíbia, no Congo, na Etiópia ou na África do Sul.

Verdadeiro constructo ideológico que se desenvolve desde a colonização europeia, no século XIX, essa "África" (com aspas) ainda é alimentada, portanto, pela ciência e pela cultura ocidentais. Essas instâncias são responsáveis pela criação de três tipos principais de representação do continente.

A primeira delas é notoriamente um resquício das literaturas coloniais. Trata-se de um lugar de "natureza selvagem", retratado por inexploradas savanas, florestas, desertos, rios e lagos, nos quais uma rica e diversificada fauna convive em harmonia com o meio. A figura humana nessa representação é praticamente inexistente ou aparece discretamente integrada à paisagem, junto aos animais. É nessa África que nós, ocidentais, fazemos os safáris.

A outra representação diz respeito às "culturas exóticas" do continente, que são observadas em práticas religiosas "estranhas", hábitos alimentares "curiosos" e línguas e dialetos impronunciáveis para o universo latino e anglo-saxão. É nessa África que nós, ocidentais, assistimos aos festivais.

Por fim, tem-se a representação mais explorada: a da "tragédia humanitária". Ela seria, por sua vez, um produto da suposta política desequilibrada dos países do continente que, geralmente, são entendidos como Estados governados por sujeitos corruptos, autoritários e violentos: os "verdadeiros" responsáveis pela explosão de sangrentos conflitos. Nos documentários ou nas matérias de jornal, boa parte do ocidente questiona-se atônita: "mas como é que podem eles [os negros africanos] estarem matando uns aos outros?". Soma-se a essa tragédia a disseminação de doenças como a AIDS e o ebola anunciada em dados estatísticos que raramente fazem inferências regionais. Há ainda a fome, que assola a "realidade africana" em função das incontroláveis secas produzidas pela supramencionada "natureza selvagem". É nessa África que nós, ocidentais, fazemos trabalho voluntário.

Ferguson assegura que "[...] quando nós ouvimos algo sobre a 'África' na atualidade, geralmente são utilizados os tons de problema e urgência. Nunca é apenas África, mas sempre a crise na África, os problemas da África, o fracasso da África, o desafio moral da África na 'comunidade internacional'" (FERGUSON, 2006, p. 2, tradução nossa).

Mbembe aprofunda ainda mais a discussão quando afirma que "não existe descrição da África que não envolva intenções destrutivas e mentirosas". Para o autor, a África vista "como uma ideia, um conceito, tem servido historicamente, e continua servindo, como um polêmico argumento do desespero ocidental em estabelecer uma distinção do continente com o resto do mundo" (MBEMBE, 2001, p. 2, tradução nossa). Munanga, por sua vez, assegura que "[...] para os amadores de mapas geográficos, a África é essa coisa imensa e vaga, uma massa compacta no pé da Europa, um reservatório inesgotável de diversos minérios, de bananas, de amendoim e outras culturas exóticas" (MUNANGA, 1993, p. 102).

Pois era essa África que eu pensava ser meu objeto de estudo durante o primeiro ano de pesquisa do meu doutorado, em 2013. O interesse em estudar o continente surgiu após uma viagem que fiz ao festival de Vodu no Benin, em janeiro de 2012. Lá, eu havia percebido que não possuía condições de fazer uma análise geográfica consistente sobre a realidade espacial que me cercava. Em verdade, viajava entre antropólogos, sociólogos, historiadores e jornalistas bem posicionados em suas análises sobre o entorno.

No meu retorno ao Brasil, decidi em meu projeto de pesquisa que eu investigaria o papel da "África" na Divisão Internacional do Trabalho contemporânea, como se estivesse me referindo a um bloco maciço em um dinamismo político-econômico único. Contudo, esse objetivo preliminar servia, em verdade, para contestar a perspectiva amplamente difundida de que a África estaria excluída da economia mundial. No intuito de viabilizar tal pesquisa, foi necessário escolher um país que pudesse representar os tão sedutores padrões e tendências universais que eu também estava buscando.

Assim, a escolha de Gana como recorte me pareceu interessante por um conjunto de motivos. Primeiramente, o país havia sido o primeiro da África ao sul do Saara a obter a independência do jugo colonial europeu, em 1957, sob a liderança de Kwame Nkrumah. Para além disso, o país havia sido o laboratório de numerosas políticas econômicas ao longo de sua história e o primeiro a ter incorporado um conjunto de ajustes neoliberais no começo da década de 1980. Por fim, a meu ver, o país era seguro, já que não figurava nos jornais nenhuma referência recente a ataques terroristas, epidemias ou guerras civis, como na Nigéria, na Guiné ou em Serra Leoa, por exemplo.

No entanto, no fim do primeiro ano da pesquisa, pude estabelecer uma distinção metodológica entre o recorte empírico e o objeto, distinção essa que me foi fundamental para prosseguir os estudos de maneira coerente e mais próxima da realidade que observava em campo. Isso significa dizer que, no início, ao assumir um recorte, eu acreditava que uma análise geográfica sobre Gana serviria também como uma análise do continente africano. Ao longo dos estudos, contudo, operei a conversão de tal recorte em objeto: assim, o território ganense deixou de ter a função de explicar realidades externas às suas fronteiras; Gana deveria explicar a si própria, devidamente contextualizada no tempo e no espaço.

Repito, portanto: este livro não é sobre a África, este livro é sobre Gana. O objetivo principal deste trabalho é entender as inserções de Gana na Divisão Internacional do Trabalho contemporânea. Esse país deixa de ser um recorte empírico e torna-se um objeto a partir do momento em que passa a ser analisado, de fato, como uma formação socioespacial. Assim, deixei de buscar uma análise sobre "a África no mundo" como forma de evitar as sedutoras generalizações.

A formação socioespacial e as *combinações* na geografia

Desenvolvido na década de 1970, o conceito de formação socioespacial é apontado como uma das principais contribuições de Milton Santos para a ciência geográfica (MAMIGONIAN, 1996). Tal contribuição, por sua vez, deriva do conceito marxista de formação econômica social, que se propõe a estabelecer uma leitura histórica sobre as especificidades do desenvolvimento dos modos de produção pelo mundo, viabilizando, assim, uma análise da evolução diferencial das sociedades e de suas economias (SANTOS, M., 1977).

Na época, o argumento de Santos era o de que o espaço – geralmente posto em segundo plano nas análises de muitos economistas, sociólogos e cientistas políticos – também desempenhava um papel central no desenvolvimento das particularidades nacionais dos modos de produção. O autor assegurou que:

> As diferenças entre os lugares são o resultado do arranjo espacial dos modos de produção particulares. O "valor" de cada local depende de níveis qualitativos e quantitativos dos modos de produção e da maneira como eles se combinam. (SANTOS, M., 1977, p. 87)

As especificidades das formas com que as sociedades desenvolvem as suas bases materiais (e seus sistemas de trocas) teriam, portanto, uma aderência ao espaço no qual se desenvolvem. É interessante notar que, já no século XIX, Humboldt elaborou o seu *Ensayo político sobre la isla de Cuba,* no qual chamava atenção para a combinação de elementos de ordem humana (associados à demografia) e físico-espacial (associados à localização e às condições naturais do terreno) na configuração das atividades econômicas da ilha, em especial da agricultura e do comércio (HUMBOLDT, 1998).

A noção de "combinação" tem sido, portanto, um dado central no desenvolvimento da análise geográfica há muito tempo. Essa noção é aprofundada por Cholley, que, em meados do século XX, assegurava que a análise econômica e social de um determinado espaço deveria se basear na combinação de elementos de ordem humana e de ordem natural (CHOLLEY, 1946). Desse modo, caberia ao investigador não apenas identificar os elementos que estão historicamente sendo combinados em um determinado lugar, mas também o peso que eles desempenham nessa combinação. Em termos práticos, isso significa dizer que um geógrafo que pretenda estudar a economia cacaueira em Gana, por exemplo, deverá compreender não apenas as relações de produção e as forças produtivas da atividade, mas também as **condições naturais**[1] do país. Em sucessivas reuniões de orientação nos últimos anos, o Professor Mamigonian assegurava que, em termos gerais, essas combinações poderiam ser entendidas como uma "leitura geográfica" das "múltiplas determinações" propostas por Marx em sua *Introdução à crítica da economia política* (MARX, 2008).

1: A natureza, entendida dentro de seus dinamismos e leis próprias, forma verdadeiros geossistemas (BERTRAND, 2007), que são conjuntos físico-biológicos – visíveis como paisagens – que se desenvolvem na combinação específica entre elementos geológicos, geomorfológicos, climáticos, hidrográficos e pedológicos, que viabilizam o desenvolvimento de uma determinada fauna e flora.

Com a expansão do sistema capitalista – a partir do empreendimento colonial nas Américas (século XVI) e na África e Ásia (século XIX) –, as especificidades dos modos de produção espalhados pelo mundo passaram a ser, gradativamente, causa e consequência da interdependência e das relações hierárquicas entre os lugares. A consolidação da periferia desse sistema significou que extensas porções do planeta passaram a ter grande parte de suas economias (bem como de seus espaços e de suas sociedades) organizadas em função de interesses externos às suas fronteiras.

Entender, portanto, a inserção contemporânea de Gana na economia mundial é uma tarefa que não pode ser feita sem levar em consideração a história desse espaço e de sua sociedade.

No caso brasileiro, também na periferia do sistema, Ignácio Rangel (1999) identificou uma verdadeira dualidade na estrutura da formação econômica do país, produto histórico e, portanto, dialético de interesses externos e nacionais. Eu não poderia negligenciar a análise desse economista neste livro, uma vez que a universalidade dos pressupostos presente em sua obra – "toda realidade concreta é particular e em cada particularidade está presente o Universo" (RANGEL, 1999, p. 25) – permitiu que eu organizasse o objetivo principal desta pesquisa. É essa dualidade que viabilizou a compreensão de que a organização do modo de produção em Gana ocorre em função não apenas de interesses externos, mas também dos interesses locais e nacionais.

Assim, operando a dialética entre os interesses externos e internos, o Estado e o exercício de sua política são, na análise aqui proposta, fundamentais. Considerando o espaço no qual o Estado projeta suas relações de poder (RAFFESTIN, 1993), o território nacional configura uma unidade elementar para revelar as particularidades das combinações entre as relações de produção e as forças produtivas. Além disso, essa unidade está inserida em uma Divisão Internacional do Trabalho (doravante DIT) – categoria que define as relações de interdependência econômica entre os países no que tange aos processos de produção, circulação, distribuição e consumo –, na qual configuram-se numerosas hierarquias geopolíticas.

Na medida em que a DIT contemporânea se aprofundou com o desenvolvimento do meio técnico-científico-informacional (SANTOS, M., 1996) – que garante, desde a década de 1970, uma maior velocidade de diferentes tipos de fluxos materiais e imateriais –, surgem expressões socioeconômicas que parecem mascarar a condição das supracitadas hierarquias geopolíticas. É como se as prerrogativas do imperialismo, propostas por Lênin no início do século XX (LENINE, 1986), estivessem resolvidas no alvorecer do século XXI. Mamigonian discute essa questão atentando ao termo "globalização", amplamente difundido desde a década de 1980:

> [...] Segundo os neoliberais, "globalização", expressão de uso corrente e maciço, é a novidade que explica o mundo atual. Pretende negar o jogo dos interesses nacionais e, quanto aos países subdesenvolvidos, considera irrelevantes as relações centro-periferia intrínsecas ao sistema capitalista, relações que podem ser analisadas numa visão mais moderada (Cepal) ou numa visão mais radical (marxista). Assim como ocorreu com subdesenvolvimento ou com crises

econômicas, "globalização" não seria imperialismo disfarçado? O conceito de imperialismo, do início do século XX, foi atenuado para Economia-mundo pelos moderados (I. Wallerstein, G. Arrighi etc.) e mais adocicado para "globalização" pelos neoliberais. (MAMIGONIAN, 2001, p. 4)

O entendimento do papel da formação socioespacial ganense na Divisão Internacional do Trabalho contemporânea não pretende aqui ser refém dos numerosos esforços de atenuação e adoçamento das estruturas geopolítica e econômica internacionais, às quais Mamigonian se refere.

O processo histórico experimentado por Gana é antecedido por mais de seis décadas de controle colonial britânico. A soberania é experimentada nesse território somente a partir de fins da década de 1950. Nas duas décadas seguintes, uma série de políticas nacionais buscou rearranjos no modo de produção com o objetivo explícito de desenvolver a economia e subverter o papel do país na DIT como exportador de *commodities* e importador de bens industrializados; característica legada por imposições diretas (empreendimento colonial) ou indiretas (agências multilaterais de financiamento) do imperialismo.

Considerada a principal representante africana do engajamento político do chamado Terceiro Mundo na década de 1950 e 1960 – sob a liderança de Nkrumah –, Gana hoje integra o complexo e multifacetado grupo dos países do Sul, que incorpora um amplo espectro de territórios que, na maior parte, transitaram o século XX na condição de periferia do sistema capitalista e que, na atualidade, buscam estratégias horizontais (cooperação Sul-Sul) de reposicionamento na economia internacional.

A elaboração da pesquisa

"Ouro por lixo" é uma síntese da tese defendida neste livro. De acordo com os estudos que desenvolvi nos últimos anos, a inserção ganense na economia mundial contemporânea caracteriza-se não apenas pela exportação de *commodities* – tema extensivamente estudado nos países do Sul –, como também pela importação de objetos manufaturados (em especial de bens de segunda mão, ou mesmo de lixo), tema notoriamente negligenciado. No caso dos objetos eletroeletrônicos descartados pelos países do Norte e importados por Gana, ocorre um processo de extração e reciclagem dos recursos minerais de suas engrenagens que é operado sob precárias condições de trabalho. Tais recursos, por sua vez, são exportados e reintegram etapas produtivas de países industrializados da Europa e da Ásia. Assim, denominei esse processo como *"recommodização* da economia", de modo que acredito que ele é um elemento de importância estrutural que deveria ser levado em consideração na maior parte das análises sobre a Divisão Internacional do Trabalho contemporânea.

Para construir esta pesquisa foi necessário lançar mão de um conjunto de procedimentos metodológicos que incluíram, fundamentalmente, o levantamento e a análise de dados qualitativos e quantitativos obtidos em diferentes tipos de fontes primárias e secundárias.

As fontes secundárias incluíram livros, artigos acadêmicos, artigos jornalísticos, anuários estatísticos, leis e decretos (do governo ganense). Os dados quantitativos e qualitativos contidos nessas fontes e apresentados neste estudo são os mais atuais dentro daquilo que tem sido disponibilizado por institutos de pesquisas socioeconômicas de Gana e de outros países, considerando a data de preparação da primeira edição deste livro, em 2020. No entanto, a coleta e interpretação desses dados vem ocorrendo desde 2013, de modo que grande parte deles foi obtido durante: um mês na University of Ghana, em Acra (Gana), em 2013; dois meses na British Library, em Londres (Reino Unido), em 2014; um ano como pesquisador visitante na University of California, em Berkeley (Estados Unidos), entre 2015 e 2016, e um ano como pesquisador visitante na London School of Economics, Londres (Reino Unido), entre 2019 e 2020. Essas instituições possuem amplo e diversificado acervo, físico e digital, com um volumoso número de publicações atuais e antigas escritas principalmente na língua inglesa.

As leituras de fontes secundárias permitiram uma compreensão sobre a história do país, que esteve devidamente contextualizada em processos históricos internacionais. Além disso, foi possível também construir uma cartografia econômica contemporânea de Gana, levando em consideração as condições naturais do território, bem como a distribuição da população, das atividades produtivas e das infraestruturas.

Já o levantamento de dados em fontes primárias ocorreu nos trabalhos de campo realizados em 2013 e em 2016. Em ambas as experiências, apliquei entrevistas abertas, por todo o país, com diversas instituições (ministérios, associações de empresas, empresas públicas e privadas) que atuam na economia nacional. Muitas dessas entrevistas foram agendadas com antecedência de meses, enquanto outras surgiram espontaneamente, ao sabor das possibilidades *in loco*.

Ao mesmo tempo, elaborei o registro das paisagens ganenses em forma de descrição densa (GEERTZ, 1973) e de fotografias. Os trabalhos de campo cobriram oito das dez regiões do país (mapa 1).

Em janeiro de 2015 também visitei o Porto da Antuérpia (Bélgica), que representa um importante ponto de articulação do fluxo comercial internacional ganense. De modo geral, as experiências observadas e vividas em campo configuram, em minha perspectiva, elementos fulcrais deste livro.

O trabalho nascido da combinação entre as fontes primárias e secundárias – e alimentadas pela profícua orientação de Mamigonian e coorientação de Watts – viabilizou o surgimento de uma tese que, tornada livro, organiza-se em quatro capítulos.

No capítulo 1, **Gana no tempo, Gana no mundo**, estabeleci uma cronologia sobre as diferentes formas de inserção dessa formação socioespacial na economia mundial. É interessante notar aí que, pelo menos desde o século XII, diversos territórios da África Ocidental – e de outras regiões do continente – já estavam estruturalmente inseridos em circuitos comerciais intercontinentais, os quais influenciaram, em grande medida, a organização econômica, social e espacial de muitos clãs, reinos e impérios.

Mapa 1: Roteiro dos trabalhos de campo em Gana entre 2013 e 2016.

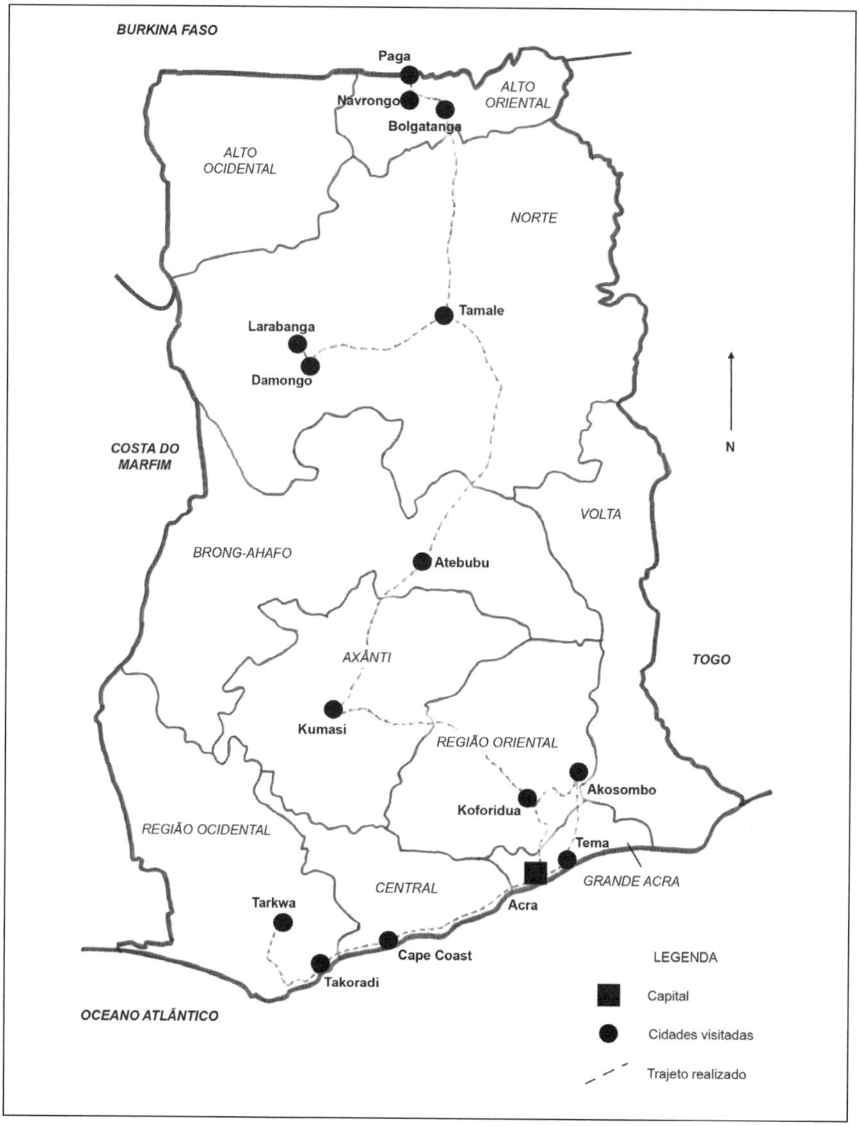

Fonte: elaboração do autor (2016).

Já no capítulo 2, **O espaço econômico de Gana no início do século XXI**, busquei cartografar a distribuição das atividades econômicas do país. Para além disso, busquei analisar tais atividades, atentando não apenas aos dinamismos da produção, mas também da circulação e da distribuição no território. Foi fundamental, nesse capítulo, apresentar os tipos de capital que empreendem no país – estatal, privado estrangeiro e privado nacional (de grande ou pequena escala) – e as formas com que eles interagem e estabelecem, em linhas gerais, os seus dinamismos econômicos.

No capítulo 3, **As exportações e os circuitos espaciais de produção das commodities**, analisei as exportações de Gana, tendo como base os circuitos espaciais de produção do ouro, do manganês, da bauxita, do diamante, do petróleo e do cacau, que são as principais *commodities* ganenses na atualidade. A análise em circuitos permitiu estabelecer uma leitura espacial do processo de produção, circulação e distribuição dessas mercadorias, que, em verdade, correspondem às matérias-primas que fluem em processos produtivos mais amplos, ocorrendo em escala internacional (SANTOS, M., 1986; ARROYO, 2001; CASTILLO; FREDERICO, 2010). A análise também contemplou as relações de produção em cada uma das atividades, atentando às relações entre os diferentes tipos de capital envolvidos no processo.

O capítulo 4, **As importações e o circuito espacial de produção das *re-commodities***, é o momento no qual analiso a pauta de importações ganenses dos últimos anos. Tal análise me conduziu à importação de bens de segunda mão – em especial eletroeletrônicos – que dão origem, no espaço urbano do país, às atividades responsáveis pela *recommodização* da economia.

Por fim, as **Considerações finais** objetivam um esforço de síntese. *Ouro por lixo* representa a contribuição que busco trazer aos debates sobre a Divisão Internacional do Trabalho e sobre as formas desiguais e combinadas (TROTSKY, 1978) de inserção dos países do Sul no sistema capitalista contemporâneo. Espero que o texto promova reflexões e questionamentos numerosos aos leitores. Existe ainda muito trabalho a ser feito e a geografia brasileira não pode ficar circunscrita à sua fronteira nacional, tampouco ao complexo universo latino-americano. A nossa forma particular de analisar o mundo deve ser, sempre, expandida. Ela deve cruzar o Atlântico, o Índico, o Pacífico e qualquer outro tipo de obstáculo que tentem nos impor.

CAPÍTULO 1:
Gana no tempo, Gana no mundo

Imagem 1: Estátua mutilada de Kwame Nkrumah no Kwame Nkrumah Memorial Park and Mausoleum em Acra (Grande Acra). Gana, 2016.
"Nós preferimos a autonomia com perigo à servidão com tranquilidade." (Kwame Nkrumah, líder da independência ganense)
Fonte: Foto do autor.

A cabeça da estátua original de bronze do Dr. Kwame Nkrumah, que se posicionava diante do antigo prédio do Parlamento, em Acra, foi vandalizada em 24 de fevereiro de 1966, durante o golpe de Estado do Exército e da Polícia. Ela foi recuperada e apresentada por um cidadão patriota ao Information Services Department, que permitiu sua liberação no parque em 28 de maio de 2009.

A citação contida na legenda da imagem está escrita em um bloco de mármore com cerca de um metro de altura. Sobre ele encontra-se ela, a referida cabeça daquele que foi o líder da independência ganense. Ao lado da cabeça está o restante do corpo da estátua original (imagem 1). Esculpido no bronze: camisa, calça, sapatos e nada sobre o pescoço. O braço esquerdo, também vandalizado em 1966, seguiu desaparecido.

Esse é o primeiro contato que se tem com Nkrumah ao entrar no Kwame Nkrumah Memorial Park, no centro de Acra, capital do país. Tomando o contexto da cidade, a área do parque é extensa, relativamente arborizada e abriga o mausoléu do líder, outra estátua de bronze dele e um museu com alguns de seus objetos pessoais (roupas, sapatos, chapéus, mobílias, fotografias e automóveis).

Um dos dias mais célebres de Nkrumah certamente foi 6 de março de 1957, quando o mundo observou seu discurso de independência política do jugo colonial britânico: a partir dessa data, já não se tratava mais da colônia da "Costa do Ouro" – denominação europeia referente ao território em questão –, mas sim de Gana, em uma clara referência ao grande império da África Ocidental que alcançara seu esplendor no século XII. A palavra "Gana", oriunda do idioma soninquê, significa "rei guerreiro".

Tem-se aí o início institucional do Estado, mas não o início da inserção de amplas parcelas dessa formação socioespacial em circuitos comerciais de longa distância, mesmo pelo fato de que muitas características do modo de produção do país são heranças materiais, normativas e culturais de épocas pretéritas a março de 1957.

A construção, a destruição e a reconstrução da imagem do maior líder nacional ganense revela apenas parcela da complexidade histórica do país. Os períodos anteriores e posteriores a 1957 legaram profundas marcas a esse território da África Ocidental, de modo que não é possível analisar as inserções dessa formação socioespacial na Divisão Internacional do Trabalho (DIT) contemporânea sem, antes disso, atentar às suas inserções na economia mundial ao longo do tempo.

1.1 As inserções da África Ocidental no comércio transaariano em tempos pré-capitalistas

Consolidado por mercadores de origem árabe e berbere ao longo do século XII, o comércio transaariano representou a primeira forma de inserção – contínua e regular – da África Ocidental em um circuito comercial de longa distância. Tal circuito articulou as mercadorias produzidas nos territórios da região aos mercados localizados no litoral mediterrânico do continente africano, que estavam, por sua vez, associados aos mercados europeus e asiáticos (mapa 2).

A principal função da África Ocidental nesse circuito foi a extração e a comercialização do ouro, que era encontrado em Burem e Axânti, localizados, respectivamente, nos atuais territórios da Guiné e de Gana. Outras mercadorias (noz-de-cola, marfim, tecidos e escravos) também eram exportados da região. No contrafluxo, importava-se: sal; cauris; produtos alimentares, como trigo e figo seco; cavalos; sedas; metais, como cobre, ferro, prata e chumbo, para suprir eventuais crises de abastecimentos da metalurgia local; e escravos de diferentes origens, como turcos, árabes e etíopes (DAVIDSON, 1985; NIANE, 2010; M'BOKOLO, 2012).

Além de ter colaborado no processo de aprimoramento das técnicas de extração e de processamento do ouro, esse circuito comercial gerou profundos impactos nos sistemas políticos da região, permitindo o surgimento de alguns dos mais importantes impérios do continente, entre os quais podem-se mencionar: Gana, que vigorou entre os séculos IX e XIII; Mali, entre os séculos XIII e XIV; e Songhai, entre os séculos XIV e XVI. A expansão desses impérios esteve atrelada à função de intermediário comercial entre os produtos que vinham do deserto, ao norte, e aqueles que vinham das savanas e das florestas, ao sul. Todos eles se desenvolveram nas áreas de savanas e detiveram o monopólio sobre o ouro – desde a sua extração até sua circulação e comercialização –, determinando o valor do metal no mercado (pelo controle da quantidade do produto que seria vendido). Além disso, os imperadores escondiam dos comerciantes árabes-berberes a localização das jazidas auríferas (DAVIDSON, 1985).

Mapa 2: Principais rotas do comércio transaariano entre a África Ocidental e o Norte da África entre o século XII e o século XVI.

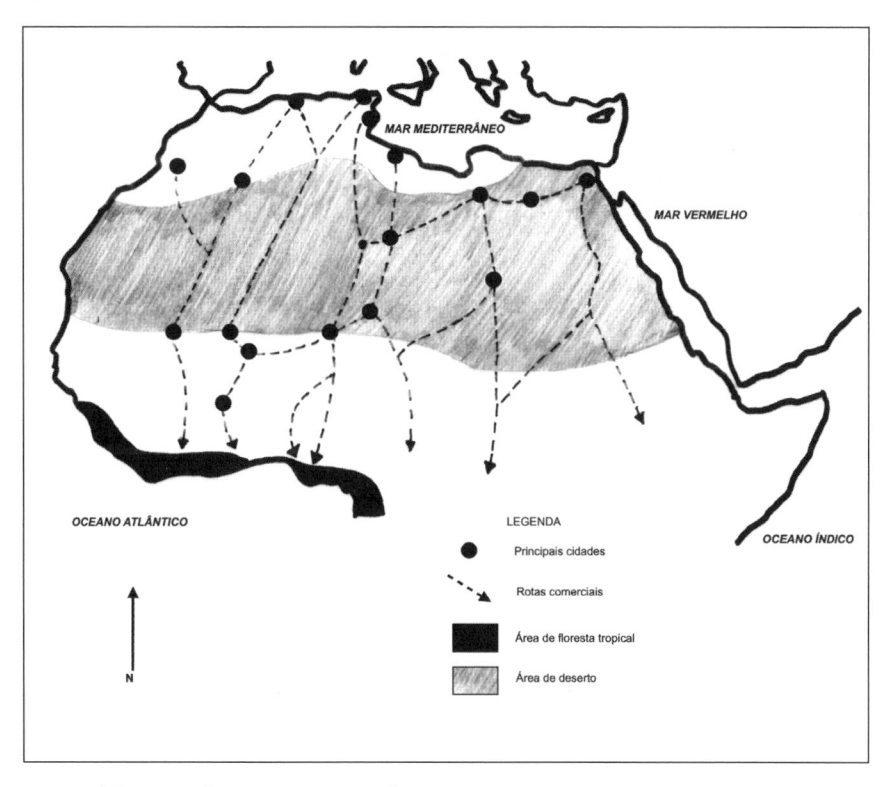

Fonte: Elaboração do autor (2016) com base em M'BOKOLO (2012).

Na área da África Ocidental onde atualmente se localiza Gana, predominavam sociedades organizadas em clãs ou em reinos: os primeiros apresentavam pouca estratificação social e uma produção destinada fundamentalmente à subsistência; os últimos tinham uma estrutura social verticalizada e uma produção destinada não apenas à subsistência, mas também ao comércio. Os primeiros desses reinos (Mamprusi, Dagomba,

Namumba e Gonja) surgiram no século XII – nas savanas localizadas ao norte do rio Volta – e estavam intimamente integrados às dinâmicas do circuito comercial transaariano (mapa 3). É apenas no século XV – nas florestas localizadas a sudoeste do Volta – que surgem os demais reinos, como o Bono-Manso e o Akan (BOAHEN, 1975).

Mapa 3: Principais reinos nas proximidades do rio Volta na África Ocidental entre o século XII e o século XVI.

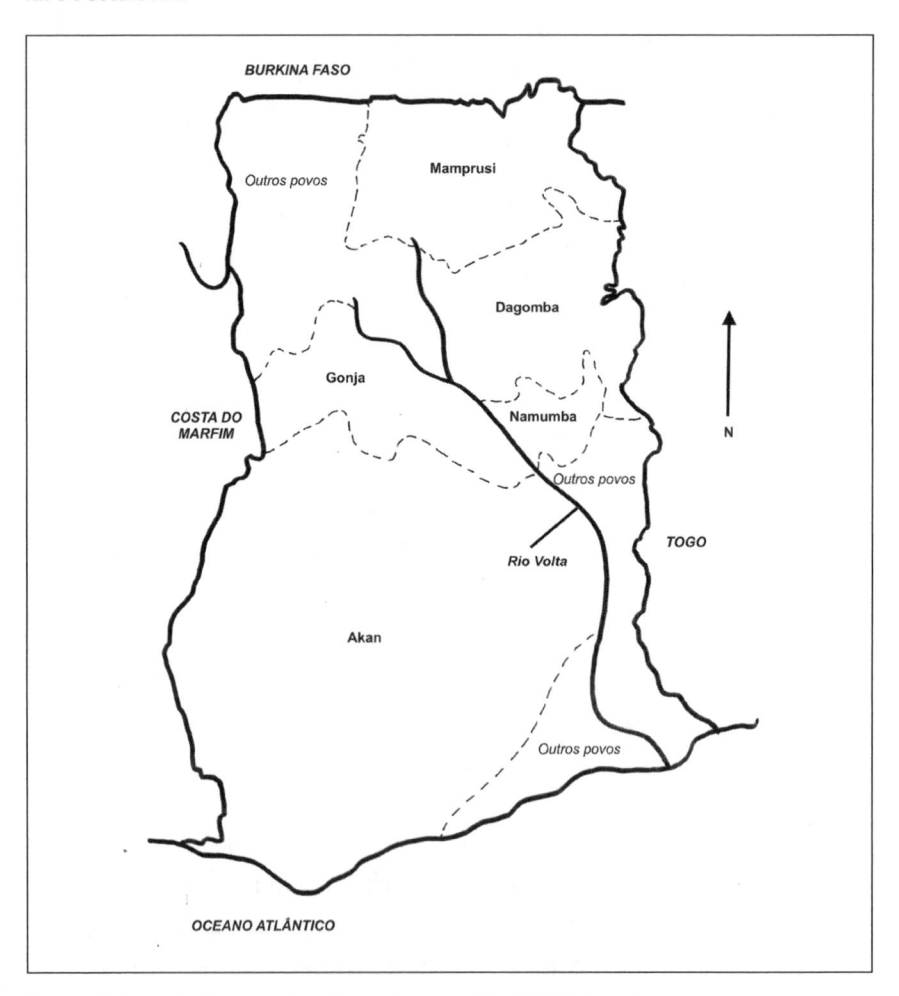

Fonte: Elaboração do autor (2016) com base em GOCKING (2005).

O comércio transaariano perdeu parte de seu vigor a partir do fim do século XV e início do século XVI por dois motivos principais: com a expansão dos Estados europeus e do Império Otomano, no século XV, os árabes perderam pontos comerciais estratégicos no mar Mediterrâneo e no mar Vermelho; e, com o desenvolvimento das caravelas portuguesas, a tecnologia naval europeia era capaz de transportar uma quantidade de mercadorias superior aos camelos das caravanas árabe-berberes, alterando assim o eixo dos maiores fluxos comerciais (MALOWIST, 2010; M'BOKOLO, 2012) e viabilizando o desenvolvimento do tráfico atlântico, que representou uma efetiva expansão do capitalismo mercantil.

Controlado pelas nações europeias, esse circuito comercial estruturou uma DIT na qual os territórios da África Ocidental foram convocados a desempenhar novas funções, para além da exportação do ouro e da importação de sal.

1.2 As inserções da África Ocidental no tráfico atlântico em tempos de capitalismo mercantil

O século XVI inaugurou um período no qual a captura, a escravização e a comercialização de homens tornaram-se a principal fonte de riquezas de muitos reinos da África Ocidental, especialmente daqueles localizados nas áreas litorâneas entre os atuais territórios do Senegal e de Camarões (mapa 4). Os cálculos dos historiadores estimam que o tráfico atlântico foi responsável pelo transplante territorial de, no mínimo, 12,5 milhões de africanos (SLAVE VOYAGES, 2020). Chegando às Américas na condição de escravos, esses sujeitos foram estruturais no desenvolvimento econômico e político de grande parte das colônias e dos países americanos (ALENCASTRO, 2000; LOVEJOY, 2002; DIAGNE, 2010; DAGET, 2010).

Em tempos de capitalismo mercantil, os principais produtos importados da Europa pelos territórios da África Ocidental passaram a ser as armas de fogo e as munições, que garantiram a estabilidade político-militar dos reinos na região. Importava-se também: tecidos, ferro e cobre (da Europa); e mandioca, milho e aguardente (das Américas).

Dentre os reinos que aderiram a esse circuito comercial, pode-se destacar: Oyó, que surgiu em meados do século XVII no atual território nigeriano; e Daomé e Axânti, que surgiram no início do século XVIII, nos atuais territórios do Benin e de Gana, respectivamente. Além da captura e da comercialização de cativos, esses reinos também usufruíam da mão de obra escrava como principal componente da força de trabalho em suas próprias áreas de produção agrícola e de extração de recursos naturais, evidenciando a estratificação de suas sociedades (LOVEJOY, 2002).

O tráfico atlântico seguiu com vigor até o século XIX, quando um novo ciclo de expansão e internacionalização do sistema capitalista – agora centrado no capital industrial e no trabalho assalariado – foi responsável pela geração de novas transformações na DIT. Gradativamente, o tráfico escravista e a escravidão foram combatidos pelas nações europeias; as mesmas que, nos séculos anteriores, haviam promovido e lucrado à custa desse circuito comercial de longa distância.

Mapa 4: Áreas do continente africano articuladas ao tráfico atlântico entre o século XVI e o século XIX.

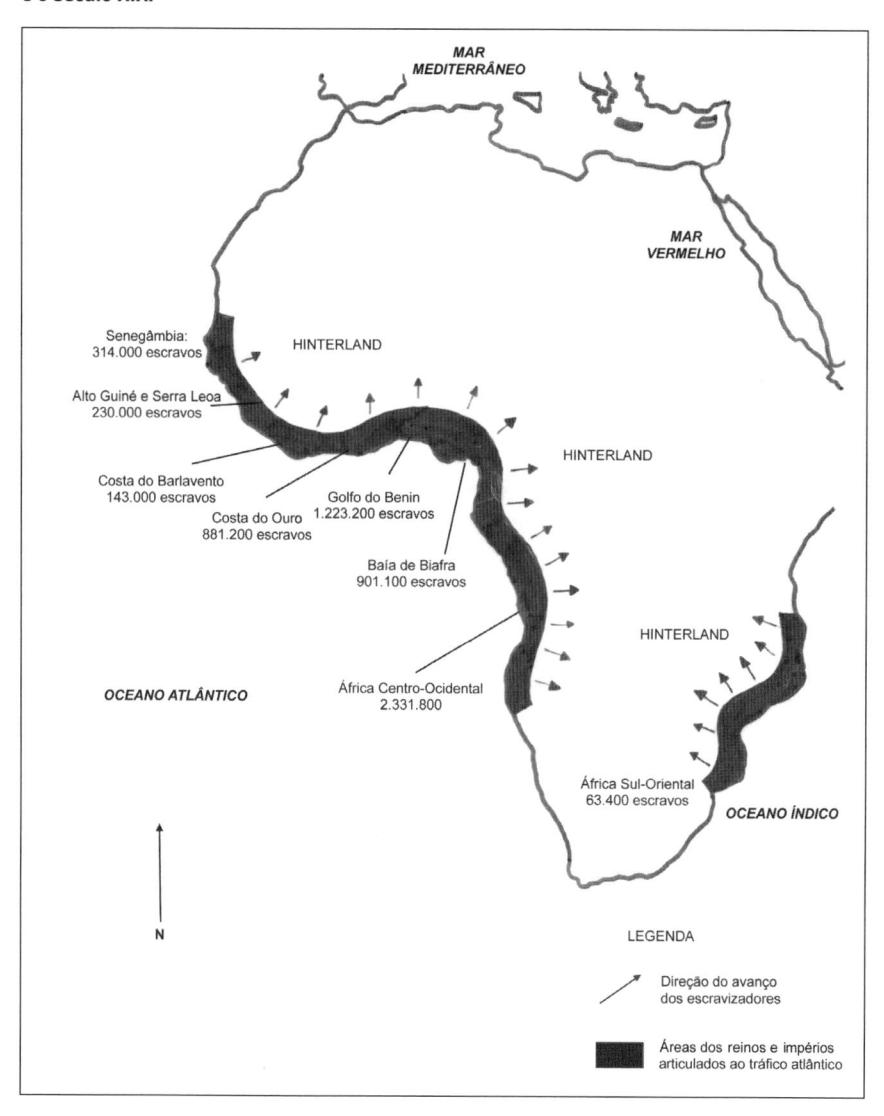

- Senegâmbia: 314.000 escravos
- Alto Guiné e Serra Leoa: 230.000 escravos
- Costa do Barlavento: 143.000 escravos
- Costa do Ouro: 881.200 escravos
- Golfo do Benin: 1.223.200 escravos
- Baía de Biafra: 901.100 escravos
- África Centro-Ocidental: 2.331.800
- África Sul-Oriental: 63.400 escravos

LEGENDA
- Direção do avanço dos escravizadores
- Áreas dos reinos e impérios articulados ao tráfico atlântico

Fonte: Elaboração do autor (2016) com base em LOVEJOY (2002).

1.3 As inserções da África Ocidental na DIT em tempos de capitalismo industrial

Diante do novo cenário, muito reinos da África Ocidental optaram por readequar suas economias em função das novas demandas do mercado europeu, mesmo que tivessem mantido a força de trabalho escrava em seus territórios. A diversificação produtiva ocorrida na região ao longo do século XIX se deu por meio do cultivo de plantas oleaginosas – especialmente palmeira de dendê e amendoim –, que produziam substâncias lubrificantes indispensáveis ao funcionamento das fábricas na Europa Ocidental. Essa produção ocorreu em propriedades monocultoras, ao passo que a exploração e a exportação de recursos naturais – como madeira, látex e ouro – também foram intensificadas no período (mapa 5) (M'BOKOLO, 2012).

No que tange às importações, poucas foram as mudanças observadas. Efetivamente, o desenvolvimento da indústria europeia acabou por ampliar a produção e baratear o preço de diversos produtos importados pela região, como: armas de fogo; tecidos de algodão e lã; e bebidas, como o gim (WALLERSTEIN, 2010; M'BOKOLO, 2011).

Assim, chamados para desempenhar um novo papel na DIT, os territórios da África Ocidental reorganizaram suas forças produtivas ao longo do século XIX. Um componente estrutural dessa reorganização verificou-se também no âmbito das relações de produção: em fins do mesmo século, os territórios da região, bem como os de todo o continente, foram subjugados pelas maiores potências imperialistas da Europa Ocidental, que estabeleceram o sistema colonial que vigorou até meados do século XX e, em alguns casos, até a década de 1980.

Mapa 5: Cultivo de plantas oleaginosas na África Ocidental durante o século XIX.

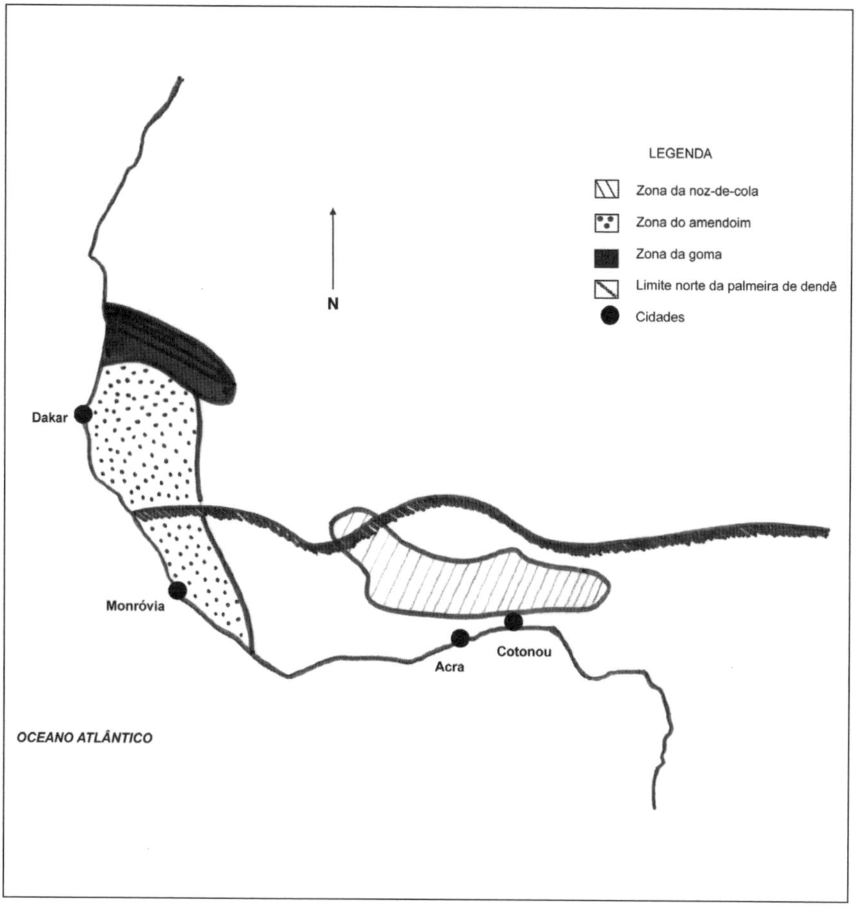

LEGENDA
- Zona da noz-de-cola
- Zona do amendoim
- Zona da goma
- Limite norte da palmeira de dendê
- Cidades

Dakar
Monróvia
Acra
Cotonou
OCEANO ATLÂNTICO

Fonte: Elaboração do autor (2016) com base em M'BOKOLO (2011).

1.3.1 A expansão do sistema colonial europeu e a formação da Costa do Ouro

Mesmo tendo uma duração mais curta que o período do tráfico atlântico, a colonização também operou transformações estruturais, pois substituiu completamente os modos de produção e os sistemas políticos locais (KI-ZERBO, 2006). Por meio da colonização, as potências europeias efetivaram o controle sobre os recursos e as forças produtivas da maior parte dos **territórios**[1.1] do continente africano, além de terem ampliado o mercado consumidor de seus bens manufaturados.

> **1.1** Os únicos territórios não colonizados do continente africano foram os da Etiópia (África Oriental), que apenas registrou uma ocupação italiana entre 1936 e 1941, e a Libéria (África Ocidental), fundada por ex-escravos de origem estadunidense e caribenha, em 1847.

Embora a expansão europeia sobre a África date de meados do século XIX, durante a maior parte desse século os europeus não representavam efetivos riscos à soberania dos líderes africanos, já que frequentavam apenas zonas portuárias dos litorais atlântico e índico, representando antes interesses privados do que dos seus Estados. Geralmente, eles possuíam fortificações, entrepostos comerciais e algumas colônias de exploração, como os portugueses nos atuais territórios de Moçambique e Angola, os britânicos no atual território da Gâmbia e os franceses no atual território senegalês (BRUNSCHWIG, 1974). Até 1880, cerca de 80% da África estava sendo controlado por africanos (M'BOKOLO, 2011). Por isso, a Conferência de Berlim (1884-1885) foi considerada o marco inicial da colonização no continente.

Com a finalidade de resolver eventuais disputas territoriais, a Conferência de Berlim estipulou que toda nação europeia que tomasse posse de um território na costa africana (ou assumisse um protetorado) deveria informar os demais países europeus presentes na Conferência, para que eles ratificassem as pretensões em questão. Além disso, a posse de uma zona litorânea acarretaria o domínio de seu interior (*hinterland*) sem limite territorial definido. Assim, um novo mapa político da África foi desenhado a partir de 1885, no qual chamou a atenção a quantidade de linhas retas, feitas à revelia das fronteiras dos Estados ali existentes (mapa 6).

Diferentes estratégias foram adotadas para que a supramencionada tomada de posse ocorresse, sobretudo tratados entre líderes europeus e africanos ou tratados apenas entre os líderes europeus. Os tratados entre europeus e africanos obrigavam as lideranças locais a renunciar à sua soberania em troca de proteção ou comprometimento em não assumir nenhum tratado com outra nação europeia. Já os tratados entre europeus serviam para regular supostas discordâncias territoriais e, eventualmente, ajustavam delimitações por meio de fronteiras naturais ou étnicas previamente existentes (UZOIGWE, 2010).

Mapa 6: Divisões políticas coloniais na África em 1900.

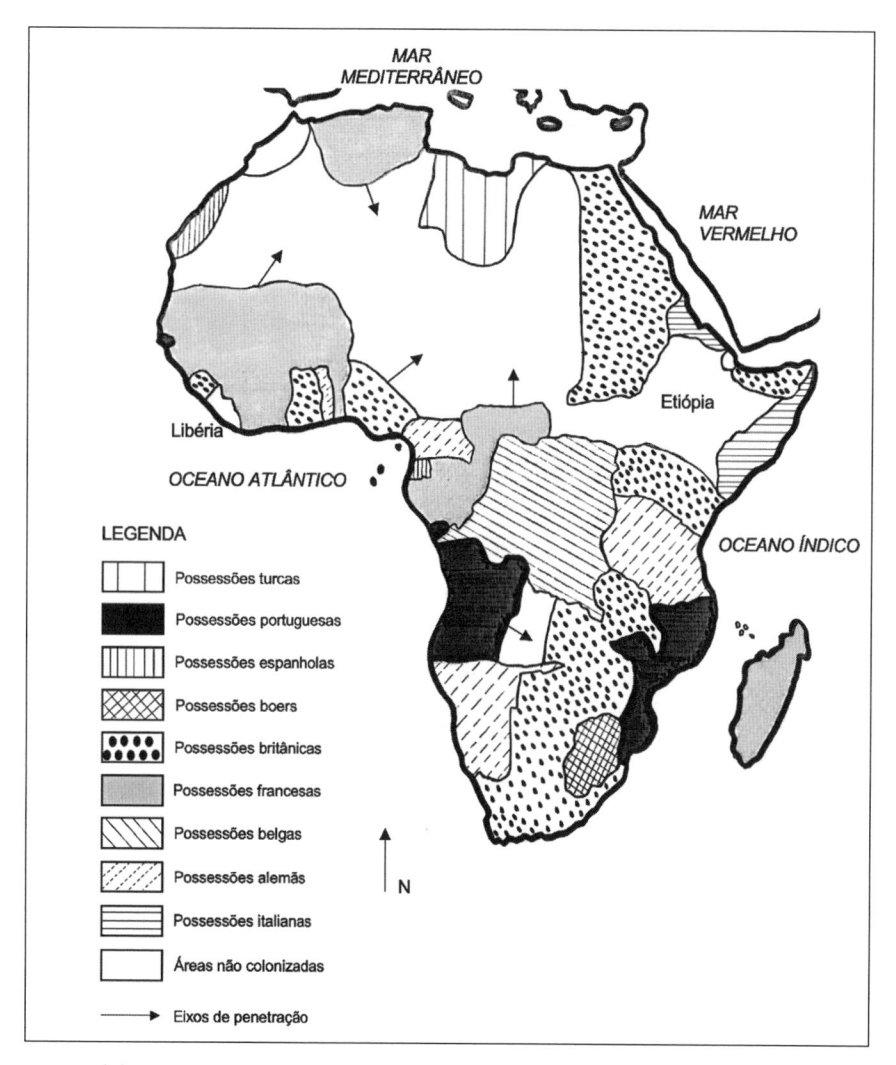

Fonte: Elaboração do autor (2016) com base em M'BOKOLO (2011).

No litoral do atual território de Gana – chamado de Costa do Ouro em função das exportações do mineral pelos Estados ali localizados –, a presença europeia datava dos tempos do tráfico atlântico. Contudo, no início do século XIX os britânicos buscaram aumentar sua presença nessa área, com o claro objetivo de controlar a circulação de mercadorias desde as zonas de produção agrícola e de extração mineral – que estavam sob domínio dos Estados locais – até as zonas portuárias, onde já detinham o controle efetivo. Dentre esses Estados locais, aquele que representou maiores dificuldades à consolidação do poder britânico foi o Axânti. Esse reino localizava-se em áreas de floresta e detinha o controle sobre a extração e o processamento de grande parte do ouro da região, além de produzir noz-de-cola (importante para abastecer os territórios islamizados ao norte). O reino gozava ainda de um poderoso exército, responsável por anexações de diferentes Estados, tanto nas áreas de savana (ao norte) quanto nas áreas de floresta e litorâneas (ao sul). Além disso, contava com uma estrutura política verticalizada e burocrática, na qual os cargos públicos (como os ministérios) eram concedidos mediante mérito, não hereditariedade. O reino Axânti – cuja expansão a partir de sua capital, Kumasi, verificou-se entre 1700 e 1750 – chegou a alcançar a quase totalidade do atual território ganense, com exceção de algumas áreas no extremo norte e outras na costa, ao sul, onde se localizavam Estados como Fante (mapa 7) (BOAHEN, 1975).

Os britânicos empreenderam uma série de combates contra os axântis ao longo do século XIX, sendo o mais determinante deles a guerra de 1874. No primeiro combate, em 1824, os axântis saíram vitoriosos e cortaram a cabeça de Sir MacCarthy (o então governador de Serra Leoa e dos assentamentos britânicos na Costa do Ouro). Dois anos depois, em 1826, os britânicos – aliados a alguns Estados africanos costeiros – venceram o Império Axânti na Batalha de Dodowa. Em 1863, os britânicos sofreram uma derrota humilhante, registrando muitas baixas. Por fim, em 1873-1874, quando o Reino Axânti organizou uma ofensiva para conquistar os Estados do litoral da Costa do Ouro, ao sul, acabaram sofrendo uma contraofensiva dos britânicos, que saquearam e queimaram a capital Kumasi e destruíram seu exército. Apesar das excelentes estratégias de combate dos axântis – que conheciam melhor o espaço em disputa –, os britânicos possuíam armamentos mais eficientes, de modo que essa superioridade instrumental foi fundamental também para a consolidação do imperialismo europeu sobre a maior parte da África (BOAHEN, 1975; UZOIGWE, 2010).

Mapa 7: Expansão do Reino Axânti entre o século XVIII e o século XIX.

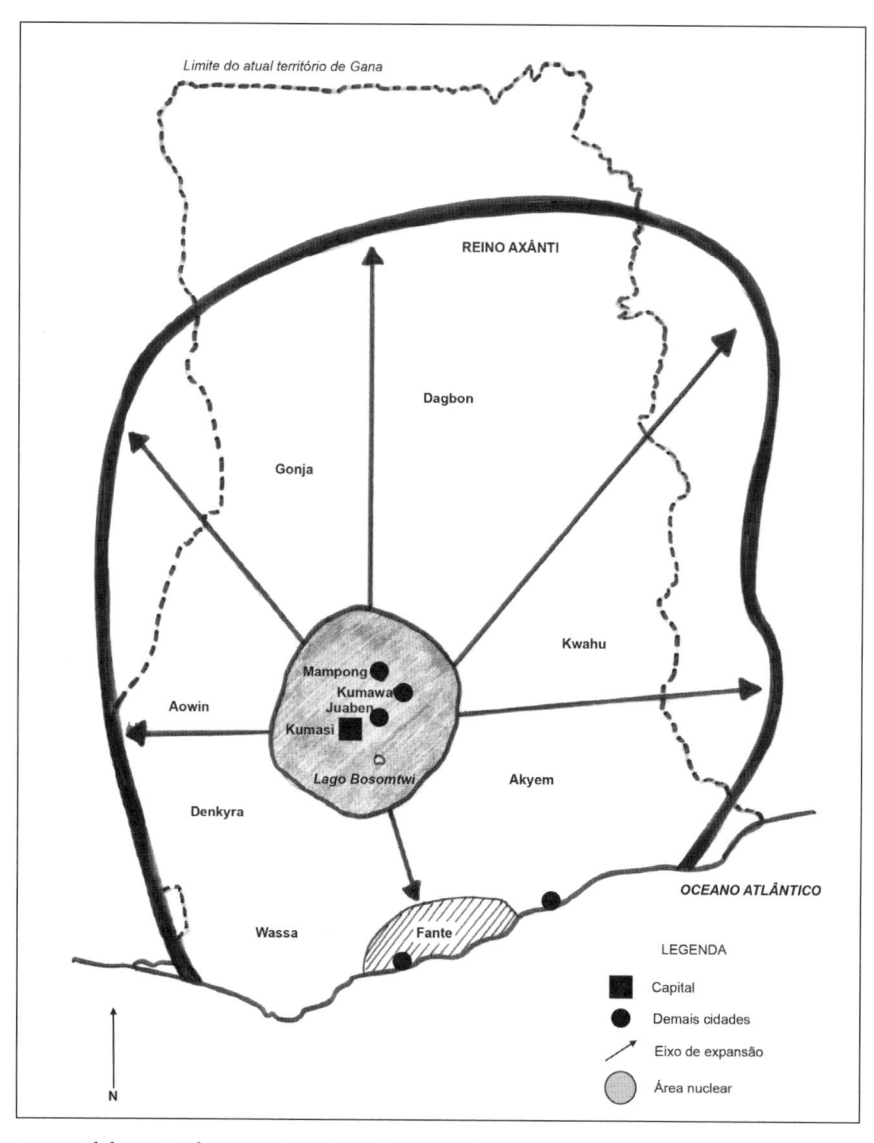

Fonte: Elaboração do autor (2016) com base em GOCKING (2005).

Mapa 8: Domínios coloniais britânicos na Costa do Ouro entre o século XIX e o século XX.

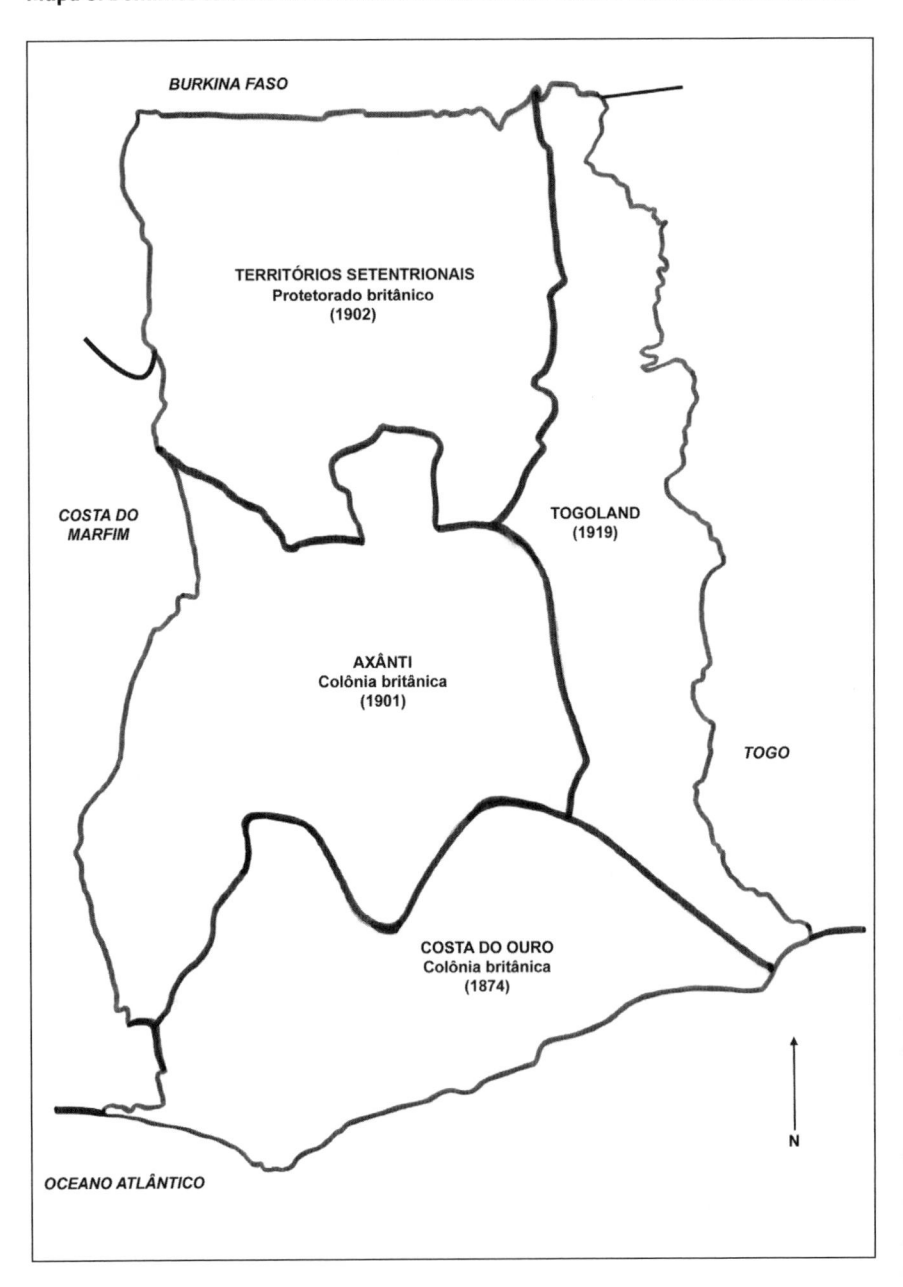

Fonte: Elaboração do autor (2016) com base em GOCKING (2005).

A dominação do Reino Unido se efetivou concretamente no fim da década de 1880, com a anexação dos territórios Axânti, Ewe, Gonja, Dagomba e Mamprusi. Os Estados ao sul já tinham sido convertidos em colônias desde 1874, sob a denominação de "Costa do Ouro" (mapa 8). A ampliação do poderio britânico – da zona costeira em direção ao interior – resultou também na ampliação do corpo administrativo colonial, que visava garantir sua autoridade e jurisdição sobre todo o território. A implementação dos Conselhos Legislativo e Executivo, da Suprema Corte, entre outros órgãos, resultou na ampliação dos custos de manutenção por parte da metrópole. Para financiar essa burocracia, alguns projetos de taxação direta e indireta foram implementados na colônia no fim do século XIX, causando muita insatisfação dos chefes tradicionais locais – os antigos reis e chefes de clãs – que, embora destituídos da plena soberania territorial que detinham anteriormente, ainda gozavam de prestígio popular.

O sistema colonial britânico na Costa do Ouro foi responsável por transformações estruturais tanto nas forças produtivas quanto nas relações de produção das sociedades dominadas. As heranças materiais, normativas e culturais legadas por esse sistema na formação socioespacial ganense foram profundas e dão perspectiva histórica à análise sobre a sua inserção na DIT contemporânea.

Primeiramente, deve-se observar que, além de manter a extensão territorial do período colonial, Gana manteve também o sistema judiciário e administrativo fundado pelos britânicos. Entre fins do século XIX e meados do século XX, esses sistemas foram, gradativamente, ocupados por uma classe intelectual urbana e nativa, frequentemente denominada *intelligentsia*. Essa classe social foi produto da difusão da educação ocidental levada a cabo – durante décadas – pelos missionários cristãos, não apenas na Costa do Ouro, mas em toda a África. Observou-se aí a incorporação servil dos currículos europeus, o que gerou também certa desvalorização e desconhecimento sobre a cultura das nações locais por parte das classes urbanas que se formavam. Esse sistema de educação (constituído por escolas primárias, secundárias e universidades) visava a criação de quadros para a administração colonial, tendo sido responsável pela criação de uma elite intelectual negra. Dialeticamente, essa classe, marcadamente urbana, foi elemento central de contestação do sistema colonial, sobretudo em meados do século XX; muitos de seus integrantes, inclusive, tiveram influências ideológicas libertárias enquanto realizavam parte de seus estudos fora da Costa do Ouro, especialmente no Reino Unido e nos Estados Unidos (BOAHEN, 1975). Desta forma, a *intelligentsia*, além de ter se tornado aglutinadora das insatisfações anticolonialistas, ofereceu alguns dos principais líderes políticos dos governos ganenses ao longo de sua história.

A colonização intensificou a entrada da Costa do Ouro no modo de produção capitalista, tendo instituído as *Land Bills* (leis fundiárias) de 1894 e 1897, que tornaram as terras improdutivas – além das florestas e dos recursos minerais – propriedades da Coroa Britânica. Assim, as terras que ainda não eram exploradas pela população local tornaram-se propriedade do Estado colonial capitalista e objeto de comercialização no mercado fundiário.

Durante a colonização, a organização do comércio de longa distância representou o rearranjo das forças produtivas: verdadeiros circuitos espaciais de produção foram estruturados em função do aprofundamento da DIT, de modo que atividades relacionadas à produção e à exportação de matérias-primas foram introduzidas em algumas porções do continente. Na Costa do Ouro houve um significativo investimento de recursos britânicos para o cultivo de gêneros agrícolas – sobretudo o cacau, que tornou a colônia a maior exportadora dessa mercadoria no mundo, além de amendoim, óleo de palma e sisal – e a extração de ouro, diamante, manganês e madeira.

Paralelamente, desenvolveram-se algumas infraestruturas de circulação e distribuição – rodovias, ferrovias e portos – destinadas ao escoamento das *commodities* produzidas. Tais infraestruturas foram adensadas no sul da colônia, onde se articulavam zonas de produção e portos, ao passo que o norte – marcado pela vegetação de savana e sem a presença de recursos naturais em quantidades comercializáveis – tornou-se menos integrado aos dinamismos da economia internacional. Essa realidade não foi exclusiva da Costa do Ouro, de modo que muitos territórios da África Ocidental desenvolveram infraestruturas de maneira marcadamente seletiva, contribuindo para significativos desequilíbrios regionais (BOAHEN, 1975).

Além do impacto na economia, a colonização também foi responsável pelo aumento da população, pela gradativa estratificação social desta e, principalmente, pela urbanização (e suas infraestruturas urbanas). A população da Costa do Ouro passou de 764 mil, em 1891 para 4 milhões, em 1948. Esse crescimento esteve relacionado ao fim da escravidão, ao controle de conflitos e guerras regionais e à melhoria das condições de vida e saúde da população, conduzida pela construção de hospitais, centros de saúde e obras de saneamento básico nas cidades (BOAHEN, 1975).

Quanto à estratificação social, antes da colonização havia basicamente três classes nos reinos da região: a aristocracia (dos chefes tradicionais), os não líderes e os escravos (que desapareceram gradativamente com as medidas antiescravistas implementadas pelos europeus ao longo do século XIX). Pode-se afirmar que a colonização deu origem a três novas classes sociais: a elite europeia, a elite ganense educada e os trabalhadores (assalariados ou autônomos). Com o tempo, as subclasses aumentaram dentro desses grupos: no topo vinha a elite profissional educada (a *intelligentsia*), que havia recebido educação ocidental; abaixo vinham os membros de uma classe média baixa (ou também chamada de elite baixa), formada por professores, clérigos, pequenos comerciantes, entre outros; abaixo vinham ainda outros assalariados, como auxiliares de professores nas escolas infantis, balconistas, mensageiros, aprendizes em oficinas etc. Juntos, esses três subgrupos formavam a chamada juventude (*youngmen*), que foi decisiva para as transformações políticas observadas nas décadas de 1940 e 1950. Foi justamente a emergência dessa classe social que fez com que o sistema colonial fosse questionado. Mais adiante, com o desenvolvimento de obras de infraestrutura pelo país, uma classe de trabalhadores analfabetos ou semialfabetizados foi se formando, com a presença de pedreiros, mineiros, pequenos agricultores das plantações de cacau, mecânicos, motoristas etc. (BOAHEN, 1975).

No processo de urbanização, várias cidades se desenvolveram a partir das atividades dos fortes e dos castelos europeus do litoral da Costa do Ouro. O crescimento populacional nas cidades esteve associado ao êxodo rural da população em sua busca por emprego e educação. Esse afluxo de pessoas gerou também uma marcada segregação social nesses espaços urbanos, separando os europeus brancos dos africanos negros. Gradativamente e de forma seletiva, nas primeiras décadas do século XX, foram implantados sistemas de água encanada e eletricidade nas principais cidades. Em 1939 já havia 38 hospitais espalhados pela colônia (BOAHEN, 1975).

1.3.2 A crise no sistema colonial e a Costa do Ouro rumo à independência

A crise do sistema colonial europeu na África decorreu de um conjunto de fatores de ordem interna e externa, de modo que as independências se consolidaram a partir de meados do século XX. Para começar, é importante mencionar o cenário de recessão econômica decorrente da Grande Depressão de 1930, que operou uma marcante desvalorização nos preços das matérias-primas (principal item de exportação das colônias africanas).

No período entreguerras, surgiram diversos movimentos nacionalistas africanos, cujos principais objetivos eram: o fim da privação das liberdades políticas e sociais, o fim da exploração dos recursos humanos e materiais em benefício dos senhores estrangeiros e o fim da negação dos meios e serviços que poderiam servir ao avanço social das sociedades colonizadas. Na maioria das vezes, esses movimentos eram influenciados por ideologias externas trazidas, principalmente, pela *intelligentsia* do continente, que havia realizado seus estudos no exterior, conforme já mencionado. As principais formas de organização das elites urbanas africanas foram as associações culturais e os grupos de interesse, nos quais foram arquitetadas diferentes formas de resistência ao sistema colonial, como greves e motins – movimentos caracterizados geralmente por seu caráter não violento (HARGREAVES, 1991; OLORUNTIMETHIN, 2010). É importante notar que, até esse momento, as associações surgidas na Costa do Ouro, como o Congress of British West Africa, tinham como objetivo principal o aumento da representatividade dos africanos no sistema político colonial, e não a sua subversão (BOAHEN, 1975).

Durante a Segunda Guerra Mundial, registraram-se algumas melhorias econômicas na colônia, além do aumento da representatividade africana na administração desta. A guerra aumentou a exploração de recursos naturais e da agricultura na Costa do Ouro, sobretudo com a extração de bauxita e a produção de óleo de palma (o que também conduziu à construção de algumas infraestruturas, como ferrovias, para escoar a produção). Houve ainda o aumento da demanda e da produção de coco, borracha, madeira e cacau; e algumas indústrias e oficinas também se desenvolveram no período, como as de construção civil, de couro, de móveis e de objetos domésticos. Para garantir comida aos combatentes, houve também o apoio governamental às produções agrícola e pecuária.

Contudo, o avanço do controle britânico sobre o comércio da principal *commodity* colonial – o cacau – fez com que muitos agricultores se frustrassem com o sistema. Soma-se a isso a acentuada redução das importações de mercadorias europeias – em função da recessão econômica produzida pela guerra –, que causou o crescimento da inflação e, consequentemente, uma série de movimentos populares de boicote às mercadorias estrangeiras. Outra questão que ocasionou o descontentamento local foi o fato de que os africanos recrutados pelo exército da Coroa Britânica para guerrear no exterior não haviam recebido nenhum tipo de auxílio ao retornarem para a colônia (RIMMER, 1992), embora, com o advento da Segunda Guerra Mundial, as colônias britânicas da África Ocidental tivessem fornecido, juntas, contribuições de cerca de 930 mil libras: Costa do Ouro contribuiu com mais de 361 mil, Nigéria com mais de 409 mil, Gâmbia com mais de 11 mil e Serra Leoa com mais de 148 mil (BOAHEN, 1975). Assim, o clima de convulsão política foi se intensificando e os movimentos nacionalistas da Costa do Ouro passaram a clamar pela independência com o célebre lema: "Nós preferimos o autogoverno com o perigo à servidão com a tranquilidade".

No período do pós-guerra, o Reino Unido estava enfraquecido no cenário geopolítico, sobretudo diante da nova ordem mundial bipolar, liderada pela União Soviética e pelos Estados Unidos – ambas potências favoráveis à descolonização do continente africano. A Segunda Guerra Mundial também levou à enunciação dos princípios da Carta do Atlântico e à fundação das Nações Unidas, que deram vigor aos movimentos anticoloniais. O terceiro item da Carta do Atlântico (1941) anunciava "[...] o direito que assiste a todos os povos de escolherem a forma de governo sob a qual querem viver; e desejam que se restituam os direitos soberanos e a independência aos povos que deles foram despojados pela força". Já a Carta das Nações Unidas deixava claro o princípio de "autodeterminação dos povos", e a Assembleia Geral também apoiou as lutas anticoloniais (BOAHEN, 1975).

Nesse cenário de questionamento do sistema colonial, dois partidos políticos surgiram na Costa do Ouro: o United Gold Coast Convention (UGCC) e o Convention People's Party (CPP), fundados em 1947 e 1949, respectivamente.

Em junho de 1948, aquele que seria o grande líder da independência ganense, Kwame Nkrumah, trabalhava como tesoureiro do UGCC quando foi preso junto com os cinco líderes do partido: Ebenezer Ako-Adjei, Edward Akufo-Addo, Joseph Boakye Danquah, Emmanuel Obetsebi-Lamptey e William Ofori Atta. Acusados pelo governo colonial de terem fomentado greves e boicotes, os seis passaram a ser conhecidos como Big Six.

No entanto, Nkrumah nutria uma série de divergências ideológicas com o UGCC, sobretudo pelo fato de que o partido era formado majoritariamente por membros da *intelligentsia* local, enquanto o jovem líder da independência sempre tivera tendências políticas mais populares. Após sua trajetória de estudos (em educação, sociologia e teologia) em universidades estadunidenses e britânicas (onde entrou em contato com o pan-africanismo e com ideologias marxistas), Nkrumah voltou para a Costa do Ouro, onde desempenhou diversas atividades políticas no UGCC e ampliou seu conhecimento sobre os problemas da colônia – sobretudo por meio de suas viagens percorrendo diferentes partes do território –, o que lhe garantiu simpatia e apoio das classes trabalhadoras urbanas e rurais na Costa do Ouro. Assim, em 1949, Nkrumah rompeu com o UGCC e fundou o CPP, que, com um caráter mais revolucionário, lançou o *slogan* "autogoverno agora" (CAPPELAERE, 2007).

Nkrumah consolidou-se como o principal líder político pela independência de Gana. A partir do fim dos anos 1940, organizou a *Positive Action Campaign*, que consistia em uma série de protestos e greves contra o sistema colonial. Além disso, eram realizados boicotes aos produtos europeus importados na colônia. Apesar do caráter explicitamente não violento, eventualmente as manifestações tornavam-se motins, que eram fortemente repreendidos pelo governo colonial (BOAHEN, 1975). Efetivamente, as tensões produzidas por meio da *Positive Action Campaign* foram responsáveis pelo aumento da representação africana no poder executivo e legislativo colonial. Desse modo, em 1951, a Costa do Ouro havia se tornado a primeira colônia britânica na África a alcançar a autogovernabilidade, sob a direção de Nkrumah – tornando-o o *leader of government bussiness* (uma espécie de ministro das finanças) – e do CPP. Além de ter trabalhado em direção à independência política completa, obtida em 6 de março de 1957, o governo estabeleceu importantes políticas econômicas e sociais ainda sob vigência do sistema colonial (WALLERSTEIN, 1964; CAPPELAERE, 2007).

A partir das reservas financeiras acumuladas durante e após a Segunda Guerra Mundial (em um contexto de aumento do preço do cacau no mercado externo), foi possível a execução do chamado Five-year Development Plan, junto com um plano de aceleração da educação, que custou 120 milhões de libras. As políticas econômicas nesse plano buscavam: reabilitar a produção do cacau (que havia sido afetada pela disseminação da doença *swollen shot*) e implementar o Volta River Project, que já era discutido desde a década de 1920 e objetivava a construção de uma represa cuja energia gerada supriria as demandas da extração de bauxita e da futura indústria do alumínio. Além disso, cerca de 35% da verba do projeto foram destinados a obras de infraestrutura, como: recapeamento e construção de rodovias; início da construção da rodovia costeira entre Acra e Takoradi; aumento do porto de Takoradi; início da construção do Porto de Tema; construção da ferrovia conectando Akyease a Takoradi (que reduziu a distância Takoradi-Acra em 262 km); término da construção da rodovia Acra-Kumasi-Tamale-Bolgatanga (principal artéria norte-sul do país); e término da Adomi Bridge sobre o rio Volta (BOAHEN, 1975; RIMMER, 1992).

As políticas sociais também integravam o orçamento do Five-year Development Plan. Com relação às políticas habitacionais, houve a construção de casas por meio de projetos de habitação que custaram cerca de 2,5 milhões de libras e que foram implantados nas cidades de Acra, Cape Coast, Sekondi-Takoradi e Kumasi (o governo também contratou os serviços de uma empresa holandesa de casas pré-fabricadas). Além disso, houve a implementação de uma política de financiamento habitacional (que disponibilizou 2 milhões de libras) e obras de saneamento básico também foram feitas, sobretudo nos espaços urbanos. Com relação à saúde, pode-se mencionar a construção do Hospital de Kumasi (ao custo de

1,5 milhão de libras). Por fim, no caso da educação, o governo garantiu educação obrigatória e gratuita para crianças entre as idades de 6 e 12 anos. Além disso, subsidiou algumas escolas missionárias e autorizou os conselhos locais a estabelecerem suas próprias escolas. De modo geral, o número de crianças registradas no sistema educacional aumentou de 212 mil em dezembro de 1950 para 270 mil em janeiro de 1952. Os gastos com a educação primária aumentaram de 207.500 libras em 1950-51 para mais de 900 mil libras em 1952. O governo também providenciou 16 escolas de treinamento de professores. O número de escolas secundárias também aumentou de 13 em 1951 para 31 em 1955. O financiamento à universidade College of Gold Coast foi orçado em 1,5 milhão de libras, além de ter sido construída outra universidade em Kumasi: a University of Science and Technology, na época chamada de College of Arts, Sciences and Technology (BOAHEN, 1975; RIMMER, 1992).

1.4 Os esforços de subversão da formação socioespacial ganense na DIT entre 1957 e 1983

A independência ganense representou também o início de um esforço de subversão do país dentro da DIT. Entre o fim da década de 1950 e o início da década de 1980, a maior parte das políticas econômicas implementadas em Gana tiveram o objetivo de diversificar e estatizar as forças produtivas do país, sobretudo no setor industrial, com a política de substituição de importações. Desse modo, por mais que a pauta de exportação tenha sido mantida em torno de produtos agrícolas e minerais, as tradicionais importações de bens de consumo manufaturados tornaram-se menos necessárias diante do desenvolvimento da indústria local, que fora boicotada pela administração colonial.

O cenário dos primeiros anos após a independência revelava que a maior parte das atividades econômicas em Gana pertencia às empresas europeias que atuavam no país: 90% das companhias de importação; 96% das concessões para exploração de madeira; 100% das concessões para exploração do ouro; 50% das concessões para exploração de diamantes; e praticamente 100% dos bancos e seguradoras, de modo que os bancos britânicos controlavam 90% das finanças (BOAHEN, 1975).

Apenas a produção agrícola estava predominantemente sob controle dos ganenses, apesar do fato de que a maior parte da distribuição e do *marketing* das sementes de cacau estivesse sob controle de empresas estrangeiras, como: as britânicas United Africa Company (fundada em 1929), Cadbury (fundada em 1824) e Fry (fundada em 1822); e a francesa Compagnie Française de l'Afrique Occidentale (fundada em 1887). Diante desse quadro, o governo lançou um conjunto de políticas – gradativas e setoriais – buscando a nacionalização da economia, de modo que esse processo ganhou fôlego a partir da década de 1960 (BOAHEN, 1975).

Nos primeiros anos do governo de Nkrumah (imagem 2), houve o aumento da participação nacional na comercialização do cacau, com a criação da Ghana Farmer's Market Cooperative (em 1957) e da Cooperative Marketing Association (em 1960), que, juntas, passaram a dominar mais de 50% do mercado desta que era a maior fonte de divisas do país. Além disso, houve o aumento da participação nacional no setor bancário, com a atuação conjunta do Ghana Commercial Bank (de 1952) e do Ghana Bank (1957), que passaram a controlar 40% das carteiras de depósito e 50% das carteiras de crédito (em 1960).

Imagem 2: Estátua de bronze de Kwame Nkrumah no Kwame Nkrumah Memorial Park and Mausoleum em Acra (Grande Acra). Gana, 2016. Fonte: Foto do autor.

Em 1963, o governo lançou o Seven-Year Development Plan (7YP), que esteve notoriamente aderente aos planejamentos econômicos de caráter socialista com traços particulares: na análise de Hutchful (2002), o socialismo de Nkrumah, também chamado nkrumanismo, seria uma forma peculiar de ideologia na qual se misturavam o paternalismo colonial, o nacionalismo, o pan-africanismo, o marxismo moderno, o estado de bem-estar social europeu e o tradicional comunitarismo e redistributivismo ganense.

O 7YP buscou reduzir a participação dos capitais privados da economia, fossem eles nacionais ou estrangeiros. Cerca de 63% da verba do plano foi destinada ao desenvolvimento de infraestruturas e serviços, e o restante esteve ligado diretamente ao financiamento da produção agrícola e industrial. Boahen (1975) e Rimmer (1992) levantaram os principais efeitos desse plano econômico:

- Na agricultura, o governo criou a State Farms Corporation, que estabeleceu um conjunto de fazendas estatais no território.
- Na mineração, o governo fundou a State Mining Corporation em 1961 (que passou a administrar seis das sete minas) e a Accra State Diamond Corporation (que passou a administrar todas as minas de diamantes, antes geridas por empreendedores africanos ou pela companhia holandesa Dutch Diamond Company). Em 1965, apenas uma companhia estrangeira de ouro (a Ashanti Goldfields) e três companhias privadas de diamantes (Cast, Ayco e Akin Concessions) ainda operavam.
- Na manufatura, o número de empresas estatais aumentou de 13 para 22 (entre 1960 e 1965), e outras 20 estavam sendo fundadas na época.
- Na construção civil, o governo fundou a State Construction Corporation em 1962 e, em 1964-5, a companhia já era responsável por 75% das construções governamentais.
- No setor energético, houve a inauguração da represa de Akosombo, no rio Volta (que integrava o Volta River Project), em 1965.
- Nas finanças, a partir de 1962, o governo tornou obrigatória a abertura de conta no Ghana Commercial Bank para qualquer cidadão que buscasse empréstimos destinados ao consumo. Além disso, esse banco também era o único com o qual os compradores internacionais de cacau poderiam realizar suas transações comerciais. Desse modo, enquanto o Ghana Commercial Bank assegurava 40% dos depósitos e 50% das operações de crédito em 1961, esses números passaram, respectivamente, para 52% e 84% em 1964. Com relação às seguradoras, o governo criou a State Insurance Corporation em 1962 (em 1966, essa empresa já controlava 50% do mercado nacional).
- No comércio, o governo foi mais presente no controle das importações e tornou a Ghanaian National Trading Corporation (fundada em 1961) a maior distribuidora de mercadorias do país.

De maneira geral, a gestão do CPP foi responsável pela diversificação e estatização de grande parte do processo produtivo (sobretudo no setor industrial), incluindo também a construção de infraestruturas de circulação e distribuição (ferrovias, rodovias, portos e aeroportos), além de ter formado um conjunto de aparatos institucionais (fundos, bancos, cooperativas etc.) destinado ao financiamento da produção e ao controle do comércio. No entanto, uma série de fatores dificultaram o sucesso pleno dessas políticas.

O primeiro deles foi a desvalorização do cacau no mercado internacional a partir de 1965, representando uma significativa redução da entrada de divisas no país e um vetor externo que revelou a vulnerabilidade de uma economia dependente da exportação de gêneros agrícolas na DIT.

Outro fator foi a dependência que as forças produtivas ganenses estabeleceram com a tecnologia estrangeira: visando reduzir a dependência de importações de bens de consumo, as políticas de substituição de importações representaram o aumento maciço das importações de bens de produção e de capital, com o intuito de viabilizar a mecanização da agricultura e a criação e o funcionamento das indústrias nacionais. Essas importações chegaram a ser facilitadas pelo governo por meio de uma política de valorização artificial da moeda ganense, o que, ao mesmo tempo, trouxe problemas para as exportações (RIMMER, 1992).

Assim, a dificuldade em obter divisas, associada a um custoso projeto de desenvolvimento, fez com que o débito do governo passasse de 20 milhões de libras esterlinas (no fim da década de 1950) para 400 milhões em 1965. Como consequência, o governo passou a financiar a dívida e a recorrer a empréstimos internacionais. A política de valorização da moeda manteve-se mesmo em 1965, quando o ghanaian pound foi substituído pelo cedi.

Outros aspectos, como a inflação e a ampliação das acusações de corrupção na administração pública, também colaboraram para o enfraquecimento político do líder da independência ganense e de seu governo. Em meados da década de 1960, observou-se a precarização nos serviços de saúde e educação, cuja ampliação e melhoria havia sido responsabilidade do próprio CPP nos anos anteriores. Na educação, o número de escolas públicas (primárias e secundárias) e escolas de formação de professores (a maior parte construída pelo Ghana Education Trust entre 1957 e 1960) havia aumentado. Além disso, houvera um aumento da oferta de bolsas de estudos no exterior (via Cocoa Marketing Board) e auxílio às universidades. Entre 1958 e 1965, as matrículas aumentaram de 471 mil para 1,1 milhão no primário; de 140 mil para 268 mil no ginásio; de 13,2 mil para 48,6 mil no colegial; e de 10 mil para 26,9 mil nas escolas técnicas e de formação de professores. As duas universidades (University Colleges of Legon e Kumasi) tornaram-se universidades plenas na época, e a University of Cape Coast foi fundada em 1962. Na gestão do CPP, observou-se a democratização do ensino e, ao mesmo tempo, a queda de sua qualidade, pois faltou ao governo aumentar de forma significativa o número de professores (aquém da demanda) e a quantidade dos materiais escolares. Além disso, o aprendizado estava muito vinculado à literatura e pouco vinculado aos ensinos técnicos (como o agrícola, por exemplo). No que tange à saúde, houve a construção de hospitais, centros de saúde e clínicas, além do lançamento de campanhas de combate a doenças (como hanseníase, catapora e tuberculose) e a oferta de bolsas de estudos no exterior (que formaram mais de 400 médicos). O número de hospitais praticamente dobrou, enquanto o número de médicos e enfermeiras permaneceu relativamente baixo (112 hospitais, 567 médicos e 2.660 enfermeiras). Contudo, novamente, apesar da ampliação do sistema, a falta de recursos do governo converteu-se em cortes no fornecimento de remédios e na manutenção dos hospitais e seus maquinários (de raio-X, por exemplo) (RIMMER, 1992).

Para além do endividamento, da inflação, da valorização artificial da moeda, das denúncias de corrupção na administração pública e da precarização na oferta de serviços básicos, o enfraquecimento político de Nkrumah também esteve associado à centralização política de seu governo e à sua predileção pelos países do mundo socialista. Uma série de políticas implementadas no governo do CPP visava a redução da oposição e a formação de um Estado de Partido Único. Em 1957, o *Avoidance Discrimination Act* (que proibia partidos de caráter regionalista/étnico) foi lançado e, em 1958, o *Preventive Detention Act* (que autorizava a prisão de qualquer suspeito de conspiração por até 5 anos). Já em 1960, foi aprovada uma Nova Constituição na qual Nkrumah aumentava seu poder não apenas no executivo, mas também no judiciário: começa aí a Primeira República de Gana, com

Nkrumah como seu presidente. Além disso, dá-se início ao unipartidarismo (aprovado em plebiscito) e à perseguição sistemática de qualquer tipo de oposição ao governo, tendo-se registrado 311 prisões em 1961, 254 em 1962 e 586 em 1963 (BOAHEN, 1975; RIMMER, 1992). A partir de 1960, Nkrumah estreitou as relações econômicas e políticas com Moscou e Beijing, embora, nos anos anteriores, o governo tivesse buscado localizar-se politicamente entre os países Não Alinhados, tendo, inclusive, participado da Conferência de Bandung (na Indonésia) em 1958.

Assim, em 1966, enquanto estava em uma viagem oficial à China e ao Vietnã, Nkrumah sofreu um golpe de Estado orquestrado pelo major **A. A. Afrifa**[1.2] e pelo coronel **E. K. Kotoka**,[1.3] que se estabeleceram no poder à frente do National Liberation Council (NCL). O ex-presidente de Gana e líder da independência do país viu-se então obrigado ao exílio na Guiné.

> **1.2** Akwasi Amankwaa Afrifa (1936-1979) nasceu em Mampong e estudou em escolas protestantes em Mampong e em Cape Coast. Integrou o exército em 1956 e recebeu treinamento militar no Reino Unido, tendo servido no Congo em 1961 (GOCKING, 2005).
>
> **1.3** Emmanuel Kwasi Kotoka (1926-1967) nasceu em Alakple e estudou em escolas católicas. Integrou o exército em 1954, tendo servido no Reino Unido e na Alemanha. Além disso, foi membro das Forças de Emergência das Nações Unidas no Congo e comandante da primeira Brigada de Infantaria de Kumasi (GOCKING, 2005).

O governo militar do NLC durou até 1969, quando foram criadas as condições institucionais – uma nova constituição democrática – para as eleições. Estas foram vencidas pelo Dr. **Kofi Busia**,[1.4] líder do Progress Party (PP) e feroz opositor ao governo de Nkrumah. Sua gestão durou até 1972, quando um novo golpe militar foi imposto.

> **1.4** Dr. Kofi Abrefa Busia (1913-1978) nasceu em Wenchi e estudou em Kumasi. Chegou a dar aula na escola de Achimota e realizou seu doutorado em antropologia na Universidade de Oxford (Reino Unido). Lecionou, a partir de 1949, na University College, em Legon (conhecida atualmente como University of Ghana), e foi eleito membro da Assembleia Legislativa em 1951. Como membro do United

> Party (oposição ao CPP de Nkrumah) acabou sendo exilado no Reino Unido, onde lecionou na Oxford University, retornando ao país em 1969 (GOCKING, 2005; CAPPELAERE, 2007).

De modo geral, os seis anos pós-Nkrumah (1966-1972) tiveram como prioridade econômica a realização de alguns ajustes monetaristas de caráter liberal, sobretudo diante do aumento das pressões internacionais em torno do endividamento externo do país (HUTCHFULL, 2002).

Logo que tomou o poder, o NLC buscou auxílios financeiros dos embaixadores dos Estados Unidos, da Alemanha Ocidental e do Líbano em Gana. Além disso, a ajuda também ocorreu por meio de financiamentos da dívida e doação de alimentos para a população, realizados principalmente pelos Estados Unidos, pelo Reino Unido, pela Alemanha Ocidental e pelo Canadá. Por fim, o NLC recorreu ao Fundo Monetário Internacional (FMI) e ao Banco Mundial (RIMMER, 1992).

Visando ao fortalecimento da balança comercial, a política econômica adotada pelo NLC foi a desvalorização da moeda nacional, o que viabilizaria o aumento das exportações e, ao mesmo tempo, a redução do controle administrativo sobre as importações (RIMMER, 1992).

Ampliou-se também o investimento na produção de cacau, visto que a política econômica do NLC estava mais preocupada em promover as exportações do que garantir a substituição de importações. Além disso, o novo governo reduziu os impostos sobre os produtos alimentares básicos, buscando diminuir o custo de vida da população (RIMMER, 1992).

Logo que assumiu o poder, o presidente Busia manteve o caráter liberal das políticas econômicas do NLC. Nesse sentido, intensificou-se a desvalorização do cedi (em 44% diante do dólar em 1971) para facilitar as exportações (BOAHEN, 1975; RIMMER, 1992; CAPPELAERE, 2007).

Pode-se constatar que o objetivo de estabilização e crescimento econômico no curto prazo foi alcançado, já que o crescimento do Produto Interno Bruto (PIB) passou de -4,3% em 1965 para 6% em 1970. Assim, a balança comercial passou a ter superávit, a inflação foi reduzida de 22,7% (em 1965) para 3% (em 1970) e a dívida do governo também diminuiu (o pagamento de dívidas externas passou a representar 65% dos gastos do governo na década de 1970) (RIMMER, 1992).

No entanto, junto aos ajustes liberais, houve também o aumento do desemprego. Soma-se a isso a queda do preço das *commodities* exportadas por Gana no mercado internacional em 1971, que ocasionou, novamente, a redução da taxa de crescimento econômico do país e, portanto, o desequilíbrio na balança comercial, que passou a operar em situação deficitária (ampliando a dívida externa de 74 milhões de cedis em 1969 para 141 milhões em 1971). A alternativa encontrada diante desse quadro, mais uma vez, foi a desvalorização da moeda nacional no fim de 1971. Essa desvalorização, junto às demais dificuldades econômicas, serviu como justificativa para mais um golpe de Estado que encerrou a segunda experiência democrática de Gana, em janeiro de 1972 (RIMMER, 1992; HUTCHFUL, 2002).

Entre 1972 e 1978, ocorreu no país mais uma fase de estatização da economia, sob o governo militar de **Ignatius K. Acheampong**,[1.5] que instaurou o National Redemption Council (NRC), composto por oficiais militares de médias patentes. Em 1975, o NRC foi substituído pelo Supreme Military Council (SMC), tornando a hierarquia governamental efetivamente militar e promovendo o coronel Acheampong à patente de general.

1.5 Ignatius Kutu Acheampong (1931-1979) nasceu em Kumasi e foi educado em escolas católicas (em Kumasi e Ejura) e na Central College of Commerce (em Agona-Swedru). Integrou o exército em 1959 e chegou a receber treinamento no Reino Unido e nos Estados Unidos (GOCKING, 2005).

Esse governo, conhecido pelo seu autoritarismo, buscou sua legitimidade através de políticas de favorecimentos de alguns grupos sociais e da adoção de políticas econômicas nacionalistas (CAPPELAERE, 2007). O contexto deixado por Busia era o de desvalorização monetária, mas Acheampong buscou retrair essa política e, ao mesmo tempo, aumentar o controle estatal sobre as importações, para reativar a política de industrialização iniciada por Nkrumah (RIMMER, 1992).

Outra marca da gestão do general foi ter promovido o afastamento dos credores internacionais e ter adotado políticas voltadas à autonomia econômica do território, sobretudo no que tange à segurança alimentar: o governo realizou investimentos na produção de arroz, cuja área de cultivo praticamente quadruplicou entre 1970/71 e 1976/77, passando de 89 mil para 346 mil hectares. Além disso, houve a elaboração da Operation Feed Yourself, que representou uma queda nas importações do país graças aos grandes estoques de alimento feitos. O valor das exportações aumentou novamente em 1973 e os preços das *commodities* tornaram-se favoráveis à balança comercial ganense até o fim da década.

O governo estatizou muitas empresas estrangeiras que atuavam no país, em especial na indústria de extração mineral e vegetal, na indústria de bens de consumo não duráveis e no setor financeiro. Contudo, mesmo com a intensificação dos subsídios governamentais nessas indústrias, observou-se a queda da produtividade na maioria das empresas estatais durante o período, por motivos semelhantes aos ocorridos nos anos de Nkrumah: a custosa demanda por bens de produção e bens de capital, que tinham que ser importados.

Em meados da década de 1970, houve uma piora no cenário econômico ganense devido à crise do petróleo, cujos efeitos foram sentidos em 1974 e 1975, pela deterioração da balança de pagamentos e pela política do governo em manter baixo o preço dos derivados do petróleo na execução fiscal. Uma estiagem prolongada também comprometeu a produção agrícola e o abastecimento de alimentos.

Nesse cenário, denúncias de corrupção tornaram-se amplamente difundidas e, em 1977, iniciou-se um forte movimento de oposição ao regime militar. Tal movimento era formado, essencialmente, por uma classe urbana de profissionais liberais influentes na política (professores universitários, advogados, médicos e engenheiros) que passaram a questionar a legitimidade do governo. As pressões econômicas e sociais fizeram com que, em 1978, as altas patentes do exército forçassem a saída de Acheampong. Em seu lugar entrou o tenente-general **Frederick Akuffo**,[1.6] que governou o país até 1979.

1.6 Frederick Akuffo (1937-1979) nasceu em Akuropon e integrou o exército em 1957. Recebeu treinamento no Reino Unido e serviu no Congo em 1961 (GOCKING, 2005).

Sem tempo efetivo para realizar transformações marcantes na economia, Akuffo também sofreu, em 1979, um golpe militar. Dessa vez, a operação foi realizada sob a liderança de **Jerry J. Rawlings**,[1.7] que tomou controle do governo e instaurou o Armed Forces Revolutionary Committee (AFRC). O golpe esteve associado fundamentalmente ao descontentamento de Rawlings e seu grupo com relação à situação de precariedade do exército – em especial das baixas patentes – e à extensão da corrupção na política. Assumindo o compromisso inicial de servir como instrumento de transição para a democracia, o AFRC organizou eleições nacionais no mesmo ano, que resultaram na vitória do People's National Party (PNP), cujo candidato à presidência era **Hilla Limann**.[1.8]

> **1.7** Jerry John Rawlings (1947–2020) nasceu em Acra, filho de uma mãe ewe e de um pai escocês. Frequentou a escola Achimota, uma das mais prestigiadas no país. Entrou para a academia militar em Teshi em 1968 e tornou-se tenente nas forças aéreas em 1978 (GOCKING, 2005).
>
> **1.8** Dr. Hilla Limann (1934-1998) nasceu em Gwolu e foi educado no norte do país. A educação superior foi obtida na Europa: graduação em economia política na London School of Economics; história na London University (ambas no Reino Unido); francês na Sorbonne; e doutorado em ciência política e legislação constitucional na University of Paris (ambas na França). Quando retornou ao país de origem, integrou o serviço diplomático do CPP e foi membro da comissão que escreveu a segunda Constituição de Gana (em 1979). Foi convidado pelo PNP para concorrer à presidência da Terceira República de Gana (GOCKING, 2005).

O governo de Limann durou até 1981, quando também foi vítima de um golpe militar, o quarto na história do país. Novamente coordenado por Rawlings, esse golpe revelou o descontentamento do próprio com as tentativas graduais do governo do PNP em dissolver a AFRC. Assim, no início dos anos 1980, Jerry Rawlings assumiu o poder à frente do novo governo, denominado Provisional National Defence Council (PNDC).

A *performance* econômica do país havia se agravado ao longo da década de 1970 e a crise se aprofundou ainda mais nos primeiros anos da década de 1980. Hutchful (2002) reporta alguns aspectos dessa *performance*, na qual a produtividade – tanto em circuitos espaciais de produção voltados ao mercado nacional, quanto naqueles voltados ao mercado internacional – caiu substancialmente durante o período: o índice de manufatura (*manufacturing index*) caiu de 100 para 63,3 (entre 1970 e 1981), com uma capacidade média de utilização estimada em 24%; entre 1974 e 1982, a produção do milho caiu 54%; a do arroz, 80%; a da mandioca, 50%; e a do inhame, 55% (HUTCHFUL, 2002).

Para além disso, as exportações de cacau – principal *commodity* do país até então – caíram cerca de 40%, passando de 397,3 mil toneladas métricas exportadas (em 1975) para 246,5 mil (em 1981). Assim, Gana, que havia sido por décadas a maior exportadora de cacau, passou a contribuir com apenas 15,4% do total da produção mundial em 1981 (ante 24,4% em 1975) (HUTCHFUL, 2002).

No início da década de 1980, chamaram a atenção também os desequilíbrios orçamentais: o aumento de 690% no déficit entre 1975/76–1981/82 e o aumento de 615% nos gastos públicos (no mesmo período), ao passo que a receita havia aumentado apenas 56%. Hutchful explica que, de forma geral, o déficit era coberto por massivos empréstimos do Banco Central. O estoque de dinheiro (tanto o que circulava quanto os depósitos contidos nos bancos) aumentou em cerca de 1.000% entre 1975 e 1981 (de modo que apenas 15% representavam um aumento efetivo das demandas por operações de depósito). Todavia, a cobrança de impostos pelas agências do governo reduziu de 22% para 12% (1971/72–1975/76), com uma taxa nominal de 45% (HUTCHFUL, 2002).

O aumento da inflação – que alcançou o pico de 116% em 1977, mas declinou gradualmente para 54% em 1980 – esteve atrelado à combinação entre os elevados gastos públicos e as quedas na produção e na exportação. A taxa de câmbio, fixada pelo governo em 1981, junto à sobrevalorização da moeda, fez com que o mercado paralelo ganhasse cada vez mais espaço no país (HUTCHFUL, 2002).

Somada à crise econômica, houve a repatriação de mais de 1 milhão de ganenses que trabalhavam na Nigéria em 1983, em função da crise econômica nesse país (WATTS, 2013). Ao mesmo tempo, ocorreu o agravamento da estiagem, que teve impacto significativo na produção de alimentos e de energia elétrica, com uma redução de cerca de 40% na geração de energia (e de 60% nas exportações de energia para Togo e para o Benin). Assim, os primeiros contatos com o FMI, na busca de um programa de ajuste econômico estrutural, começaram a ocorrer, secretamente, em 1982, e foram tornados públicos em 1983 (RIMMER, 1992).

O ano de 1983 foi um divisor de águas para a formação socioespacial ganense, cujos governos vinham, até então, desenvolvendo políticas econômicas voltadas à diversificação de suas forças produtivas – sobretudo no setor industrial –, de modo a substituir as importações e aumentar a autonomia econômica do país. Contudo, a conjuntura dos primeiros anos da década de 1980 mostraram poucas alternativas a Rawlings, que aderiu a programas de ajuste pautados em políticas econômicas neoliberais apoiadas pelo FMI e pelo Banco Mundial. Convém notar que outros governos ganenses já haviam conversado com o FMI. O NLC, em 1966, e o SMC de Akkufo, em 1978, já haviam, inclusive, lançado programas de estabilização com o apoio do Fundo. Segundo Rimmer, o que distingue o acordo entre o Provisional National Defence Council de Rawlings e o FMI é a sua improbabilidade e o comprometimento ganense ao acordo por muitos anos (RIMMER, 1992).

A adesão às políticas de caráter neoliberal parecia improvável face à orientação política e ideológica que o PNDC havia mostrado até então. Rimmer explica que, desde 1979, floresceu uma série de movimentos políticos socialistas e nacionalistas no país: o June Fourth Movement, o Kwame Nkrumah Revolutionary Guards, o New Democratic Movement, o People's Revolutionary League of Ghana, o Movement for Peace and Democracy, entre outros. Todos eles eram avessos ao neocolonialismo, atribuindo a pobreza do país à exploração promovida pelo capital estrangeiro e assistido por uma burguesia local. Esses grupos apoiavam a intervenção do Estado na economia. Durante a gestão de Limann, Rawlings estava muito próximo a esses grupos, tendo se tornado o líder do June Fourth Movement (de onde certamente vieram outros sete membros do PNDC). No entanto, o contexto crítico da década de 1980 não permitiu que a gestão de Rawlings estreitasse laços com os países socialistas, que também passavam por um momento de crise (RIMMER, 1992).

1.5 A chegada do neoliberalismo a partir de 1983

A primeira fase das reformas começou em abril de 1983, arquitetada pelo Secretário de Finanças **Kwesi Botchwey**,[1.9] com a adoção do programa de estabilização, denominado Economic Recovery Program (ERP), apoiado pelo FMI e pelo Banco Mundial. A implementação ocorreu plenamente entre 1983 e 1986. O ERP foi um programa orientado para a economia de mercado e buscava: estabilizar as finanças públicas, remover distorções na atribuição de preços, restaurar os incentivos à produção e atrair capital externo (ROTHCHILD, 1991; RIMMER, 1992; FOSU; ARYEETEY, 2008; KILLICK, 2010).

> **1.9** Dr. Kwesi Botchwey (1943–) nasceu em Tamale. Frequentou escolas cristãs em Odumase-Krobo e em Cape Coast. Graduou-se em direito pela Universidade de Gana em 1967 e na University of Yale em 1968. Obteve o doutorado em direito pela University of Michigan em 1970. Chegou a dar aulas na University of Zambia, University of Dar es Salaam e na University of Ghana. Tornou-se secretário de finanças e planejamento econômico da Provisional National Defence Council (GOCKING, 2005).

Assim, deu-se lugar a uma significativa desvalorização do cedi, cuja equivalência com o dólar passou de 2,75 para 30. Essa medida, além de ter aumentado a competitividade das *commodities* ganenses no mercado internacional, foi responsável pela diminuição da economia paralela no país. Além disso, houve reformas no setor público, visando a redução dos gastos e dos subsídios governamentais na economia (KILLICK, 2010).

Denominada Structural Adjustment Plan (SAP), a segunda fase do ERP foi implementada entre 1987 e 1989 – após a estabilização econômica entre 1983 e 1986 –, com o objetivo de lançar as bases para o desenvolvimento da política de médio e longo prazo, focando: na melhoria de infraestruturas, na redução das ainda existentes distorções de mercado e no apoio às iniciativas do setor privado. Isso representou, em termos práticos: o desenvolvimento de Parcerias Público-Privadas (PPP) para construção/manutenção de infraestruturas, as privatizações das estatais, a introdução de maior competitividade em setores que anteriormente eram dominados pelo monopólio estatal, a liberalização do setor comercial e financeiro e a eliminação de políticas de controle de preços (KILLICK, 2010).

Durante os anos do ERP e do SAP, a economia cresceu em média 5% ao ano, de modo que a capacidade de exportação e importação aumentou significativamente até, pelo menos, o fim da década de 1980. Além disso, a inflação passou de 123% (em 1983) para 10% em 1992; e o déficit orçamentário também operou em queda, enquanto o investimento interno saltou de 5% para mais de 20% entre 1983 e 1993, com expressiva ampliação de investimentos do capital privado nacional (FOSU; ARYEETEY, 2008; KILLICK, 2010).

Gana tornou-se, a partir de 1983, sob o governo de Rawlings, uma espécie de laboratório das políticas neoliberais preconizadas pelo FMI e pelo Banco Mundial. Rawlings governou o país até o ano 2000: entre 1992 e 1993, houve a transição para o sistema democrático, quando venceu as eleições como líder do National Democratic Congress (NDC), governando até dezembro de 2000 (tendo sido reeleito em 1996). Em 2001, assumiu o governo **John A. Kufuor**,[1.10] líder do New Patriotic Party (NPP), que permaneceu no poder até 2008 (tendo sido reeleito em 2004). Em 2009, **John Evans Atta Mills**,[1.11] membro do NDC, assumiu o governo até julho de 2012, quando faleceu e foi substituído pelo vice-presidente **John Dramani Mahama**,[1.12] que governou até 2017. Nos últimos anos da década de 2010 o país era presidido por **Nana Akufo-Addo**[1.13] do NPP, eleito em 2017 (reeleito em 2020).

> **1.10** John Kufuor (1938–) nasceu em Kumasi (Axânti) e estudou na University of Oxford, no Reino Unido. Assumindo o poder em 2001 (após a gestão de Rawlings), sua eleição representou a primeira transição pacífica de governos realizada na história do país. Considerado um liberal dentro da perspectiva econômica, Kufuor estabeleceu um conjunto de medidas de austeridade fiscal e monetária, além de ter favorecido o empreendedorismo do capital privado, lançando inclusive programas de microcrédito.

1.11 John Atta Mills (1944–2012) nasceu em Tarkwa (Região Ocidental) e estudou na University of Ghana (onde fez graduação em direito), na London School of Economics (onde se pós-graduou em direito) e na University of London (onde obteve seu PhD em direito), ambas as últimas no Reino Unido. Mills foi o presidente de Gana durante o período no qual o país iniciou suas exportações de petróleo (2011) e registrou uma das maiores taxas de crescimento do planeta, entre 15% e 20% (2012). Além disso, buscou o controle da inflação abaixo dos 10% e adotou uma série de medidas de austeridade (fiscal e monetária) e de atração de Investimentos Externos Diretos. Mills não chegou a completar seu mandato, tendo falecido em julho de 2012.

1.12 John Dramani Mahama (1958–) nasceu em Damongo (Norte) e estudou na University of Ghana (onde se graduou em história e se pós-graduou em comunicação) e no Instituto de Ciências Sociais da União Soviética (onde se pós-graduou em psicologia). Mahama foi vice-presidente de Gana entre 2009 e 2012 e foi presidente de dezembro de 2012 até 2017. Mahama considera-se, ainda hoje, um socialista.

1.13 Nana Akufo-Addo (1944–) nasceu em Acra (Grande Acra) e estudou na University of Ghana (onde se graduou em economia em 1967).

De modo geral, o cenário nas duas primeiras décadas do século XXI segue marcado por políticas voltadas à estabilização monetária, além da abertura comercial e da redução dos gastos públicos, de modo que as forças produtivas de Gana se reorganizaram de maneira distinta ao período nacionalista das décadas de 1960 e 1970. Desde 1983, a ideologia neoliberal tem primado pela expansão do capital privado – nacional ou estrangeiro – sobre as atividades econômicas do país.

Conclusões do Capítulo 1

Gana no tempo, Gana no mundo objetivou estabelecer uma leitura sobre a participação de Gana na economia mundial ao longo da História. Isso se deve ao entendimento de que a análise contemporânea sobre a inserção desse país na DIT só pode ter vigor na medida em que for baseada na formação socioespacial, haja vista que o tempo – juntamente ao espaço – é uma variável infralógica estruturadora do presente.

É possível identificar cinco sucessivas formas de inserção de Gana na DIT ao longo do tempo. Três delas são anteriores ao dia 6 de março de 1957 – data que marca a independência da Costa do Ouro do jugo colonial britânico – e duas se dão a partir de então, com a soberania territorial do Estado ganense já conquistada.

A primeira forma de inserção se verificou entre os séculos XII e XVI, quando a África Ocidental – região onde a atual Gana está localizada – esteve integrada em dinâmicas comerciais de longa distância que operavam em escala intercontinental. Muitos clãs, reinos e impérios organizaram suas forças produtivas em função da extração de ouro e de noz-de-cola: produtos vendidos aos mercadores árabes e berberes que realizavam, em seus camelos, o chamado comércio transaariano. Desse modo, consolidaram-se rotas de circulação e pontos de distribuição que interligaram as florestas e savanas do ocidente africano ao litoral mediterrânico da África, da Europa e do Oriente Médio. Em contrapartida, os territórios da África Ocidental compravam principalmente sal e escravos desses comerciantes.

Essa rota comercial começou a perder a sua importância a partir do século XVI, ao passo que o tráfico atlântico – que articulava Europa, América e África por meio das eficientes navegações europeias – intensificou-se a partir da mesma época, representando a segunda forma de inserção da África Ocidental na economia mundial, em um contexto de expansão do sistema capitalista em sua fase mercantil, caldeado pelos Estados-Nações da Europa Ocidental. Nesse processo, novos reinos, em especial nas áreas litorâneas, ganharam importância mediante a captura de pessoas no interior do continente e de sua venda aos mercadores de escravos. A contrapartida dessa exportação era, principalmente, a compra de armamento e de munição europeia, o que garantiu a estabilidade e a expansão de muitos reinos locais.

Esse comércio de longa distância perdurou até o século XIX, mas entrou em declínio na medida em que um conjunto de leis proibindo o tráfico e abolindo o trabalho escravo foi forjado e incorporado em todo o mundo Atlântico. Essas leis estiveram relacionadas ao Iluminismo e aos interesses econômicos do Reino Unido, que propagavam o uso da mão de obra assalariada em um renovado contexto de expansão do sistema capitalista, agora em sua fase industrial. Assim, ao longo do século XIX, uma terceira forma de inserção na DIT se desenvolveu, na medida em que muitos territórios da África Ocidental passaram a abastecer boa parte das indústrias europeias com substâncias lubrificantes, obtidas a partir de espécies vegetais como óleo de palma, amendoim e cacau. Em contrapartida, a região importava diversos tipos de produtos manufaturados dos países da Europa Ocidental.

A colonização europeia no continente africano, a partir do fim do século XIX, intensificou ainda mais essa forma de inserção na DIT, uma vez que retirou a soberania territorial das autoridades locais (chefes, líderes e reis) e impôs, por meio da força militar, um domínio que definiu a pauta produtiva das colônias, mediante um novo conjunto de leis. Na Costa do Ouro, parte das terras foi tornada propriedade privada e todos os recursos naturais, bem como as florestas, passaram para o controle da Coroa Britânica. Além disso, muitas infraestruturas (estradas, rodovias, ferrovias e portos) foram construídas entre o período que se estende do fim do século XIX até a década de 1950; todas elas com o explícito interesse de transportar as *commodities* para fora da colônia. Ao mesmo tempo, ela era obrigada a importar produtos industrializados europeus, em especial os de origem britânica.

O período colonial da Costa do Ouro chegou ao fim em 1957. A formação socioespacial ganense, cuja independência havia sido conquistada sob liderança de Nkrumah, experimentou duas principais formas de inserção na DIT até as primeiras décadas do século XXI. A primeira delas – que vai de 1957 até 1983 – representou um esforço de subversão de Gana na economia internacional e foi elaborada pelas políticas econômicas dos dois principais presidentes do país no período: Nkrumah (1957-1966) e Acheampong (1972-1978).

Por meio da substituição de importações – que buscou o desenvolvimento das manufaturas nacionais, na maioria das vezes com auxílio do capital estatal –, viabilizou-se uma redução significativa da importação de bens de consumo no país, o que pode ser entendido como uma nova forma de inserção na economia internacional. No entanto, essa política de desenvolvimento econômico era extremamente dependente da importação de bens de capital e de produção, que eram financiados, sobretudo, pelas *commodities* produzidas no país, em especial o cacau.

Essa forma de inserção chega ao fim em 1983, em plena recessão econômica que o país experimentava após a crise mundial da década de 1970. O projeto de desenvolvimento econômico foi então abandonado e deu espaço – durante o governo Rawlings (1979-2001) – a uma série de políticas de ajustes econômicos estruturados na renovada ideologia liberal propagada por instituições multilaterais como FMI e Banco Mundial. É nesse contexto – pautado pelas privatizações, pela abertura do mercado nacional ao capital estrangeiro e por ajustes fiscais e cambiais – que a quinta forma de inserção de Gana na DIT se configura. Essa é a forma contemporânea que será analisada ao longo deste livro.

CAPÍTULO 2:
O espaço econômico de Gana no início do século XXI

Imagem 3: O Kejetia Market, em Kumasi. Gana, 2016

"Você vai reto duas quadras e vira à esquerda. Quando passar pela polícia, você desce a rua. Não tem como não ver o mercado. Lá tem tudo o que você precisa. Aliás, do quê você está precisando?" (Kwadwo, taxista, Gana, 2016)

Fonte: Foto do autor.

Inhame descascado, tomate e cebola ensacados, grãos diversos sobre bacias, banana frita, abacaxi cortado, manga verde, água em pequenos sacos, refrigerante, energético e suco engarrafado, peixe salgado, frangos vivos, ovos, tecidos estampados, roupas *made in China*, tênis *made in Vietnam*, sandálias, canetas, material escolar, uniformes escolares, relógios dourados, bijuterias, joias de ouro, aparelhos de telefone celular, computadores, controles remotos, aparelhos de televisão, de som, de DVD, bicicletas, motos. O Kejetia Market, em Kumasi, é o maior mercado a céu aberto do continente africano.

Todos os dias da semana, uma multidão de pessoas se reúne nesse espaço, localizado no centro da capital do antigo reino Axânti: agricultores, pescadores, pequenos mineradores, comerciantes e consumidores de diferentes partes do país tornam essa porção da cidade um verdadeiro ponto de articulação entre produção, circulação, distribuição e comercialização de bens de consumo.

Trata-se de um mercado cuja extensão foge à vista e onde barracas se organizam de forma setorizada, apesar da primeira impressão ser a de que se trata de um espaço caótico, desorganizado. O comércio ocorre não apenas em barracas no meio das ruas, mas também em pequenas lojas e através dos numerosos vendedores ambulantes: homens vendem roupas, calçados, relógios, eletrônicos e motos; mulheres vendem alimentos e bebidas. Os automóveis não têm prioridade de circulação nas ruas.

Os mercados espalhados pelas cidades ganenses permitem uma verificação preliminar das demandas de consumo de sua população. Na atualidade, esses mercados convivem também com a expansão das redes de varejo e dos *shopping centers*, em especial nas maiores cidades do país. Os trabalhadores do Kejetia ainda fornecem as evidências para a construção de um verdadeira cartografia econômica de Gana: "os meus tomates são do norte, são de Bolgatanga" [cidade próxima à fronteira com Burkina Faso], diz uma das vendedoras sentada em seu caixote de madeira na calçada.

Um mapa do espaço econômico ganense é importante tanto para revelar a localização das principais atividades produtivas do país como das infraestruturas de circulação e distribuição dos diferentes tipos de fluxos relativos à economia. Importa, neste capítulo, não apenas apresentar essa cartografia, mas também analisar em linhas gerais as combinações entre forças produtivas e relações de produção dos mais diversos setores da economia. Nunca é demasiado reforçar que o espaço econômico em questão é um produto histórico em constante transformação.

2.1 As condições gerais de produção

Na economia ganense ocorre a combinação de três tipos de capital: o estatal nacional, o privado nacional e o privado estrangeiro (boxe 2.1). Eles são empreendidos em atividades específicas, de modo que seus detentores apropriam-se dos meios de produção e das forças produtivas disponíveis de formas distintas.

> **BOXE 2.1**
> As empresas estatais ganenses sempre foram geridas por sujeitos das classes urbanas mais abastadas, formados nas faculdades de economia, de administração de empresas ou de engenharia, especialmente na University of Ghana, na Kwame Nkrumah University of Science and Technology ou na University of Cape Coast. Muitos deles realizaram (e realizam até hoje) parte de seus estudos de graduação ou pós-graduação em universidades estadunidenses, canadenses, britânicas, alemãs, holandesas, belgas, sul-africanas e chinesas. Durante as décadas de 1960 e 1970, eram comuns também os intercâmbios com universidades soviéticas, romenas, polonesas e tchecoslovacas. Esses mesmos sujeitos também são fundamentais na composição dos quadros administrativos de empresas privadas, sejam elas estrangeiras ou nacionais, que atuam no país.

As empresas estrangeiras já atuavam na Costa do Ouro desde o fim do século XIX, especialmente na extração de ouro e na produção e comercialização de cacau. Mas as décadas que seguiram a independência registraram uma série de políticas de caráter nacionalista – em especial nos governos de Nkrumah (1957-1966) e Acheampong (1972-1978) – que visavam reduzir a presença desse tipo de capital na economia, mesmo que algumas parcerias com o capital estatal – *joint ventures* – tenham sido firmadas.

A convivência entre empresas estatais e empresas privadas (nacionais e estrangeiras) intensificou-se a partir dos ajustes neoliberais promovidos pelo governo Rawlings, já mencionados no Capítulo 1. Esse cenário difere daquele das décadas de 1960 e 1970, quando o país passou pelo referido processo de nacionalização da economia, no qual o Estado assumiu muitas atividades de produção, em especial na mineração, na agricultura (comercial e alimentar) e nas manufaturas. Implementadas durante a recessão econômica do início dos anos 1980, as políticas neoliberais reduziram o número de empresas estatais no país. Segundo Hutchful, em 1983, havia cerca de 235 empresas que pertenciam ao Estado, das quais 181 eram exclusiva ou majoritariamente compostas de capitais públicos. Essas instituições empregavam cerca de 240 mil pessoas (4,5% do total de empregos do país na época). Esse quadro se alterou ao longo da década de 1980, uma vez que se iniciou uma política de abertura dos capitais dessas empresas, além das privatizações, que chegaram a mais de 50, apenas entre 1987 e 1990 (HUTCHFUL, 2002).

Ao mesmo tempo em que primou pela redução das empresas estatais, o neoliberalismo operou uma abertura econômica que favoreceu o empreendimento de empresas privadas estrangeiras, graças ao estabelecimento de políticas de incentivo fiscal. No fim da década de 2010, a presença do capital externo se verificava principalmente nas atividades de mineração, petróleo e na construção de infraestruturas (rodovias, portos, aeroportos e hidrelétricas).

Por fim, o capital privado nacional certamente representa o mais complexo elemento do empreendedorismo no país, dada a grande diversidade de atividades econômicas nas quais ele opera, mediante diferentes condições de capitalização e organização. Ao longo da história de Gana, as empresas privadas nacionais mais capitalizadas estiveram associadas às importações de bens de consumo (duráveis e não duráveis), ao comércio varejista, ao transporte de mercadorias e à produção manufatureira. Muitas delas gozavam, inclusive, de boas relações com os governos nacionalistas, o que lhes garantiu lucrativos contratos de prestação de serviços às empresas estatais, em especial no caso de transportadoras.

A classe de empresários nacionais mais capitalizada é, em grande medida, formada por famílias de origem síria e libanesa (além de algumas de origem armênia e indiana) estabelecidas na Costa do Ouro na década de 1920 e que, nessa época, haviam fundado pequenas empresas de importação. Ao longo do tempo, essa classe demonstrou um amplo grau de diversificação de suas atividades, o que viabilizou certa expansão no tecido econômico nacional e, em muitos casos, internacional, operando seus negócios em países como Togo, Costa do Marfim e Burkina Faso.

Contudo, essa classe de empreendedores está longe de representar a totalidade do capital privado ganense, uma vez que predominam, em praticamente todos os setores da economia nacional, empreendedores pouco capitalizados – muitas vezes organizados de maneira autônoma ou familiar – que desempenham atividades de abrangência local, regional e, eventualmente, nacional.

Na década de 1970, Hart já havia discorrido sobre a diversidade do capital privado nacional no país. Segundo o autor, esses empreendedores são:

> [...] qualquer pessoa que controle a administração de capital investido por si em alguma empresa com o objetivo de realização de lucro. Essa definição inclui um grande grupo de ganenses de diferentes trajetórias de vida que converteram suas reservas advindas de salários em capital produtivo em algum empreendimento temporário ou fixo. (HART, 1970, p. 107, tradução nossa)

Assim, na maior parte dos casos, o capital acumulado para dar início a um empreendimento econômico é oriundo da poupança, cujo acúmulo se verifica pelo trabalho desempenhado, sobretudo, através do assalariamento, tanto no espaço urbano quanto no rural.

É fundamental ter clareza de que não apenas o capital privado nacional, mas também o privado estrangeiro e o estatal são influenciados, em diferentes intensidades, por variáveis macroeconômicas, como a taxa de juros, a taxa de câmbio e a inflação.

Gana tem elevadas taxas de juros – entre as mais altas do continente –, que são decididas pelo Monetary Police Committee do Bank of Ghana. Essas taxas influem diretamente nos instrumentos financeiros associados às atividades econômicas do país, em especial no caso dos empreendedores que se valem dos empréstimos para composição de seus capitais. A média da taxa de juros entre 2002 e 2016 esteve em 17,5% ao mês, tendo alcançado picos de 27% (TRADING ECONOMICS, 2020). Essas taxas, efetivamente, têm dificultado o acesso ao crédito formal por parte dos pequenos empreendedores ganenses.

A taxa de câmbio – que influencia de forma profunda as relações comerciais e financeiras do país com o resto do mundo – operou a desvalorização gradual do cedi frente ao dólar nos últimos anos. A moeda ganense, que esteve em paridade com a moeda estadunidense em 2008, passou a valer, em meados da década de 2010, aproximadamente 25% do dólar. Esse processo tem sido benéfico às atividades econômicas do país associadas às exportações (TRADING ECONOMICS, 2016).

A inflação – que superava os 60% em 2001 – foi estabilizada, a partir de 2004, entre 10% e 20%. A média está, desde 1998, em 18,4% ao mês. É importante notar que os principais componentes do Índice de Preços do Consumidor em Gana são: alimentos e bebidas (não alcoólicas), responsáveis por 43,6% do peso; moradia, água, eletricidade e gás, responsáveis por 9,5%; e roupa e calçado, responsáveis por 8,9% (TRADING ECONOMICS, 2020).

Além do capital, que permite a apropriação diferenciada dos meios de produção, a força de trabalho também representa um dos elementos estruturais da economia. Em Gana, esse elemento ganha complexidade em função não apenas da distribuição da população, mas também da multiplicidade de acordos e contratos estabelecidos entre os detentores dos meios de produção e os despossuídos destes.

Assim, é importante ter a dimensão das condições demográficas. Em termos gerais, Gana possui uma população estimada em 29,3 milhões de habitantes, sendo o décimo quarto país mais populoso do continente e o segundo da África Ocidental (atrás apenas da Nigéria, cuja população ultrapassa os 206 milhões) (CENTRAL INTELLIGENCE AGENCY, 2020).

Com relação à distribuição dessa população segundo a faixa etária, pode-se notar que 37,44% tem entre 0 e 14 anos; 18,64% entre 15 e 24 anos; 34,27% entre 25 e 54 anos; 5,21% entre 54 e 64 anos; e 4,44% mais de 65 anos. Assim, a População Economicamente Ativa (PEA) em 2020 esteve estimada em 12,49 milhões de pessoas (42,6% da população) distribuídas em: atividades do setor primário (44,7%), que incluem não apenas a agricultura, mas também a pecuária e a pesca; atividades do setor secundário (14,4%), que incluem principalmente a mineração e a manufatura (além de energia, água e esgoto) e atividades do setor terciário (40,9%), formado por uma ampla gama de serviços (CENTRAL INTELLIGENCE AGENCY, 2020).

Aqui, é importante mencionar que um esforço deve ser feito no sentido de relativizar os dados supramencionados. Certamente, reportando as atividades principais dos trabalhadores do país, tais informações escamoteiam o fato de que muitos deles têm mais de uma fonte de renda. Além disso, existe a população infantil trabalhadora, que não integra o cômputo da PEA, apesar de também gerar riquezas no país: no começo do século XXI ela totalizava 34% das crianças ganenses entre 5 e 14 anos, que trabalhavam em diferentes atividades, desde a agricultura até o comércio (COOKE; HAGUE; McKAY, 2016).

Em termos de acesso à educação básica – o que interfere diretamente na qualificação profissional da população –, as estatísticas apontam que 76,6% da população adulta do país (acima de 15 anos) é alfabetizada. Há ainda uma discrepância de gênero no que diz respeito ao acesso à educação: enquanto 82% dos homens são alfabetizados, esse percentual cai para 71,4% no caso das mulheres (CENTRAL INTELLIGENCE AGENCY, 2020). Essa diferença – comum na maior parte dos países do Sul – tem resultados concretos no emprego de mão de obra qualificada para muitos empregos, principalmente os não braçais.

Outro aspecto fundamental acerca da população ganense é sua distribuição no território e o tipo de espaço onde vive. Na atualidade, é amplamente alardeado que a África é o continente que apresenta as maiores taxas de urbanização do mundo, mesmo que 60% dos africanos ainda habitem o espaço rural e trabalhem principalmente em atividades a ele relacionadas (GRANT, 2015). Em Gana, porém, a maioria da população (57,3%) vive nas cidades, especialmente naquelas que se localizam nas porções central e meridional do país (mapa 9). As maiores cidades da formação socioespacial são:

1. Acra, com 2,2 milhões de habitantes (na Grande Acra);
2. Kumasi, com 2 milhões de habitantes (em Axânti);
3. Tamale, com 562 mil habitantes (no Norte);
4. Sekondi-Takoradi, com 539 mil habitantes (na Região Ocidental);
5. Ashaiman, com 298 mil habitantes (na Grande Acra);
6. Sunyani, com 248 mil habitantes (em Brong-Ahafo);
7. Cape Coast, com 227 mil habitantes (na Central);
8. Obuasi, com 175 mil habitantes (em Axânti);
9. Teshie, com 176 mil habitantes (na Grande Acra);
10. Tema, com 161 mil habitantes (na Grande Acra).

Mapa 9: Densidade demográfica (por região) em Gana em 2010.

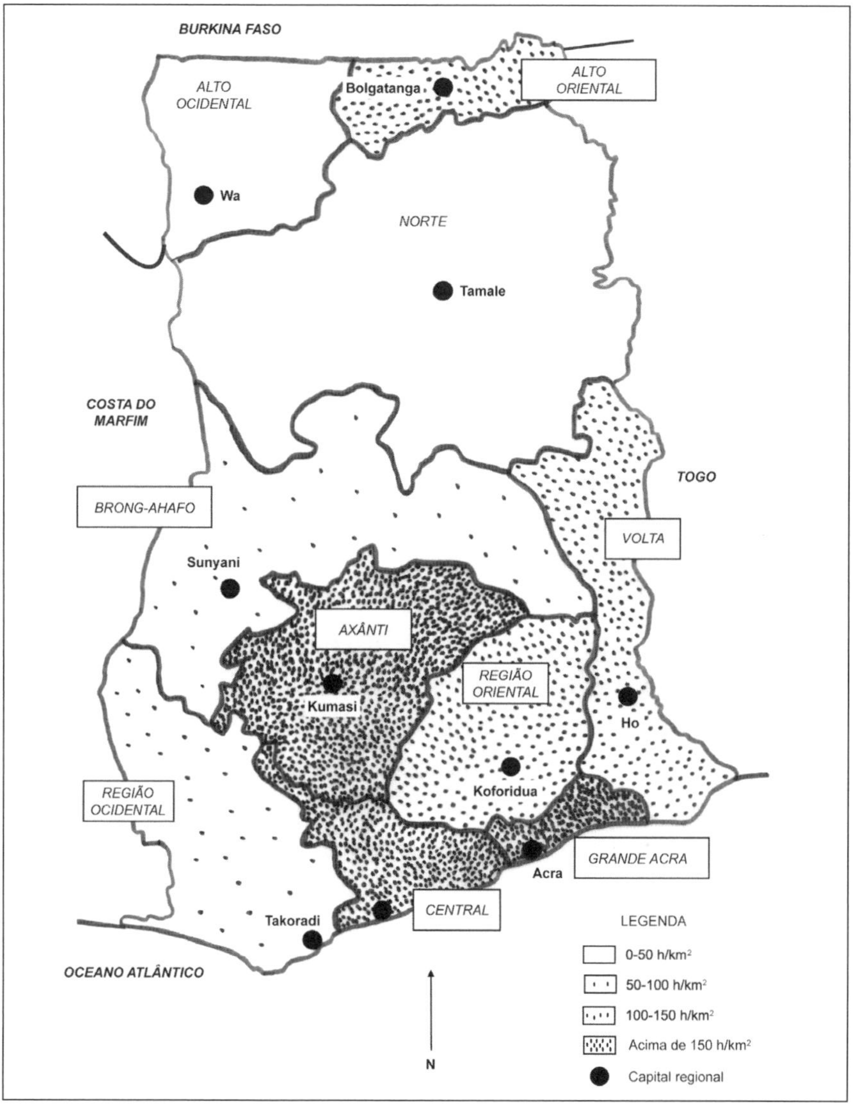

Fonte: Elaboração do autor (2016) com base em GOVERNMENT STATISTICAL SERVICE (2016).

Das cidades supracitadas, apenas Tamale localiza-se no norte do país. Nota-se também que, juntas, as dez maiores cidades ganenses totalizam cerca de 6,5 milhões de habitantes (CENTRAL INTELLIGENCE AGENCY,

2020). Diante desses dados quantitativos, que são fundamentais para a construção de uma análise sobre a força de trabalho no país, importa agora caracterizar as principais atividades desenvolvidas em cada setor da economia, tanto nos espaços rurais quanto nos espaços urbanos. No entanto, para isso, configura-se uma dupla complicação metodológica.

A categorização da economia por setores passou a ser intensamente criticada há alguns anos. Entre os motivos que justificam as críticas, encontra-se o fato de que a articulação entre muitas atividades produtivas inviabiliza o estabelecimento de linhas divisórias entre os setores. Um exemplo disso é a agroindústria, que, em um mesmo espaço, funde atividades do setor primário e do secundário. Soma-se a isso, ainda, o fato de que haveria os setores quaternário (serviços de informação) e quinquenário (serviços humanos), que geralmente são agrupados no terciário pelas estatísticas oficiais. No entanto, por mais que esse tipo de crítica faça todo o sentido no atual momento da economia, a setorização ainda é um recurso classificatório amplamente utilizado, inclusive pelos institutos de pesquisa socioeconômica do governo de Gana e por organizações multilaterais.

A outra complicação metodológica é justamente a divisão entre espaço rural e espaço urbano. Essas fronteiras estão cada dia menos visíveis na paisagem, ainda mais nos territórios da África Ocidental, onde sempre esteve presente, por exemplo, a prática da agricultura urbana, em especial nas proximidades dos rios que cruzam os núcleos urbanos. Ao mesmo tempo, é possível verificar plantas fabris e feiras comerciais em pleno espaço rural, próximo às estradas em área remotas. De todo modo, a associação bastante comum do setor primário com o espaço rural e dos setores secundários e terciários com o espaço urbano serão aqui mantidas como uma estratégia de organização, não de engessamento.

2.1.1 O espaço econômico rural

A cada ano, a agricultura, a pecuária, a pesca e o extrativismo vegetal têm reduzido sua importância na composição percentual do Produto Interno Bruto (PIB) ganense: em 2017, essas atividades, somadas, corresponderam a 18,3% do total das riquezas produzidas no país, percentual inferior ao de 39,3%, registrado no ano de 2001, e ao de 45,2%, registrado em 1960 (WORLD BANK, 2020; CENTRAL INTELLIGENCE AGENCY, 2020).

Ao longo de toda a história de Gana, a produção da agricultura sempre figurou como a principal contribuição do setor primário para o PIB, de modo que a pecuária, a pesca e o extrativismo vegetal tiveram uma importância comparativamente menor (GHANA STATISTICAL SERVICE, 2020).

Dada sua importância na economia nacional, compreender algumas características fundamentais da produção agrícola é uma tarefa imprescindível. Cholley auxilia nessa empreitada ao assegurar que a agricultura deve ser entendida como resultado da combinação de elementos de ordem física, biológica e humana (CHOLLEY, 1946, p. 42). Assim, as condições físico-naturais da formação socioespacial ganense são variáveis de suma relevância na qualificação pedológica da terra, que é o meio de produção basilar da atividade econômica em questão.

Por mais que o desenvolvimento tecnológico tenha viabilizado o aumento da produtividade agrícola ao longo da História – pela Revolução Verde, por exemplo, desde a década de 1950 –, é fundamental atentar ao fato de que tais tecnologias não são aplicadas a todos os tipos de cultivo, seja pelo fato de não terem sido desenvolvidas para todos os tipos de espécies vegetais, seja por terem um elevado custo. Desse modo, em boa parcela da agricultura ganense – principalmente daquela destinada à subsistência ou ao mercado local –, os agricultores lançam mão de um trabalho intensivo somado aos instrumentos e aos insumos simples, os quais operam um processo produtivo com menor índice de subversão dos dinamismos do espaço físico. Nesse sentido, a natureza desempenha um papel fulcral e deve ser analisada com mais atenção nas próximas páginas.

2.1.1.1 As condições naturais

Gana tem um relevo composto majoritariamente por planícies e planaltos. Os primeiros ocorrem nas porções costeiras e nas margens dos rios que compõem a bacia hidrográfica do rio Volta, em altitudes que não chegam a ultrapassar 150 metros acima do nível do mar. Já os planaltos ocorrem em morros que se concentram na porção central e na fronteira oriental do território nacional. O clima é o tropical, com temperaturas que oscilam entre 21 °C e 29 °C e uma umidade relativa do ar que aumenta no sentido norte-sul, da fronteira com Burkina Faso até o litoral no golfo da Guiné, no Oceano Atlântico (GOCKING, 2005).

As terras exploradas pela agricultura, pela pecuária e pelo extrativismo vegetal localizam-se em áreas de floresta, savanas e de vegetação costeira (mapa 10). Em linhas gerais, a vegetação é um importante ponto de partida para a análise das condições naturais do espaço – ou dos seus elementos físicos e biológicos, como queria Cholley (1946) –, visto que representa uma espécie de resultado da combinação entre as condições geológicas (rochas), geomorfológicas (relevo), climáticas (temperatura, umidade e movimentação das massas de ar), hidrológicas (rios, lagos, lagoas, lençóis freáticos e demais corpos d'água) e pedológicas (solo).

As florestas ganenses ocupam a porção sudoeste do país, de modo que se pode identificar dois tipos distintos: a floresta tropical e a floresta úmida semicaducifólia. Essas florestas se espalham pelas porções meridionais da África Ocidental e são caracterizadas por terem uma elevada biodiversidade, com espécies que alcançam todos os estratos (arbóreo, arbustivo e herbáceo) e que chegam a formar um dossel fechado de até 40 metros, com algumas espécies que alcançam ainda mais de 60 metros de altura (BOATENG, 1959).

O solo das florestas ganenses é facilmente distinguível daquele das savanas, haja vista a composição de seus horizontes superficiais (ricos em matéria orgânica) e a maior umidade do ambiente, o que facilita o intemperismo bioquímico, químico e físico do material parental. A pedogênese nesse caso se dá principalmente sobre rochas magmáticas (granito e basalto), metamórficas (filito, quartzito e xistos verdes) e sedimentares (arenito). A distinção entre a floresta tropical e a floresta úmida é estabelecida sobretudo em função das condições climáticas que incidem nas áreas em questão (OBENG, 2000).

Mapa 10: Zonas de vegetação natural em Gana em 2005.

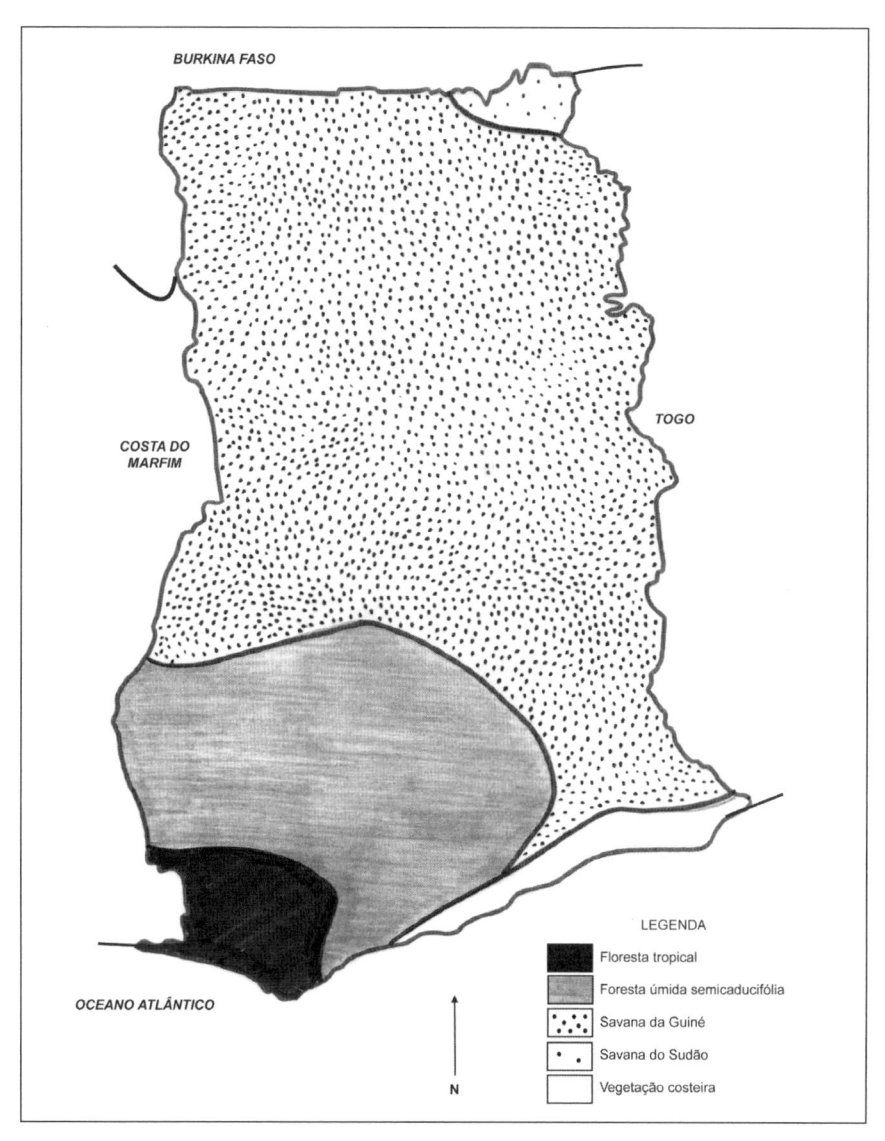

LEGENDA
- Floresta tropical
- Foresta úmida semicaducifólia
- Savana da Guiné
- Savana do Sudão
- Vegetação costeira

Fonte: Elaboração do autor (2016) com base em FOOD AND AGRICULTURE ORGANIZATION OF THE UNITED NATIONS (2005).

Localizada principalmente na Região Ocidental, próxima ao litoral, a floresta tropical ocupa aproximadamente 9.500 km², área que registra as maiores médias anuais de chuva do país (2.200 mm), tendo duas estações chuvosas (uma principal, que vai de março até julho, e outra que vai de setembro até novembro). Ao mesmo tempo, as temperaturas elevadas ao longo do ano auxiliam a compor a umidade do ambiente em função da evapotranspiração (BOATENG, 1959; FOOD AND AGRICULTURE ORGANIZATION OF THE UNITED NATIONS, 2005). A destruição da vegetação natural está associada principalmente ao cultivo de milho, arroz, mandioca, inhame, banana, pimenta, quiabo, berinjela, cítricos, coco, palmeira de dendê e borracha.

A floresta úmida ocupa uma área marcadamente superior à da floresta tropical. Ela se distribui pelas regiões Axânti, Brong-Ahafo, Oriental e Central, e é menos úmida. Muitas de suas espécies perdem parcialmente a folhagem nos meses de estiagem. A média pluviométrica anual é de 1.500 mm e as estações chuvosas ocorrem de março a julho e de setembro a novembro (FOOD AND AGRICULTURE ORGANIZATION OF THE UNITED NATIONS, 2005). O desmatamento na área está associado aos cultivos de milho, arroz, mandioca, banana, feijão, pimenta, quiabo, berinjela, tomate, cítricos, palmeira de dendê, café e cacau.

Já as savanas ocupam a maior parte do território ganense, estando distribuídas por toda a porção central e setentrional do país. Essas savanas têm uma ocorrência regional, estando presentes na maior parte dos países da África Ocidental, em uma faixa latitudinal localizada entre o deserto do Saara e as florestas das zonas litorâneas do golfo da Guiné. Em Gana, elas ocorrem nas regiões Brong-Ahafo, Norte, Alto Ocidental, Alto Oriental e Volta. Essa vegetação tem árvores mais baixas e espaçadas entre si, além da presença de muitas espécies arbustivas e uma cobertura quase permanente de espécies herbáceas (BOATENG, 1959).

Imagem 4: Vegetação arbustiva de Savana da Guiné no Mole National Park, nas proximidades de Larabanga (Norte). Gana, 2016.

Fonte: Foto do autor.

Ocorrem dois tipos de savanas em Gana: a savana da Guiné (imagem 4) e a savana do Sudão. Enquanto a primeira ocupa uma área de aproximadamente 147 mil km², a segunda ocupa apenas 2,2 mil km² no extremo nordeste do país, junto à fronteira com Burkina Faso. De modo geral, as savanas se desenvolvem em uma área significativamente mais seca que as florestas e registram uma média pluviométrica anual de 1.000 mm, com a ocorrência de apenas uma estação chuvosa, entre maio e setembro. É importante notar que, no restante do ano e, em especial nos meses de *Harmattan* – vento seco e quente gerado no deserto do Saara que sopra em direção ao golfo da Guiné entre os meses de novembro e abril –, o solo da região torna-se bastante árido, inviabilizando o cultivo de muitas espécies.

É em função dessas condições ambientais que as savanas apresentam uma vegetação mais adaptada às estações secas, com troncos grossos e resistentes ao fogo, como o baobá e o karité. Além disso, o solo conta com horizontes superficiais de matéria orgânica menos espessos que as florestas.

A pedogênese ocorre fundamentalmente sobre diferentes tipos de rochas parentais: magmáticas (granito), metamórficas (filitos) e sedimentares (xistos e arenitos), especialmente nas áreas próximas ao rio Volta. Assim, garante-se uma diversificada composição pedológica. Os principais cultivos associados a essas áreas são de milho, arroz, sorgo, painço, inhame, mandioca, batata-doce, feijão, amendoim, feijão-bambara, tomate, pimenta, cebola, caju e karité. A pecuária também é mais intensa nessa região do que nas áreas de floresta (OBENG, 2000; FOOD AND AGRICULTURE ORGANIZATION OF THE UNITED NATIONS, 2005).

Por fim, a vegetação costeira ocupa cerca de 4.500 km^2. Trata-se de uma estreita faixa paralela à costa que se inicia em Sekondi-Takoradi e chega até a fronteira com o Togo. Em linhas gerais, trata-se de uma vegetação com baixa biodiversidade na qual predominam espécies de porte herbáceo. Diferentes tipos de solos sustentam a vegetação, e eles são originários sobretudo de rochas metamórficas (gnaisse e quartzitos).

Essa vegetação está localizada em uma área de menor umidade, registrando uma média pluviométrica anual de 800 mm. Há duas estações de chuva: de março a julho e de setembro a outubro. A área historicamente foi bastante utilizada para o cultivo de milho, arroz, mandioca, feijão, tomate, chalota e coco. A baixa disponibilidade das chuvas foi compensada pela construção de um sistema de irrigação associado ao lago e ao rio Volta.

2.1.1.2 A propriedade da terra

Já descrita em suas características físico-naturais principais, é nessa terra que a sociedade ganense estabeleceu suas formas de produzir reguladas por relações de produção particulares. Diante da necessidade de analisar os aspectos humanos daquilo que Cholley (1946) denominou economia rural, é fundamental levar em consideração a forma com que a terra é apropriada e utilizada. Segundo Aryteey et al. (2007, p. 5, tradução nossa):

> A posse de terra em Gana e em muitas partes da África Subsaariana evoluiu, desde antes e durante o passado colonial, com um sistema dual: o formal e o informal ou consuetudinário [...]. Os arranjos de posse formal baseados na *Common Law* britânica eram aplicados principalmente para facilitar o acesso à

terra entre a comunidade expatriada, enquanto as leis consuetudinárias existiam e guiavam a população indígena na aquisição e uso em suas comunidades.

Os arranjos de posse em Gana são extremamente complexos, de modo que a forma com que a terra é lá apropriada é um elemento central na análise da agricultura e está intimamente relacionada à história do país; não apenas ao passado colonial, mas também aos períodos que o antecederam, já que as chamadas leis consuetudinárias dizem respeito às tradições locais anteriores à dominação britânica.

O uso da terra antes da colonização era comunal, sem a existência da propriedade privada. Os membros das famílias, dos clãs e dos reinos poderiam usufruir das terras comunais de acordo com as leis locais, de cada sociedade, sem a necessidade de uma titulação legal. Havia três características principais relativas às terras comunais:

- Elas eram um direito inerente ao sujeito membro de um grupo. Esse sujeito poderia beneficiar-se delas, já que eram entendidas socialmente como um bem e um recurso comum.
- Alguns membros da sociedade – geralmente aqueles com idade mais avançada – detinham o poder de decisão sobre a forma com que o supramencionado direito poderia ser exercido. Assim, por mais que os membros de determinada sociedade tivessem o direito à terra, o uso da mesma estava alicerçado em uma série de leis locais.
- Havia a ausência da propriedade individual do solo em si, de modo que as titulações eram investidas na coletividade e não nos sujeitos individuais.

Sabe-se que a produção agrícola nas terras comunais esteve associada principalmente à produção de valor de uso, sobretudo de espécies nativas da África Ocidental, como inhame, sorgo, painço, feijão e óleo de palma. O comércio de excedentes era também uma prática comum, tendo engrossado os fluxos dos circuitos comerciais de longa distância transaariano e atlântico ao longo do tempo.

Conforme mencionado no Capítulo 1, a colonização em fins do século XIX converteu algumas terras comunais em terras privadas. Esse processo esteve longe de ter sido realizado na totalidade do território da Costa do Ouro, uma vez que interessava mais à metrópole britânica impor um determinado tipo de cultivo comercial (como o cacau) e taxar os agricultores locais do que efetivamente estabelecer um mercado de terras nos moldes capitalistas. Assim, efetivou-se a convivência entre as leis comuns britânicas (para as terras que seriam exploradas por expatriados europeus) e as leis consuetudinárias (para a população local), criando uma estrutura agrária dual. Esse suposto desinteresse dos britânicos em instaurar a propriedade privada da terra na totalidade da Costa do Ouro, deixando a população indígena organizar a maior parte de seu acesso à terra, fez com que o processo de colonização fosse considerado, por muitos, como indireto (ARYTEEY et al., 2007; M'BOKOLO, 2011).

A estrutura dual foi mantida, de modo que a posse de 80% das terras no país foi obtida dentro das leis consuetudinárias. Prevalecem aí os lotes pequenos e neles se estabelecem diversos tipos de contratos de arrendamento, como será explicado no próximo capítulo. Nessas terras a produção destina-se não apenas à produção de alimentos para a população, mas também à produção de *commodities*, em especial o cacau.

O restante (20%) das terras foi transferido ou adquirido de forma compulsória pelo Estado, por meio da *State Lands Act 125* (de 1962). Lund aponta que, ao longo do tempo, o governo não efetuou a reparação financeira de muitas famílias que tiveram suas terras tomadas de forma compulsória, sobretudo no norte do território (LUND, 2008). É importante salientar que o governo de Gana possui a aquisição compulsória como um direito quando a terra oferece um interesse público, o que significa, principalmente, o seu uso para construção de infraestruturas de circulação e distribuição.

Diversos problemas relativos à posse da terra decorrem da estrutura fundiária atual, tais como: indeterminações das fronteiras das terras consuetudinárias, o que pode gerar conflitos entre os grupos de proprietários de terras e conflitos judiciais; e contratos e registros de arrendamento pouco seguros do ponto de vista legal, entre outros. Existem no país seis agências públicas que buscam resolver os impasses surgidos das estruturas fundiárias: a Land Commission, o Town and Country Planning Department, o Survey Department, o Office of Administration of Stool Lands, a Land Title Registry e a Land Valuation Board (ARYTEEY et al., 2007).

2.1.1.3 A agricultura e o setor primário

Em Gana, 69,1% das terras são de uso agrícola (20,7% de terras aráveis, 11,9% de cultivos permanentes e 36,5% de pastagens permanentes), 21% são ocupadas por florestas e savanas, e 9,7% têm usos diversos, geralmente associados às edificações do espaço urbano e às infraestruturas (FOOD AND AGRICULTURE ORGANIZATION OF THE UNITED NATIONS, 2005). Nesse cenário, é importante distinguir agricultura alimentar da agricultura comercial (chamada também de agricultura industrial, já que a produção passa por um processo de transformação antes de ser comercializada, geralmente, no mercado externo).

Por um lado, a agricultura alimentar se desenvolve em todo o país e, de modo bastante expressivo, em sua porção norte, ao passo que a agricultura comercial localiza-se principalmente nas porções centro e sul do território. Tornou-se comum a afirmação de que, em Gana, "o norte alimenta o sul". A produção alimentar envolve diferentes tipos de cereais (milho, painço, sorgo e arroz), leguminosas (feijão, feijão-bambara, amendoim e soja), frutas (mamão, abacate, manga, abacaxi, caju, melancia e banana) e hortaliças (tomate, berinjela, cebola, pimenta, quiabo, repolho, alface e cenoura), além de raízes e tubérculos (inhame, mandioca e batata-doce) (imagens 5 e 6).

Essa produção é fundamental para garantir a segurança alimentar da população e caracteriza-se por ocorrer em pequenas fazendas, geralmente próximas às rodovias. Elas são pouco mecanizadas e recorrem ao uso intensivo da força de trabalho. Além disso, como forma de garantir a fertilidade, utiliza-se a técnica da policultura em rotação e repouso do solo. Historicamente, esse tipo de agricultura contou com significativo subsídio do governo para garantir a compra de pesticidas. Porém, os ajustes neoliberais da década de 1980 reduziram as possibilidades dos fazendeiros em acessar tais auxílios e também o crédito: em 1968, 15% das operações dos bancos comerciais se destinavam à agricultura e, em 2012, esse percentual caiu para 4,7% (HUTCHFUL, 2002; GHANA MINISTRY OF FOOD AND AGRICULTURE, 2020).

Imagem 5: Agricultores de verduras em Paga (Alto Oriental). Gana, 2016.
Fonte: Foto do autor.

Imagem 6: Plantação de arroz nas proximidades de Cape Coast (Central). Gana, 2016.
Fonte: Foto do autor.

Por mais que uma parte da produção seja destinada à subsistência dos agricultores, a maior parte destina-se aos mercados, espalhados pelas cidades de todo o país. Ainda que o corte de subsídios e de crédito tenha sido um dos impactos das políticas neoliberais na agricultura alimentar ganense nas últimas décadas, tem-se observado um aumento do cultivo graças ao apoio técnico do governo (por meio de projetos de institutos de pesquisa e de universidades) e de organizações multilaterais, como a Food and Agriculture Organization (FAO) das Nações Unidas, com o objetivo de garantir a segurança alimentar no país, que sofreu com algumas estiagens prolongadas na década de 1980.

Além disso, esse aumento da produção também esteve associado à ampliação da área cultivada no início do século XXI, que passou de 290 mil km^2 em 2002 para 340 mil km^2 em 2012. O aumento da produção no período se verificou entre os seguintes cultivos: o milho foi de 1,4 milhão t (toneladas) para 1,9 milhão t; o painço foi de 159 mil t para 180 mil t; o arroz foi de 473 mil t para 813 mil t; a mandioca foi de 9,7 milhões t para 14,5 milhões t; a banana foi de 2,2 milhões t para 3,5 milhões t; e o inhame foi de 3,9 milhões t para 6,6 milhões t (GHANA MINISTRY OF FOOD AND AGRICULTURE, 2020).

Imagem 7: Produção de óleo de palma nas proximidades de Tarkwa (Região Ocidental). Gana, 2016.

Fonte: Foto do autor.

A agricultura comercial, por sua vez, destina-se principalmente ao mercado externo e tem grande importância para o país na medida em que garante a entrada de divisas. Esse tipo de agricultura conta com maior apoio do Estado e se desenvolve em pequenas fazendas, onde o uso da força de trabalho é intensivo, apesar da utilização mais frequente de pesticidas e do maior acesso à irrigação, em especial nos cultivos localizados nas zonas de floresta.

Dentre os cultivos da agricultura comercial, destacam-se: o cacau (principal cultura comercial do país), o café, o algodão, o tabaco, a palmeira de dendê (imagem 7) e o karité (mapa 11). Antes de serem exportadas, todas essas produções passam por transformações, geralmente dentro da própria fazenda, como o processo de secagem e de fermentação das sementes, no caso do cacau. Entre 2002 e 2012 observou-se também um aumento na produção dessa cultura (passando de 496 mil t para 879 mil t) e também da palmeira de dendê (de 1,6 milhão t para 2,1 milhões t). Os demais cultivos não foram registrados com regularidade pelo Ministry of Food and Agriculture, de modo que, em 2009, a produção de café esteve calculada em 516mil t, borracha, em 19 mil t e karité, em 31 mil t (GHANA MINISTRY OF FOOD AND AGRICULTURE, 2020).

Já a pecuária consiste em uma atividade voltada essencialmente à subsistência, dentro de algumas fazendas. Nas áreas de floresta ela é menos frequente do que nas áreas de savana, em função da ocorrência da mosca tsé-tsé: enquanto nas primeiras é possível encontrar rebanhos ovinos, caprinos e aviários, no norte do país destacam-se os mesmos rebanhos, além da criação bovina. Entre 2003 e 2012 observou-se um aumento na produção de todos os tipos de carne do país: a carne bovina saltou de 18 mil t para 21 mil t; a carne ovina, de 13 mil t para 18 mil t; a caprina, de 14 mil t para 21 mil t; a suína, de 10 mil t para 20 mil t; e a aviária, de 20 mil t para 46 mil t (GHANA MINISTRY OF FOOD AND AGRICULTURE, 2020).

A pesca também é desempenhada em diferentes pontos da formação socioespacial. Assim como a pecuária, trata-se de uma atividade realizada fundamentalmente por homens e é voltada ao abastecimento do mercado interno. Os peixes são obtidos ao longo dos 540 quilômetros de costa, além dos numerosos rios e do lago Volta, que tem 8.400 km². A pesca ocorre de forma artesanal na maior parte do país, com pescadores utilizando pequenas e médias embarcações de madeira (motorizadas) e redes. Entre 2003 e 2012, a produção aumentou ligeiramente, passando de 406 mil t para 428 mil t. Desse total, é importante atentar ao fato de que a pesca marinha equivale a 77% do total produzido pela atividade (GHANA MINISTRY OF FOOD AND AGRICULTURE, 2020).

Mapa 11: Agricultura comercial em Gana em 2005.

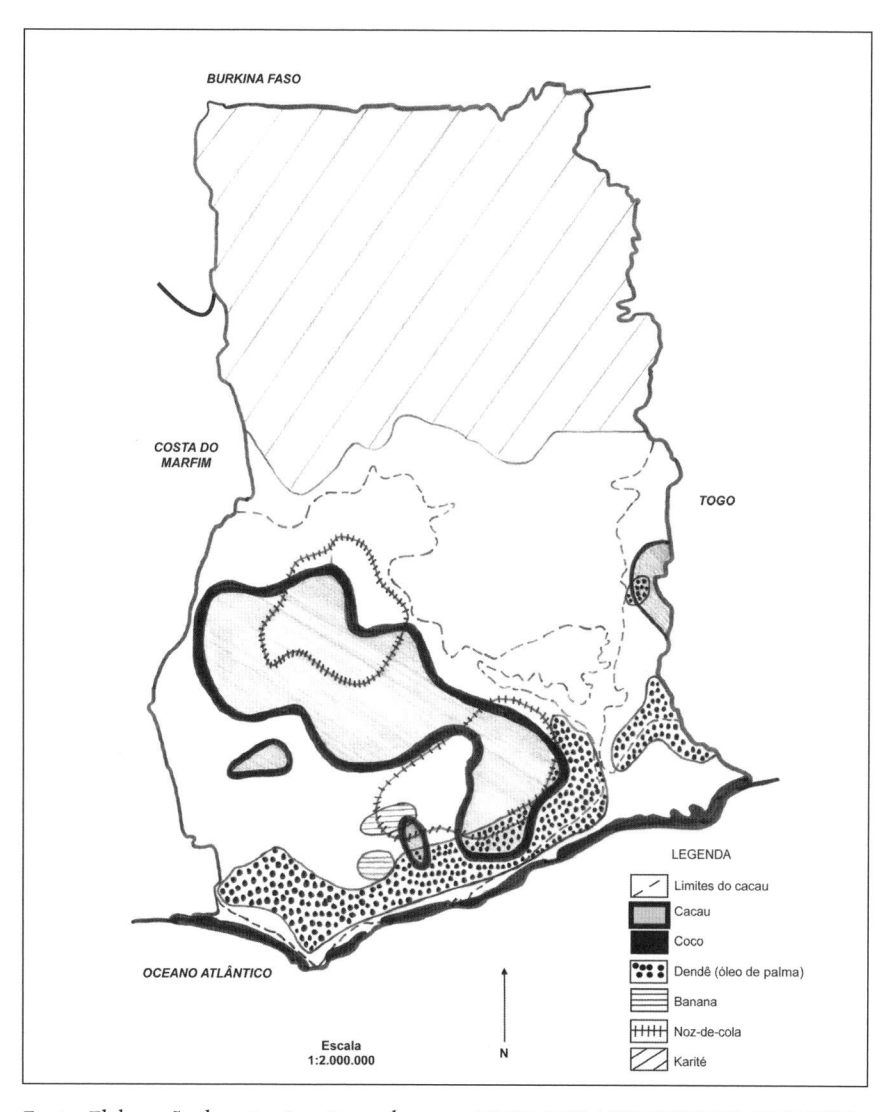

Fonte: Elaboração do autor (2016) com base em FOOD AND AGRICULTURE ORGANIZATION OF THE UNITED NATIONS (2005).

A extração vegetal, por sua vez, está intimamente relacionada às áreas de floresta da formação socioespacial ganense. A extração de madeiras nativas – em espacial do mogno – foi uma atividade econômica de grande importância antes e durante o período colonial, mas que perdeu importância dentro da pauta de exportações nacionais ao longo do tempo, tendo sido limitada, em especial, por um conjunto de leis ambientais.

2.1.2 O espaço econômico urbano

A cidade é o lócus privilegiado de diversos tipos de atividades, em especial daquelas que integram os chamados setores secundário e terciário da economia. É nesse espaço que parcela significativa da produção industrial e da prestação de serviços ocorre, de modo que esses setores têm se tornado, há décadas, os elementos centrais na composição da riqueza produzida em grande parte dos países do Sul.

Em 2017, as atividades relativas ao setor secundário da economia de Gana – formado por mineração, manufatura, eletricidade, água, esgoto e construção civil – corresponderam a 24,5% do PIB. Em uma perspectiva histórica, essas atividades sofreram impactos profundos diante da crise econômica vivida no fim da década de 1970 e início da de 1980: enquanto o setor representou 28,1% do PIB em 1965 e 23,5% em 1975, ele passou a representar apenas 6,54% em 1982 (GHANA STATISTICAL SERVICE, 2020). Nas últimas décadas do século XX, ocorreu uma recuperação que esteve associada às políticas voltadas à mineração (a partir de 1983) e à descoberta e exploração do petróleo (em fins da década de 2000), como será analisado no Capítulo 3.

O setor terciário da economia, por sua vez, envolve um número muito maior de atividades, como: comércio (varejo e atacado); reparo de objetos; hotéis e restaurantes; transporte e armazenamento; informação e comunicação; atividades financeiras e seguros; atividades imobiliárias e de suporte administrativo; administração pública (e defesa nacional); seguridade social, educação e saúde, entre outras. Trata-se do setor que mais contribuiu na formação do PIB, tendo passado de 28,8% em 1965 para 57,2% em 2017 (GHANA STATISTICAL SERVICE, 2020).

A economia urbana ganense é extremamente complexa em função da diversidade de atividades, das condições – organizacionais e financeiras – com que elas são empreendidas e da forma como elas interagem entre si e com as atividades típicas do espaço rural. Nessa economia, a informalidade é um dos elementos fundamentais de análise e está intimamente articulada à possibilidade de interpretar a economia urbana dentro da perspectiva teórica dos circuitos.

2.1.2.1 A informalidade e os circuitos da economia urbana

Uma das principais características da economia urbana, não apenas em Gana, mas nos diversos países do Sul, é a condição de informalidade na qual grande parte de suas atividades opera, especialmente aquelas agrupadas no setor terciário. De acordo com Hart, a possibilidade de a população obter renda em atividades informais ocorre tanto por meio do trabalho assalariado quanto do trabalho autônomo. Ao estabelecer uma distinção entre o trabalho formal e o informal na economia urbana de Gana da década de 1970, o autor assegurava que:

> A variável-chave [de diferenciação] é o grau de racionalização do trabalho, o que significa dizer se o trabalho é, ou não, recrutado em uma base regular por recompensas estáveis. A maioria das empresas que operam em certo nível de burocratização são passíveis de serem enumeradas por pesquisas e constituem o "setor moderno" da economia. As restantes – por assim dizer aquelas que escapam da enumeração – são classificadas de forma variada como "setor urbano de baixa produtividade", "exército de reserva de subempregados e desempregados", "setor urbano tradicional" etc. [...]. (HART, 1973, p. 68, tradução nossa)

Em linhas gerais, Hart assegura que as atividades informais seriam aquelas que operam em condições menos regulares de recrutamento de trabalho, o que significa, efetivamente, uma geração de valor menos estável, ainda que nada desprezível (HART, 1970, 1973, 1976). De acordo com o Integrated Business Establishment Survey (Ibes) do Ghana Statistical Service (GSS), as atividades formais são aquelas registradas no Registrar General's Department (RGD), enquanto as informais não têm o registro junto a tal instituição. O registro significa não apenas o pagamento de impostos ao Estado, mas também a forma como os empreendimentos têm acesso a linhas de empréstimo em instituições financeiras públicas e privadas, por exemplo, além de contratos com outras empresas, incluindo aí possíveis *joint ventures* com o capital estatal (HART, 1973; GHANA STATISTICAL SERVICE, 2020).

A informalidade é condição de aproximadamente 90,5% dos estabelecimentos empresariais da economia urbana ganense contemporânea (GHANA STATISTICAL SERVICE, 2020). Diante do amplo espectro de atividades informais no país, Hart já tinha desenvolvido, na década de 1970, uma distinção entre as legítimas e as ilegítimas: enquanto as primeiras não estariam relacionadas a nenhum tipo de prática criminosa segundo a Constituição, as últimas estariam (quadro 1).

Quadro 1: Distinção entre as atividades informais da economia urbana na década 1970 segundo Hart.

Atividades legítimas	Atividades ilegítimas
Primárias e secundárias: agricultura, horticultura, empreiteiro e atividades associadas, artesãos autônomos, sapateiros, alfaiates e costureiros, fabricantes de cerveja e destilados; *Terciárias* (empreendimentos mais capitalizados): habitação, transporte, especulação de *commodities*, atividades rentistas; *Distribuição em pequena escala*: agentes de mercado, pequenos comerciantes, vendedores ambulantes, fornecedores de comida e bebida, atendentes em bares, transportadores, agentes de comissão e revendedores; *Outros serviços*: músicos, lavadeiras, engraxates, barbeiros, fotógrafos, reparadores de automóveis (e demais atividades de reparo e manutenção), serviços rituais e mágicos, medicina; *Transferência privada de valores*: presentes e fluxos similares de dinheiro entre pessoas (doações e esmola), empréstimos.	*Serviços*: prostituição, contrabando e receptação de bens roubados, agiotagem e usura, suborno, corrupção (política) e tráfico de drogas; *Transferências*: furto e roubo, peculato, duplicação de dinheiro e jogos de azar.

Fonte: Elaboração do autor com base em HART (1973).

Esse agrupamento ainda se mostra bastante atual no século XXI, mesmo que novas atividades tenham surgido e outras tenham perdido a força. De todo modo, é importante ter em mente a grande variedade de atividades econômicas informais que são desenvolvidas nos espaços urbanos de Gana e que, ao mesmo tempo, elas estabelecem diversos tipos de relação entre si e entre as atividades formais. A complexidade dessa economia urbana diversificada pode ser mais bem compreendida, contudo, por meio da operacionalização da teoria dos Circuitos da Economia Urbana, elaborada por Milton Santos na década de 1970 (boxe 2.2).

BOXE 2.2

Para Milton Santos, as abordagens teóricas da urbanização em territórios terceiro-mundistas começaram a ser elaboradas, de maneira mais sistemática, a partir da década de 1950, pelos esforços empreendidos principalmente por economistas e sociólogos. Em meio aos escassos materiais estatísticos produzidos sobre esses países até então, as análises realizadas ficavam restritas a adjetivações das cidades estudadas ou às tentativas artificiais de adequá-las em modelos quantitativos e em teorias feitas para as cidades da Europa e dos Estados Unidos (SANTOS, M., 2004). Rapidamente esses esforços mostraram sua inadequação às especificidades dos territórios africanos, asiáticos e latino-americanos. Foi somente na década de 1970, 20 anos depois, em virtude de um maior acúmulo de conhecimento sobre os processos urbanos pelos quais passava o chamado Terceiro Mundo, que houve o desenvolvimento de estudos mais precisos sobre os dinamismos de seus espaços e suas economias urbanas. Dentre muitos autores que abordaram a temática em questão na década de 1960 e 1970, destacam-se: Clifford Geertz, com *Peddlers and Princes*, de 1963; Aníbal Quijano, com *Redefinición de la Dependencia y Marginalización en América Latina*, de 1970; McGee, com *The Urbanization Process in The Third World*, de 1971; Josef Gugler e William Flanagan, com *Urbanization and Social Change in West Africa*, de 1978. Todos esses autores guardam em suas análises uma noção de processo histórico específico das realidades estudadas, fossem nas cidades da América Latina, da Ásia ou da África.

De acordo com Milton Santos, a economia urbana dos países do Terceiro Mundo estaria organizada em dois circuitos distintos, porém complementares: o Circuito Superior (CS) e o Circuito Inferior (CI) (quadro 2).

Quadro 2: Características dos circuitos da economia urbana na década de 1970 segundo Santos.

	Circuito Superior	Circuito Inferior
Tecnologia	Capital intensivo	Trabalho intensivo
Organização	Burocrática	Primitiva
Capitais	Importantes	Reduzidos
Emprego	Reduzido	Volumoso
Assalariado	Dominante	Não obrigatório
Estoques	Grande quantidade e/ou alta qualidade	Pequena quantidade e/ou qualidade inferior
Preços	Fixos (em geral)	Submetidos à discussão entre comprador e vendedor
Crédito	Bancário institucional	Pessoal não institucional
Margem de lucro	Reduzida por unidade, mas importante pelo volume de negócios (exceção: produtos de luxo)	Elevada por unidade, mas pequena em relação ao volume de negócios
Relações com a clientela	Impessoais e/ou com papéis	Diretas, personalizadas
Custos fixos	Importantes	Desprezíveis
Publicidade	Necessária	Nula
Reutilização dos bens	Nula	Frequente
Overhead capital	Indispensável	Dispensável
Ajuda governamental	Importante	Nula ou quase nula
Dependência direta do exterior	Grande atividade voltada para o exterior	Reduzida ou nula

Fonte: Elaboração do autor com base em SANTOS, M. (2004).

O CS seria formado por empresas de elevado grau de organização e capitalização, como as grandes indústrias e os bancos – sobretudo internacionais –, além de algumas agências prestadoras de serviço altamente capitalizadas. Essas atividades operam dentro de condições de formalidade e, frequentemente, têm uma área de atuação extrarregional e internacional.

Nesse circuito, o uso do capital é intensivo, e a organização das atividades, extremamente burocratizada e verticalizada. O emprego geralmente é reduzido e assalariado, e opta-se, recorrentemente, pela terceirização de alguns serviços. Além disso, quando necessário, essas atividades fazem estoque em grande quantidade e alta qualidade, já que dispõem de espaço e infraestrutura para tanto. O preço das mercadorias geralmente é fixo. A margem de lucro é reduzida por unidade de produto, mas importante no volume de negócios. Esse circuito também conta com fácil acesso ao crédito formal por parte das instituições financeiras (públicas e privadas).

Historicamente, o Estado tem grande influência no desenvolvimento do CS, oferecendo isenções fiscais e infraestruturas necessárias. Em Gana, as atividades desse circuito estão associadas principalmente às grandes empresas, geralmente as estrangeiras, que, em função da alta capitalização, contam com uma significativa mobilidade territorial, podendo escolher as parcelas do espaço que lhes ofereçam maior acessibilidade, seja aos consumidores, seja aos fornecedores de matéria-prima ou à força de trabalho.

Entretanto, a estrutura das grandes atividades empresariais não absorve todos os trabalhadores urbanos, já que é necessária a formação do exército industrial de reserva para reduzir o valor da mão de obra no mercado e, assim, baixar os custos de produção, como já havia explicado Marx (1975) no século XIX. Como resultado desse processo, outras atividades menos capitalizadas e menos burocratizadas se desenvolvem nas áreas mais pobres da cidade e em centros de consumo popular. Essas atividades visam atender justamente as demandas de trabalho e consumo das classes sociais de menor poder aquisitivo, formando o CI (SANTOS, M., 2004).

Este segundo circuito conta com o trabalho intensivo de seus funcionários, uma organização desburocratizada e o uso de capital reduzido.

As atividades podem ser formais ou informais, e ocupam expressivas parcelas da força de trabalho urbana. Em função da baixa disposição de espaço e de infraestrutura, essas atividades fazem pouco estoque. O preço das mercadorias e dos serviços não é fixo, como no CS, mas sim algo a ser discutido e negociado na relação entre vendedor e consumidor, de modo que a relação com a clientela ganha um tom marcadamente personalizado e a margem de lucro é elevada por unidade de produto, mas pequena em relação ao volume dos negócios.

O CI não conta com o mesmo apoio do Estado como a grande economia, e tornou-se, historicamente, um verdadeiro refúgio para a população pobre desempregada. Exemplos de atividades desse circuito são: pequenos estabelecimentos comerciais, como mercearias, quitandas, padarias, mercadinhos, armarinhos, papelarias, entre outros; pequenas fábricas e oficinas de conserto, como borracharias, mecânicas, lojas de reparo de eletrodomésticos e eletroeletrônicos, costureiras; além dos estabelecimentos de serviços de manicure, cabeleireiros, barbeiros, mototáxis etc. Geralmente, essas atividades apresentam uma abrangência de atuação local ou regional e, no caso ganense, muitas vezes nacional.

Desse modo, a teoria dos circuitos permite verificar as formas com que as diferentes atividades da economia urbana ganense interagem entre si. Na década de 1970, Hart já chamava a atenção, por exemplo, para as numerosas relações que as pequenas empresas de transporte (fossem formais ou informais) estabeleciam com as grandes empresas de mineração, sendo, assim, peça fundamental no funcionamento da economia (HART, 1970). Ao longo deste livro, outras evidências, porém contemporâneas, dessas relações serão apresentadas.

Assim, enquanto o binômio informalidade-formalidade ajuda na compreensão sobre o modo com que as atividades econômicas se relacionam com o Estado, o binômio circuito inferior-circuito superior ajuda a entender como essas atividades se organizam internamente e como elas atuam na economia urbana, interagindo dentro e fora do seu circuito.

2.1.2.2 Manufatura e setor secundário

A manufatura representa uma importante atividade no setor secundário, que é também composto pela mineração, pela construção civil, pela eletricidade e pelo abastecimento de água e esgoto. Em Gana, as atividades de manufatura foram profundamente impactadas pela crise econômica do fim da década de 1970 e pela subsequente implementação de políticas neoliberais no país, a partir de 1983. Em 2014, 5,7% do PIB ganense haviam sido gerados pelas manufaturas espalhadas pelo país, de modo que as atividades de extração e processamento de minérios e petróleo foram as que mais geraram riqueza dentro do setor em questão (INSTITUTE OF STATISTICAL, SOCIAL AND ECONOMIC RESEARCH, 2020).

Conforme já mencionado no Capítulo 1, a industrialização ganense esteve intimamente relacionada à visão de desenvolvimento nacional de Nkrumah, que implementou uma política de substituição de importações na década de 1960. De modo geral, Yankson afirma que:

> [...] a estratégia [de industrialização] envolveu mais a confiança no controle administrativo [estatal] do que nos mecanismos de mercado para determinar as alocações dos recursos; e a confiança, em grande medida, dos investimentos do setor público através de um plano de desenvolvimento de médio prazo liderado pelo desenvolvimento industrial. (YANKSON, 2006, p. 8, tradução nossa)

O processo de industrialização foi conduzido pelo Estado e ocorreu de maneira espacialmente seletiva, posicionando as médias e as grandes manufaturas em três áreas principais, todas elas nas porções centro e sul do país: em Acra-Tema (Grande Acra), em Kumasi (Axânti) e em Sekondi-Takoradi (Região Ocidental) (YANKSON, 2006). O CS das manufaturas mais capitalizadas – em especial as estatais – importava bens de capital e bens de produção, e gozava, até meados da década de 1970, de volumosos subsídios públicos (para financiar as suas importações) em um cenário cambial favorável (com o cedi artificialmente valorizado em relação ao dólar) que dificultava a entrada de produtos manufaturados estrangeiros no país.

Enquanto isso, Boateng chama a atenção para o fato de que as pequenas manufaturas foram de grande importância na geração de riquezas no setor e, assim como as médias e grandes manufaturas, também se concentravam nessas três cidades e em seus arredores. Muitas, inclusive, foram fundadas anteriormente à década de 1960, tendo abastecido o mercado consumidor local há mais tempo que as indústrias do CS. Essas pequenas manufaturas envolviam, principalmente, a produção de: alimentos e bebidas (farinhas, pães, biscoitos, cervejas e destilados), roupas, materiais de construção (cimento, tintas e estruturas metálicas), artesanatos e serrarias e metalurgia (ouro, prata e ferro) (BOATENG, 1959).

A manufatura cresceu em importância percentual entre a década de 1960 e meados da década de 1970: ela havia sido responsável por 13% do PIB ganense em 1970 e passou a representar 21% em 1977. Na década de 1960, puxado pela manufatura, o setor industrial registrou o segundo maior crescimento na oferta de empregos do país (atrás apenas do setor de serviços). Essa oferta ocorreu principalmente nas cidades e operou um maciço êxodo rural, em especial de agricultores das áreas mais pobres do norte do país. Contudo, a crise econômica internacional da década de 1970 e o cenário recessivo da década de 1980 impactaram profundamente essa atividade, sobretudo em função da redução dos investimentos públicos e pela alta dependência da importação de bens de capital e bens de produção, o que gerou a gradativa precarização das plantas fabris (imagem 8) e de seus maquinários importados (HUTCHFUL, 2002).

As políticas do ERP buscaram a reanimação de todo o setor industrial, por meio de uma série de medidas para intensificar o uso de capacidade ociosa das diferentes indústrias, bem como para facilitar a entrada de investimentos externos. De modo geral, entre 1984 e 1991, o setor secundário voltou a crescer na média de 8,6%. Contudo, Hutchful aponta que essa taxa de crescimento esteve atrelada à entrada de investimentos no curto prazo, especialmente para a mineração, de forma que a manufatura – que crescia em média 8,8% entre 1984 e 1991 – passou a crescer cerca de 3% a partir de 1991 (HUTCHFUL, 2002).

Imagem 8: Parque industrial deteriorado em Acra (Grande Acra). Gana, 2016.
Fonte: Foto do autor.

Em 2015, o número de estabelecimentos manufatureiros – e que não operavam dentro de moradias – era de aproximadamente 99 mil (91,9% dos estabelecimentos do setor secundário no país). Nesse cenário, a distribuição espacial desses estabelecimentos manteve-se marcadamente concentrada na Grande Acra (23,4%), em Axânti (19,6%) e na Região Ocidental (9,2%), todas localizadas nas porções centro e sul, de modo que o Alto Ocidental, no norte do país, apresentou 2,8% dos estabelecimentos fabris (GHANA STATISTICAL SERVICE, 2020).

É importante mencionar que 7 das 20 maiores riquezas do país pertencem a empreendedores ganenses que atuam na manufatura de produtos alimentícios, têxteis, químicos e materiais de construção (GOODMAN AMC, 2020):

- TAKORADI Flour Mills (farinha): empresa pertencente ao ganense de origem armênia Serge Bakalian, que herdou a indústria do pai e consolidou o patrimônio em cerca de 460 milhões de dólares;
- IRANI Brothers (farinha): empresa fundada em 1967, pertencente à família ganense de origem libanesa Irani, que conseguiu consolidar um patrimônio estimado em 800 milhões de dólares;

- PLOT Enterprise (processamento de cacau): empresa fundada em 2006 pela ganense Patricia Poku-Diaby, que conseguiu consolidar um patrimônio estimado em 720 milhões de dólares. Poku-Diaby obteve parte de seu capital inicial como herança do avô, que atuava na comercialização de cacau junto ao governo ganense em meados do século XX;
- PRINTEX Ghana Ltd. (têxtil): empresa fundada em 1958 pela família ganense de origem libanesa Millet. O patrimônio atual está por volta de 630 milhões de dólares;
- METALEX Ltd. (telhas de alumínio): empresa fundada em 1984 pelo ganense Kwabena Agyare Danquah, que estabeleceu um patrimônio de 500 milhões de dólares;
- AZAR Chemicals Industries Ltd. (tintas): fundada em 1968 por Elias Azar, a empresa atuava na comercialização de tintas em todo o território ganense. A partir da 1980, a família Azar passou a diversificar seus investimentos e estabeleceu a própria manufatura de tintas. Atualmente, seu patrimônio está avaliado em 520 milhões de dólares;
- HITTI Group (plástico e isopor): fundada em 1973 com o nome de Qualiplast pela família ganense de origem libanesa Hitti. A expansão e diversificação levou a empresa a atuar em outros países da região (Benin e Níger) também com a produção de produtos de plástico e isopor. O patrimônio da família Hitti está avaliado em 540 milhões de dólares.

Altamente capitalizadas, essas empresas contam com uma atuação na escala nacional e até mesmo regional, operando exportações para países sem saída para o mar, como Níger e Burkina Faso. Integrantes do CS, essas indústrias estão, em sua maioria, estabelecidas há mais de duas décadas (na época da realização deste estudo), o que denota uma *mortalidade* menor se comparada às manufaturas do CI: no setor industrial ganense, chama a atenção o fato de que 98% dos estabelecimentos são micro ou pequenos – formados principalmente por oficinas de artesanato, manufaturas de alimentos e tecidos – e que 67,7% surgiram após 2005. De modo geral, trata-se de atividades que operam em diferentes níveis de capitalização e que produzem, fundamentalmente, para o mercado nacional (GHANA STATISTICAL SERVICE, 2020).

2.1.2.3 Comércio e setor terciário

O comércio é uma das numerosas atividades que integram o setor terciário da economia. Em 2014 ele respondeu por 6% do PIB ganense, tendo ficado atrás de transporte e armazenamento (11,7%) e atividades financeiras e seguradoras (7,3%), também integrantes do setor. Com uma menor participação no total das riquezas geradas no país, figuram ainda: administração pública, segurança social e defesa (5,4% do PIB); hotéis e restaurantes (5%); atividades de serviço pessoal, social e comunitário (3,7%); educação (3,6%); serviços imobiliários e atividades de suporte administrativo e profissional (3,6%) e informação e comunicação (2,3%) (INSTITUTE OF STATISTICAL, SOCIAL AND ECONOMIC RESEARCH, 2020).

Assim como no caso da manufatura, o comércio é uma atividade que ocorre de diferentes maneiras nos espaços urbanos, segundo distintos graus de capitalização e organização dos empreendimentos que funcionam, na maior parte das vezes, em condição de informalidade. De Bolgatanga a Takoradi, o comércio é feito em *shopping centers*, hipermercados e supermercados, bazares, barracas ao longo de estradas, em feiras e também por meio de ambulantes.

Tantos os *shopping centers* quanto os hipermercados e supermercados são estabelecimentos comerciais destinados principalmente às classes alta e média dos grandes centros urbanos do país e, em especial, de Acra. Muitas vezes essas empresas são, elas próprias, importadoras, suprindo uma demanda de consumo em torno de produtos estrangeiros de todos os tipos, em especial de bens de consumo duráveis e não duráveis. No supermercado Melcon, fundado em 1989 por um grupo de empresários ganenses de origem indiana, pode-se observar a ampla presença de produtos da Unilever, Coca-Cola, Nestlé, Pepsico e Johnson & Johnson, além de diversos produtos industrializados de origem asiática, sul-africana e nacional. Ainda figuram no país outras redes de varejo sob controle de empresários ganenses, como: o A&C Shopping, o Evergreen House and Supermarket, o Kwatsons e o Lulu Hypermarket. Dentre as redes estrangeiras que atuam no país destaca-se a sul-africana Woolworths.

Essas redes, assim como muitas lojas revendedoras de automóveis (e outros bens de consumo duráveis), podem ser entendidas como parte integrante do CS, já que possuem um elevado capital e uma estrutura organizacional bastante burocratizada. Os empregos aí são majoritariamente assalariados e formais. Muitas vezes essas empresas realizam um comércio diversificado (como no caso das redes de hipermercado e supermercado) e, com frequência, elas realizam um comércio especializado, como empresas revendedoras de carros e motos, como a loja Auto, empresa que pertence à família ganense de origem libanesa Kalmoni e que é responsável pela venda de aproximadamente 23% dos automóveis e 80% das motos no país, tendo, assim, formado um patrimônio de 700 milhões de dólares.

Ao mesmo tempo, atendendo não apenas às classes médias, mas à imensa maioria da população ganense, figuram os bazares, as feiras e o comércio ambulante. O acesso ao consumo é uma constante nas áreas centrais de cidades como Acra, Kumasi, Takoradi e Tamale, e os produtos vendidos são de todos os tipos.

Nos bazares, que são estabelecimentos comerciais localizados muitas vezes dentro das próprias moradias dos vendedores, é possível encontrar produtos importados e locais, de modo que predominam alimentos processados (como cereais, macarrão, refrigerantes, sucos e água engarrafada etc.) e produtos de higiene (sabonete, pasta e escova de dente etc.). Eventualmente também são comercializadas verduras e frutas. A organização do trabalho é frequentemente familiar e feminina.

Nas feiras, nas barracas e no comércio ambulante espalhado pelas cidades ganenses é possível ter uma dimensão ainda mais nítida do amplo espectro de mercadorias vendidas. Em feiras como o Kejetia Market, localizado em Kumasi, pode-se identificar uma setorização que auxilia a prática do consumo em meio ao espaço: áreas destinadas ao comércio de carnes, em especial com venda de frangos vivos e ovos nas calçadas e peças de carne bovina e suína penduradas em anzóis no teto de açougues; áreas destinadas ao comércio de grãos, como milho, painço e sorgo, além de inhame e mandioca; áreas de comércio de roupas, sendo a maior parte delas importadas de países asiáticos (China, Índia, Bangladesh, Vietnã, Tailândia e Camboja); áreas de comercialização de eletrônicos diversos, e assim por diante. É interessante notar a convivência – no espaço da feira – entre as lojas, as barracas nas calçadas e os vendedores ambulantes, o que denota diferentes condições de capitalização dos empreendimentos comerciais.

Existem mercados, como o Makola Market, localizado em Acra, que são especializados em um tipo específico de venda, como a de vegetais. Nesse mercado, ocorre a venda de cebolas, tomates, mandioca, inhame, manga, abacaxi, grãos diversos, além de peixes secos, entre muitos outros produtos. Uma característica notória da atividade comercial em Gana (e em grande parte dos países da África Ocidental) é a divisão de gênero: enquanto as mulheres são responsáveis pela comercialização dos produtos que vêm da agricultura (imagem 9) e da indústria alimentícia, os homens comercializam os demais produtos manufaturados, como camisetas, calças jeans e produtos eletroeletrônicos e eletrodomésticos. Mesmo na porção norte do país – onde a população é majoritariamente islamizada –, grande parte da atividade comercial recai sobre as mulheres, que não apenas comercializam em bazares, mas também nas ruas e nas beiras das estradas.

Imagem 9: Vendedora de bananas no Makola Market em Acra (Grande Acra). Gana, 2013.
Fonte: Foto do autor.

Nessas atividades, que integram o CI do comércio urbano, a informalidade predomina e a organização familiar dispensa, recorrentemente, a necessidade de contratação de mão de obra assalariada. Trata-se de um circuito cuja facilidade de ingresso é variável, de modo que é mais difícil possuir uma barraca de cebolas no Makola Market do que se tornar um vendedor ambulante.

O comércio é uma das atividades mais comuns do país, de maneira que aproximadamente 55% dos estabelecimentos do setor terciário em Gana se ocupam com venda e revenda de produtos. Desses estabelecimentos, 29,2% estão na Grande Acra, 24% em Axânti e 10,3% na Região Ocidental. Assim como no caso das atividades do setor secundário, as do setor terciário (não apenas o comércio, mas todas as outras) são em grande maioria micro (79%) e pequenas empresas (18%). Além disso, aproximadamente 70% das empresas do setor são relativamente novas, tendo sido fundadas entre 2005 e 2014 (GHANA STATISTICAL SERVICE, 2020).

No setor terciário da economia ganense, o capital nacional privado desempenha um papel central não somente em atividades comerciais, mas também no de transporte e armazenamento, que se desenvolve, em grande medida, segundo uma organização menos burocratizada e com reduzidos recursos financeiros.

Apesar da abrangência local de muitas atividades do setor, outras mostram-se marcadamente internacionalizadas. Grant revela que as imobiliárias e as empresas de construção são empreendimentos altamente internacionalizados, geralmente sob controle de libaneses (13 empresas), seguidos de italianos (13 empresas), britânicos (12), chineses (10), alemães (9), indianos (7) e estadunidenses (7) (GRANT, 2009). A presença estrangeira nas atividades financeiras também é notória, sobretudo no caso do banco sul-africano Standard Bank, que possui 30 agências e 40 caixas eletrônicos (distribuídos pelo território, mas concentrados nas cidades de Acra, Tema, Kumasi e Takoradi); contudo os bancos nacionais (Bank of Ghana e Ecobank) são os mais difundidos pelo país. Já as atividades de seguradoras estão, em certa medida, sob controle de empresas ganenses altamente capitalizadas, como a Vanguard Group e a House of Duffuor, cujos proprietários, as famílias Awuah-Darko e Duffuor respectivamente, possuem mais de 650 milhões de patrimônio cada (GOODMAN AMC, 2020).

2.2 As condições gerais de circulação e distribuição

As infraestruturas são um dado material de qualquer formação socioespacial e desempenham um papel determinante no modo de produção de um país. Sua importância está centrada no fato de colocar em movimento o capital, a informação, a força de trabalho e diversos tipos de mercadorias, contabilizando aí também matérias-primas, maquinários e instrumentos diversos.

Em Gana, a seletividade e o adensamento dessa base material são notórios e datam do período colonial. Levando-se em consideração o fato de que algumas porções do atual território já estavam articuladas aos circuitos comerciais de longa distância há mais de nove séculos, pode-se considerar que, desde então, muitos eixos de circulação – em especial aqueles do sentido norte-sul – foram fundamentais para a inserção da região na economia de escala intercontinental do comércio transaariano e do tráfico atlântico.

O transporte de mercadorias no circuito comercial transaariano (entre os séculos XII e XVI) era feito por seres humanos e por animais: nas áreas de floresta predominava o transporte feito em trilhas e estradas por pessoas (já que havia a presença da mosca tsé-tsé, que dificultava a criação de animais); nas áreas de savana predominava o transporte feito por animais (em especial camelos) que também cruzavam o deserto do Saara, ao norte do atual território de Gana. Já o transporte de mercadorias no circuito do tráfico atlântico (entre os séculos XVI e XIX) também era feito por pessoas nas zonas de floresta. Contudo, além de algumas estradas que conectavam as zonas de produção aos portos no litoral, utilizavam-se também canoas nos rios Ankobra, Pra e Volta (DAVIDSON, 1985; LOVEJOY, 2002).

Até fins do século XIX, as autoridades locais – chefes de clãs e reis – eram aquelas que detinham o controle sobre a construção de estradas, desempenhando, assim, sua soberania territorial. Com a imposição colonial e a formação da Costa do Ouro, a implementação de infraestruturas serviu, fundamentalmente, ao escoamento de uma produção cujo sentido esteve alienado aos interesses econômicos da metrópole britânica. Processo correlato na maior parte do continente, configurou-se, assim, uma verdadeira *sangria* da África, na qual estradas, rodovias e ferrovias eram construídas pelas potências imperialistas com a única finalidade de articular as áreas de produção de *commodities* aos portos oceânicos.

Refletindo sobre a importância da construção de infraestruturas para o funcionamento inicial das colônias como forma de assegurar a expansão periférica do capitalismo, Luxemburg afirma que:

> Nas áreas onde a economia natural [não capitalista] prevalecia anteriormente, a introdução de meios de transporte – ferrovias, canais de navegação – é vital para a expansão da economia de *commodities*, um sinal de esperança. A marcha triunfante da economia de *commodities* começa, assim, na maioria dos casos, com magníficas construções de modernos transportes, como linhas de trem que cruzam florestas pela primeira vez, túneis que atravessam montanhas, fios de telégrafo que cruzam desertos [...]. (LUXEMBURG, 2003, p. 366, tradução nossa)

Em linhas gerais, essas infraestruturas foram responsáveis pelo estabelecimento de profundas desigualdades regionais dentro das colônias (MAZRUI, 2011), as quais ainda estão presentes na maior parte das formações socioespaciais africanas nas primeiras décadas do século XXI. Na Costa do Ouro, a produção de cacau e ouro levou ao adensamento de estradas, rodovias e ferrovias nas porções centro e sul do território, justamente onde ocorria a produção de *commodities*. A articulação era feita até os portos litorâneos, em especial o Porto de Takoradi (Região Ocidental), de onde as mercadorias eram distribuídas ao mercado externo. Como resultado desse processo, extensas porções ao norte do território foram pouco integradas à economia colonial, já que pouco ofertavam aos interesses metropolitanos. Assim, consolidou-se uma marcada discrepância regional sul-norte que nem mesmo seis décadas de autonomia pós-colonial conseguiram resolver (ARYEETEY; OWUSU; MENSAH, 2009).

Os primeiros governos de Gana reuniram esforços para aumentar a integração do território por meio da construção de novas infraestruturas.

Ao longo das últimas décadas, o capital estatal, muitas vezes associado aos investimentos estrangeiros – estadunidenses, soviéticos, chineses e de organizações multilaterais, como o Banco Mundial e o FMI –, patrocinou a construção de rodovias, ferrovias, portos, aeroportos, redes de energia elétrica e de telecomunicações. Interessa, agora, compreender mais sobre essas infraestruturas no século XXI e de que maneira elas colaboram para a fluidez da formação socioespacial ganense.

2.2.1 As rodovias

Gana possui cerca de 109.500 km de rodovias construídas, que estão categorizadas entre nacionais (19%), secundárias (63%) e rodovias urbanas (18%). Até 2009, apenas 11,8% delas estavam asfaltadas (GHANA, 2009).

Atualmente (em 2020), as rodovias são as principais infraestruturas de circulação do país devido à quantidade de pessoas e mercadorias que nelas são transportadas, além da ramificação territorial que alcançam, marcadamente mais extensa que a das ferrovias, hidrovias e aerovias. No entanto, conforme já mencionado, ocorre no país um adensamento rodoviário em sua porção sul, mais especificamente nas regiões Axânti, Oriental, Ocidental, Central e na Grande Acra (mapa 12).

O país conta com 15 rodovias nacionais responsáveis pela articulação interna do país e por sua inserção em dinâmicas econômicas regionais: as rodovias nacionais estão tanto articuladas no eixo norte-sul, que permite diretamente a conexão com Burkina Faso e, indiretamente, com o Níger e o Mali, quanto no sentido leste-oeste, que permite a conexão diretamente com a Costa do Marfim e com o Togo e, indiretamente, com o Benin e a Nigéria. Desse modo, garante-se parte da articulação necessária para a fluidez do bloco econômico regional Economic Community of West African States (ECOWAS), o qual Gana integra.

Mapa 12: Infraestruturas em Gana em 2011.

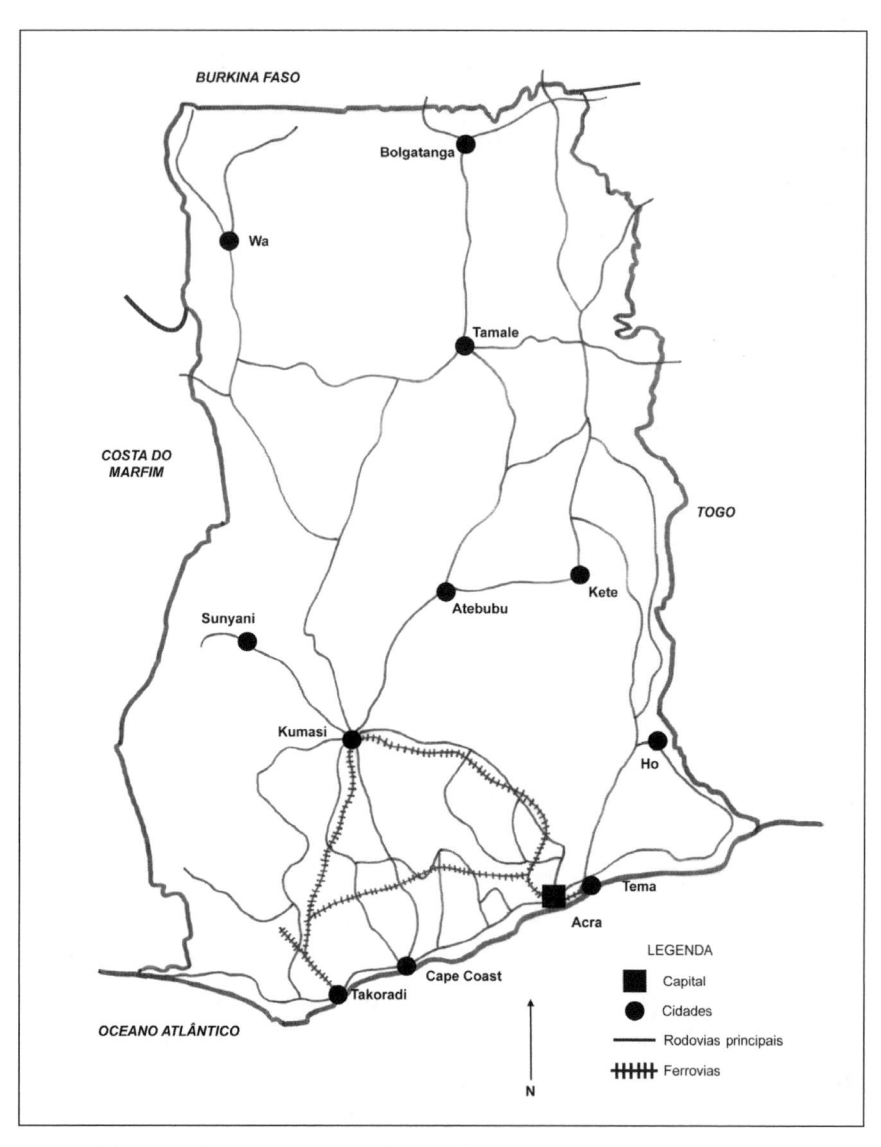

Fonte: Elaboração do autor (2016) com base em GHANA (2009).

Até 1981, as infraestruturas no país eram providas por diferentes departamentos e agências estatais como: Public Works Department, Ministry of Works and Housing, Department of Social Welfare and Community Development, Ministry of Transport and Communications, Regional Organizations e Ghana Civil Aviation Authority. Em janeiro de 1982, foram criados o Ministry of Transport & Communications e o Ministry of Roads & Highways. Este último ficou encarregado das agências de infraestruturas rodoviárias ganenses: Ghana Highways Authority, Department of Feeder Roads e Department of Urban Roads. Em 2002, o ministério responsável pela questão infraestrutural no país foi renomeado como Ministry of Roads and Transport. Em 2003 foi criado um outro ministério, o Ministry of Ports, Harbours and Railways (atentando às demandas dos subsetores marítimo e ferroviário). Em 2005, o subsetor aéreo também saiu do Ministry of Transportation e passou a integrar o Ministry of Aviation. Por fim, em 2009, o setor de transporte foi reagrupado e renomeado em dois ministérios distintos: o Ministry of Roads & Highways e o Ministry of Transport (GHANA, 2009).

A instituição responsável pela formulação de políticas e programas do setor rodoviário é o Ministry of Roads and Highways. Dentre as principais políticas desse ministério, podem-se listar as seguintes:

- Reintrodução da *Labor-Based Techonology* (LBT): criada em 1986 e reintroduzida em 2009, a LBT é uma política de manutenção de estradas secundárias com objetivo de geração de empregos. Além disso, ela está atrelada às atividades de manutenção rotineiras e periódicas, que visam proteger os investimentos estatais no desenvolvimento das infraestruturas.
- Melhoria do financiamento para manutenção rodoviária: criada em 2009, essa é uma política voltada para a introdução gradual de pedágios automáticos. Há também a cobrança em pedágios manuais, sobretudo nas rodovias e pontes nas áreas ao sul do território. Na soma geral, os pedágios são responsáveis por cerca de 17% dos rendimentos do Road Fund (fundo público que serve ao setor rodoviário).
- Intensificação do controle de carga por eixo: política voltada ao cumprimento do Road Traffic Act 2004 (Act 683) e da ECOWAS Supplementary Act on Axle Load. Essas leis buscam reduzir a sobrecarga em caminhões, visando um controle maior do fluxo de mercadorias, bem como um impacto físico menor nas rodovias. Atualmente, a Ghana Highway Authority construiu 14 Permanent Weighbridge Stations (PWS), de um total de 26. Elas estão sob a administração de empresas privadas de logística.

- Parcerias Público-Privadas (PPP): políticas que buscam delegar a empresas privadas o financiamento, a construção e a manutenção de algumas rodovias no país. Exemplos dessas PPP estão: na pavimentação da autoestrada entre Acra e Tema; na duplicação da rodovia Acra-Cape Coast-Takoradi; e na duplicação da rodovia Acra-Kumasi.

As rodovias ganenses estão, assim, sob controle direto do Estado, seja no planejamento, seja na construção ou na manutenção. A partir de 2011, por meio das PPP, incorporou-se com maior vigor o capital privado (nacional e estrangeiro), que foi convidado a participar dos processos de construção e manutenção de algumas rodovias (ABRAHAM, 2014). Contudo, essas PPP – que são mais um elemento da entrada do país na lógica neoliberal – são realizadas em áreas específicas do território, em especial na porção centro-sul, articulando os importantes centros econômicos nacionais, como as cidades de Acra, Tema, Cape Coast, Takoradi e Kumasi. Assim, quando é sobreposta a localização das áreas produtoras de *commodities* com a malha rodoviária nacional, fica possível entender a lógica seletiva empreendida pelo capital público e privado na construção das infraestruturas de circulação do país.

As estradas nacionais na área centro-sul de Gana apresentam-se bem preservadas (imagem 10). Ao longo dessas rodovias existe uma distribuição regular de postos de gasolina (nacionais como G-Oil e estrangeiras como a Shell), nos quais se encontram lojas de conveniência e pequenas oficinas mecânicas.

Ao norte do país, a rede rodoviária nacional é menor, menos ramificada, e as rodovias possuem qualidade inferior, quando comparadas às da porção centro-sul do território. A velocidade do fluxo é comprometida pela presença recorrente de buracos e de lombadas, em especial nas intermediações de núcleos urbanos. Muitas vezes, essas estradas sequer têm acostamentos (imagem 11).

Imagem 10: Rodovia pavimentada entre Acra e Kumasi, nas proximidades de Koforidua (Região Oriental). Gana, 2016.
Fonte: Foto do autor.

Imagem 11: Rodovia parcialmente pavimentada entre Paga e Bolgatanga, nas proximidades de Paga (Alto Oriental). Gana, 2016.
Fonte: Foto do autor.

2.2.2 As ferrovias

Gana tem 947 km de linhas ferroviárias que conectam as cidades de Tema, Acra, Kumasi e Takoradi (mapa 12). Implementadas durante o período colonial para transportar cacau e minérios, elas foram perdendo importância para as rodovias a partir de 1920, de modo que, desde 2015, as operações ferroviárias foram, ao menos temporariamente, interrompidas (MINISTRY OF TRANSPORT, 2020). O motivo que levou à gradativa redução do uso do transporte ferroviário (de carga, especificamente) foi a alta incidência de descarrilamentos, que comprometeram a capacidade da Ghana Railway Company Limited (GRCL) em transportar mercadorias pesadas em grandes quantidades, como os minérios manganês e bauxita.

A redução do uso das ferrovias foi gradativa: em 2005, o volume de mercadorias transportadas por via férrea foi de 1,8 milhão t, enquanto em 2009 essa carga já havia sido reduzida para 152 mil t (ABRAHAM, 2014). Em muitos trechos do sistema ferroviário, sobretudo próximo à cidade de Takoradi, é possível identificar sinais de deterioração e má conservação dos trilhos e das estações (imagem 12).

Imagem 12: Carros de trem abandonados nos trilhos em Takoradi (Região Ocidental). Gana, 2016.
Fonte: Foto do autor.

A GRCL foi fundada em 2001 – até então havia sido uma empresa estatal – e opera a serviço das políticas de desenvolvimento e manutenção ferroviária da Ghana Railway Development Authority (GRDA), integrante do Ministry of Transport. Recentemente, a GDRA anunciou que buscará retomar o uso das ferrovias no território, sobretudo por meio de PPP com o capital estrangeiro, como a empresa Kampac Oil Co., dos Emirados Árabes Unidos, que, em 2007, havia assinado um projeto de desenvolvimento ferroviário orçado em 1,6 bilhões de dólares na Western Railway. Além disso, em 2010, um empréstimo de 4 bilhões de dólares foi concedido pelo Export-Import Bank of China, com o objetivo de estender a linha Takoradi-Kumasi até Paga, na fronteira do país com Burkina Faso, ao norte (EUROPA PUBLICATIONS, 2020).

Desse modo, o governo aparentemente tem buscado investimentos externos para garantir projetos infraestruturais que diversifiquem as matrizes de circulação do território, que é completamente dependente das rodovias na atualidade. Contudo, em meados da década de 2010, a realidade deflagra a decadência e a inoperância do sistema de transporte ferroviário. Será necessário acompanhar os próximos anos, pois eles revelarão em que medida as políticas de desenvolvimento e manutenção da GDRA foram bem-sucedidas no processo de reativação das ferrovias do país.

2.2.3 Os portos

Articulados às rodovias – e outrora também às ferrovias –, os portos ganenses desempenham um papel fundamental, não apenas nos dinamismos da economia nacional, mas também na África Ocidental, tendo distribuído, por exemplo, cerca de 660 mil toneladas de mercadorias para Mali, Níger e Burkina Faso no ano de 2013. Atualmente, dois portos desempenham as relações comerciais internacionais do país: Takoradi (Região Ocidental) e Tema (Grande Acra). Juntos, esses portos distribuíam aproximadamente 16 milhões de toneladas de mercadorias em meados da década de 2010, sendo que, em 2015, prevaleceu o caráter exportador em Takoradi (3 milhões de toneladas exportadas e 2,5 milhões de toneladas importadas) e importador em Tema (1,5 milhões de toneladas exportadas e 9 milhões de toneladas importadas) (GHANA PORTS AND HARBOURS AUTHORITY, 2020).

Essa dinâmica pode ser parcialmente explicada pela localização desses dois portos: enquanto Takoradi está localizado próximo das principais áreas produtoras de *commodities* do país – em especial de petróleo, cacau, bauxita e manganês –, o porto de Tema está próximo a Acra, que representa o maior mercado consumidor nacional, além de ser sede de diferentes atividades econômicas que demandam mercadorias importadas (GHANA PORTS AND HARBOURS AUTHORITY, 2020).

As operações portuárias em Gana são administradas pela Ghana Ports and Harbours Authority (GPHA), uma autoridade estatal que integra o Ministry of Transport e que foi estabelecida em 1986, com o objetivo de planejar, construir, manter, operar e controlar os portos do país (GHANA PORTS AND HARBOURS AUTHORITY, 2020).

Takoradi é o porto mais antigo do território, tendo sido fundado em 1928, durante o período colonial. Localiza-se a cerca de 320 quilômetros de Acra e distribui aproximadamente 5 milhões de toneladas de mercadorias anualmente. A maior parte delas é produzida na própria formação socioespacial, como cacau, minério de manganês e de bauxita, além de petróleo. Takoradi também sedia uma série de empresas que prestam serviços ao setor petrolífero do país, uma vez que a extração ocorre em bacias relativamente próximas ao porto (GHANA PORTS AND HARBOURS AUTHORITY, 2020).

Em suas configurações principais, o Porto de Takoradi consiste em uma enseada com cerca de 11 metros de profundidade que possui: nove cais, sendo um exclusivo para petróleo, um exclusivo para clínquer (escória de fornos siderúrgicos) e outro exclusivo para bauxita; uma doca seca e outra flutuante; uma área para cinco amarrações; um terminal de contêineres; e uma área para atividades industriais e comerciais (croqui cartográfico 1). Ainda existem planos de expansão relacionados à criação de um terminal para serviços petrolíferos e ampliação do quebra-mar (GHANA PORTS AND HARBOURS AUTHORITY, 2020).

Croqui cartográfico 1: Porto de Takoradi. Gana, 2015.

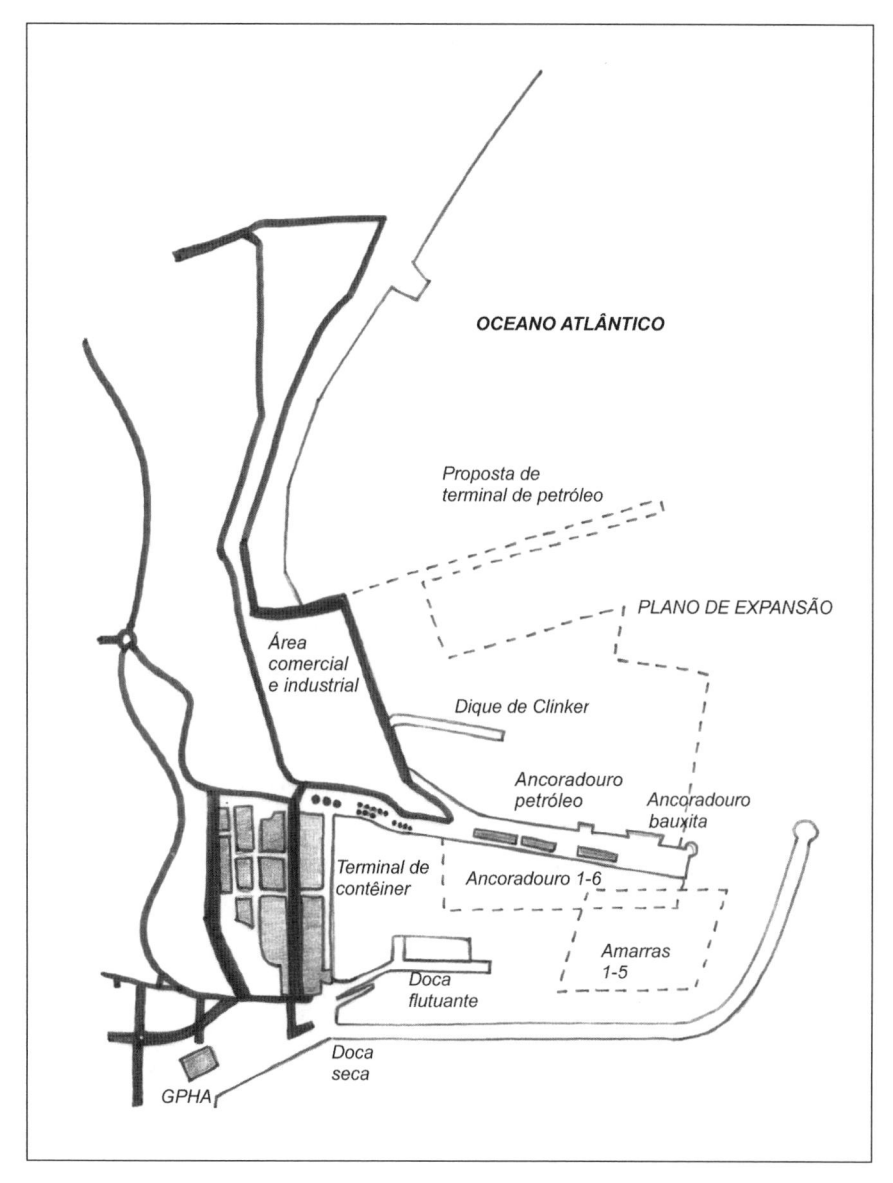

Fonte: Elaboração do autor (2016) com base em GHANA PORTS AND HARBOURS AUTHORITY (2015).

O porto passou por dois processos de expansão, o primeiro em 1954 e o segundo em 2003, visando o atendimento do crescente volume das exportações nacionais. Mais especificamente, desde a descoberta de petróleo no país, o tráfico no porto saltou de 4,1 milhões de toneladas (com 594 chamadas de navios em 2007) para 5,5 milhões de toneladas (com 1.300 chamadas de navios em 2013). Em 2013, o porto era responsável por 70% das exportações nacionais por via marítima e por 16% das importações (GHANA PORTS AND HARBOURS AUTHORITY, 2020).

Além disso, o porto de Takoradi desempenha um importante papel na distribuição de mercadorias na África Ocidental, atendendo às demandas de fluidez de países como Mali, Níger e Burkina Faso, territórios sem acesso ao mar. Desde 2002, o porto distribuiu significativa quantidade de produtos para esses países, como carga de bagagem, contêineres, produtos químicos, equipamentos de mineração, aço, ferro, derivados do petróleo, veículos, arroz, trigo, açúcar e fertilizantes (GHANA PORTS AND HARBOURS AUTHORITY, 2020).

Já o porto de Tema é o maior porto do território ganense, tendo sido fundado em 1962, durante o governo de Nkrumah. Localiza-se a cerca de 25 km de Acra e distribui cerca de 12 milhões de toneladas de carga de mercadorias anualmente. A maior parte dessas mercadorias inclui: a exportação de cacau, algodão, peixe congelado, frutas, castanhas e petróleo, e a importação de alumínio, soda cáustica, cimento, petróleo, bens de consumo e bens de capital diversos (GHANA PORTS AND HARBOURS AUTHORITY, 2020).

Em suas configurações principais, o porto de Tema consiste em uma enseada com cerca de 11 metros de profundidade que possui: 12 cais, um terminal de contêineres, um estaleiro (PSC Tema Shipyard), dois portos de pesca (um externo e outro interno), um mercado de peixes, um terminal de armazenamento e distribuição de petróleo (Golden Jubilee Terminal) e uma fábrica de cimento (croqui cartográfico 2) (GHANA PORTS AND HARBOURS AUTHORITY, 2020).

Croqui cartográfico 2: Porto de Tema. Gana, 2015.

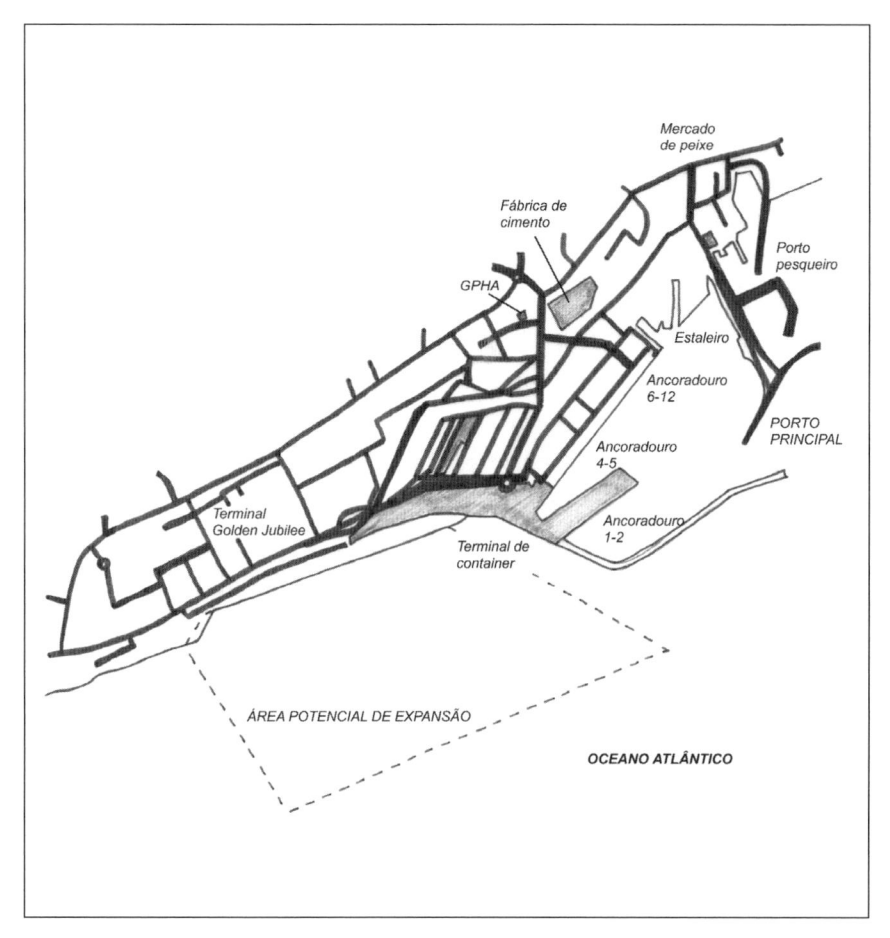

Fonte: Elaboração do autor (2016) com base em GHANA PORTS AND HARBOURS AUTHORITY (2015).

O porto tem uma importante função regional, uma vez que nele operam companhias que fazem transporte marítimo não apenas para diferentes partes do planeta, mas também para os portos de Abidjan (Costa do Marfim). E, segundo o planejado pela empresa African Independent Feeder Ghana Ltd., nos próximos anos haverá conexões frequentes com os portos de Calabar (Nigéria), San Pedro (Costa do Marfim) e Lomé (Togo).

A participação do capital privado tem se tornado cada vez maior no Porto de Tema. Atualmente, cerca de 75% das atividades diárias do porto são feitas por 11 empresas privadas (nacionais e estrangeiras) que atuam, sobretudo, em atividades de logística portuária.

O porto passou a ser considerado o terminal de contêineres mais eficiente da África Ocidental desde o início da operação Meridian Port Services – uma parceria entre a GPHA e a britânica Meridian Port Holdings –, que investiu cerca de 50 milhões de dólares no melhoramento e na modernização de equipamentos de carga, descarga, armazenamento e segurança (GHANA PORTS AND HARBOURS AUTHORITY, 2020).

Desse modo, Takoradi e Tema desempenham o papel de centros distribuidores do maior volume de exportações e importações no país. Gana ainda possui um porto seco nas proximidades de Kumasi, o Porto Interno de Briankra, que passa por um processo de ampliação (financiado em PPP) visando tornar-se um ponto central de distribuição de mercadorias aos países sem saída para o mar da região. É importante notar que o Estado ainda tem um papel central na gestão desses espaços, apesar da entrada gradativa do capital privado, sobretudo em Tema, conforme citado anteriormente.

2.2.4 Os aeroportos

Gana tem sete aeroportos distribuídos nas cidades de Acra (Grande Acra), Kumasi (Axânti), Takoradi (Região Ocidental), Sunyani (Brong Ahafo), Tamale (Norte) e Wa (Alto Ocidental). Esses aeroportos são administrados pela Ghana Civil Aviation Authority (GCAA) que, fundada em 1986, é a agência reguladora do transporte aéreo do país. A GCAA garante a liberação de licenças e certificados para que as empresas de aviação e logística possam operar, além de prestar serviços de navegação aérea sobre a Accra Flight Information Region, que inclui o espaço aéreo da República de Gana, do Togo e do Benin, além de uma ampla extensão espacial sobre o golfo da Guiné. Em 2007, criou-se, a partir da GCAA, a Ghana Airports Company Limited (GACL), cujo objetivo era planejar, desenvolver e manter os aeroportos do país.

O Aeroporto Internacional de Kotoka está a 10 km do centro de Acra e é o principal aeroporto da formação socioespacial ganense. Tendo sido fundado em 1946 como Ghana International Airport, ele foi renomeado, em 1969, como Kotoka International Airport (KIA), em homenagem ao comandante do exército Emmanuel Kotoka (1926-1967). Trata-se de um aeroporto com voos diários e diretos para Europa (Reino Unido, França, Holanda, Bélgica e Portugal), Ásia (Turquia, Líbano, Qatar e Emirados Árabes Unidos), América do Norte (Estados Unidos) e vários países do continente africano (Burkina Faso, Costa do Marfim, Gâmbia, Guiné, Nigéria, Libéria, Senegal, Serra Leoa, Togo, Marrocos, Egito, Quênia, Etiópia, África do Sul e Ruanda).

O KIA também possui um terminal de carga que foi finalizado em 1994 e que, em 2009, chegou a transportar cerca de 45 mil toneladas de mercadorias. No que tange à circulação de pessoas em voos internacionais, o aeroporto foi responsável pela distribuição de 1,2 milhões de passageiros no mesmo ano (número que alcançava 812 mil em 2005) de diferentes partes do planeta: 38% da Europa; 8,1% da América do Norte; 11,6% do Oriente Médio; 20% de outros países africanos e 22,3% de outras partes do mundo, em especial da China e do Sudeste Asiático (ABRAHAM, 2014).

Também no setor aéreo, tornou-se mais frequente a contratação de empresas privadas – especialmente estrangeiras – para a realização de obras de expansão e modernização dos aeroportos, como a construtora brasileira Queiroz Galvão, responsável pela modernização do Aeroporto de Tamale, no norte do país. É importante notar que a articulação aérea interna – entre os aeroportos Acra, Kumasi, Takoradi, Sunyani, Tamale e Wa – se faz por meio de duas empresas nacionais: a African World Airlines e a Starbow Airlines, que utilizam, respectivamente, naves brasileiras Embraer 145 e naves suíças BAe 146. Contudo, em função das condições climáticas de vento e visibilidade, tais empresas frequentemente têm seus voos cancelados, em especial entre os meses de dezembro e março, quando ocorre o *Harmattan*. Assim, a articulação aérea interna ainda é muito instável (EUROPA PUBLICATIONS, 2016).

2.2.5 A energia elétrica

O setor enérgico ganense está baseado na produção em termoelétricas (58%) e hidrelétricas (42% do total nacional). No ano de 2016, a produção alcançou 12,5 bilhões de kWh e o consumo ficou em 9,36 bilhões de kWh. Enquanto a produção de energia pelas hidrelétricas está sob responsabilidade da Volta River Authority (VRA), a produção em termoelétricas fica a cargo da Ghana National Petroleum Commission (GNPC), ambas integrantes do Ministry of Energy and Petroleum (GHANA ENERGY COMMISSION GHANA, 2020; CENTRAL INTELLIGENCE AGENCY, 2020).

A VRA é uma empresa estatal fundada em 1961, durante o governo de Nkrumah. Além de produzir em hidrelétricas, a empresa também utiliza termoelétricas e, em menor escala, plantas solares, visando suprir as demandas do mercado nacional e internacional. No mercado nacional, a produção de energia destina-se à Electricity Company of Ghana (que consome cerca de 60% do total produzido), além de empresas mineradoras e manufaturas. Já as exportações são feitas para o Benin e Togo (comprada pela Communauté Electrique du Benin), Burkina Faso (comprada pela SONABEL) e Costa do Marfim (comprada pela Compagnie Ivoirienne d'Electricité) (GHANA VOLTA RIVER AUTHORITY, 2020).

A formação socioespacial ganense tem sido extremamente dependente da produção energética oriunda da usina hidrelétrica de Akosombo (imagem 13). Construída entre 1961 e 1965, essa usina foi peça-chave das políticas de substituição de importações do então presidente Nkrumah, que entendia a necessidade de produção de energia elétrica como chave para o desenvolvimento industrial, em especial de indústrias de base. A VRA também é responsável pela usina Kpong; ambas estão localizadas na Região Oriental (GHANA VOLTA RIVER AUTHORITY, 2020).

Foi apenas em meados da década de 1990 que o país buscou diversificar sua matriz energética. Para tanto, o governo passou a investir na construção de usinas termoelétricas (em Tema e Takoradi). Além disso, alguns painéis solares foram instalados em Navrongo (Alto Oriental), mas não estão sob controle da VRA, e sim de iniciativas privadas, que destinam o uso da energia apenas para essa parcela do país (GHANA VOLTA RIVER AUTHORITY, 2020).

Imagem 13: Usina Hidrelétrica de Akosombo no lago Volta (Região Oriental). Gana, 2016.
Fonte: Foto do autor.

De modo geral, o sistema energético de Gana apresenta uma série de deficiências. Em todo o território são extremamente comuns os apagões, e acredita-se que 25% da energia seja dissipada em função da precariedade das redes de transmissão (RUPP, 2013).

Para além do desperdício de energia decorrente de antigas redes de transmissão – que chegam a datar do período colonial em algumas áreas –, existe a eventual crise de produção nas hidrelétricas em função do aumento da demanda energética pela população e pela economia, além das condições climáticas, como as estações de estiagem prolongadas (RUPP, 2013). Esses fatores fazem com que muitas empresas e hospitais comprem seus próprios geradores de energia.

Podia-se observar, no fim da década de 2010, o fato de a infraestrutura energética ganense contar – a cada dia mais – com a entrada de capital estrangeiro, sobretudo no que tange à construção e ao manejo das infraestruturas. Recentemente, a China intensificou seus acordos bilaterais com Gana: na construção da usina hidroelétrica de Bui (na fronteira entre as regiões Norte e Brong Ahafo) e na usina termoelétrica de Sunon Asogli Kpone (próxima a Tema).

A usina Bui foi construída pela empresa Sinohydro – uma das responsáveis pela construção da usina Três Gargantas na formação socioespacial chinesa – e, em troca dos empréstimos e da construção da usina, o governo ganense efetuou o pagamento por meio da exportação de cacau, destinado ao mercado de cosméticos e alimentos de luxo do país asiático. A obra iniciou-se em 2013 e garantiu empregos para aproximadamente 3 mil ganenses (RUPP, 2013).

Já a Sunon Asogli Kpone é um projeto destinado ao setor privado e foi elaborado pelo chefe local de Asogli (Grande Acra) que conseguiu arrecadar 143 milhões de dólares – diretamente com o governo chinês e com a empresa Shenzen Energy Group – para a construção de uma termoelétrica com capacidade de 560 MW, a ser utilizada pela população local. Desse modo, o setor energético – assim como as demais infraestruturas ganenses analisadas até o momento – passa por um processo de abertura aos investimentos de capital e tecnologia externos em uma estrutura que ainda é marcadamente estatal.

2.2.6 As telecomunicações

As telecomunicações têm suas políticas formuladas pelo Ministry of Communication e suas diversas agências. Além de desenvolver planejamentos que levem à expansão de infraestruturas, eles são responsáveis por grande parte da manutenção destas. Assim como as demais infraestruturas do país, as telecomunicações também passaram por um processo de abertura ao capital privado (nacional ou estrangeiro), por meio de PPP para prestação de serviços e licenças para operação de serviços de comunicação.

Observou-se, desde fins do século XX, uma significativa expansão dos meios de comunicação no território, quando houve a privatização parcial da Ghana Telecom, em 1996, sob o pretexto de uma suposta ineficiência da empresa estatal Ghana Post and Telecommunications Corporation (GP&T) em suprir a demanda por linhas telefônicas e garantir serviços de qualidade aos consumidores de todo o país. Assim, deu-se início à abertura para empresas privadas (nacionais e estrangeiras) no setor (HAGGARTY; SHIRLEY; WALLSTEN, 2012).

Em 2018, Gana contava com 278 mil linhas telefônicas fixas (1 para cada 100 habitantes) e 40,9 milhões de linhas telefônicas móveis (146 para cada 100 habitantes) (CENTRAL INTELLIGENCE AGENCY, 2020). A alta presença do telefone móvel – fato marcadamente recente – está associada à atuação de diferentes operadoras no mercado nacional, como a sul-africana MTN, a britânica Vodafone, a luxemburguesa Tigo e a indiana Airtel. É evidente que o uso dessa tecnologia tem permitido o desenvolvimento de novos dinamismos na economia nacional, como será analisado mais adiante.

A presença das torres de sinal da telefonia móvel é visível na maior parte do país, não apenas nas áreas urbanas, mas também em áreas rurais, em especial nas proximidades de rodovias e redes de transmissão de energia elétrica (imagem 14).

Imagem 14: Torres de transmissão de sinal de telefonia móvel entre Acra e Kumasi, nas proximidades de Koforidua (Região Oriental). Gana, 2016.
Fonte: Foto do autor.

No que tange ao acesso à internet, Gana foi um dos primeiros países do continente a ter acesso à rede internacional de computadores. Em 2016 eram aproximadamente 9,3 milhões de usuários no país (34,7% da população) (CENTRAL INTELLIGENCE AGENCY, 2020).

Conclusões do Capítulo 2

O espaço econômico de Gana no início do século XXI não é produto apenas da contemporaneidade. Nele existem numerosas evidências materiais e imateriais dos períodos anteriores, seja em relação à esfera da produção, seja da circulação ou da distribuição. É por isso que a formação socioespacial é aqui a categoria fundamental de análise, já que representa um processo histórico de territorialização do modo de produção em um país.

Esse modo de produção é constituído por articulações específicas – de ordem nacional e internacional – entre as relações de produção e as forças produtivas, que não podem ser verificadas em outros lugares do planeta, a não ser de forma análoga, graças à complexidade da relação tempo-espaço.

Essa territorialização do modo de produção é de grande complexidade, tornando-se necessário utilizar categorias genéricas – e eventualmente não muito precisas – para viabilizar, assim, uma análise organizada e didática do espaço em questão. Desse modo, lançou-se mão de categorias como: espaço rural e espaço urbano, duas componentes da formação socioespacial ganense nas quais se desenvolvem atividades econômicas como agricultura, extração vegetal, pecuária, pesca (principalmente, mas não exclusivamente, nos espaços rurais), manufatura, mineração, comércio e serviços (principalmente, mas também não exclusivamente, em espaços urbanos).

Dada a expansão do sistema capitalista e o aprofundamento da DIT ao longo de todo o século XX e início do século XXI, é notório que a formação socioespacial também tensiona a organização de seus modos de produção em função de variáveis externas associadas ao mercado internacional, que determina ou ajuda a compor o preço das mercadorias. Nesse sentido, é fundamental identificar que existem produções que se destinam ao mercado externo e aquelas que se destinam ao mercado nacional ou local, pois elas estão submetidas a combinações distintas das forças produtivas.

No espaço rural, composto fundamentalmente por pequenas propriedades concedidas aos agricultores ganenses mediante o direito consuetudinário, podem-se observar dois tipos de produção. Enquanto na porção centro-sul do país figuram cultivos de agricultura comercial (principalmente o cacau) voltados à exportação, em todo o restante do país existe uma produção diversificada da agricultura alimentar (pecuária e pesca também são atividades destinadas ao consumo local). Em ambos os casos, trata-se de uma produção desenvolvida por um capital nacional e privado, com alguns parcos e eventuais auxílios do governo (sobretudo por meio de insumos à produção). É fundamental ainda não ignorar o papel que a natureza desempenha nesse tipo de espaço, ainda mais diante de uma produção agrícola historicamente pouco mecanizada. Desse modo, as forças produtivas são combinadas com as condições de vegetação, solo, clima, rocha e relevo do espaço.

O espaço urbano ganense, por sua vez, é dominado pelas atividades de manufatura, comércio e serviços que se estruturam em diferentes níveis de capitalização e organização. As atividades não registradas junto ao governo – denominadas informais – são a imensa maioria das micro e pequenas empresas, utilizando mão de obra familiar e operando seus negócios em escala local, regional e, eventualmente, nacional. Trata-se de empreendimentos dinâmicos e diversificados (oficinas, pequenas manufaturas, estabelecimentos comerciais e de serviços diversos) iniciados por intermédio das pequenas poupanças familiares dos próprios empreendedores, que, além de proprietários, também trabalham no negócio, muitas vezes como autônomos.

As empresas mais capitalizadas, por sua vez, são menos presentes na quantidade geral de empreendimentos do país, mas são registradas junto ao governo, o que facilita a obtenção de empréstimos oficiais, por exemplo, e de parcerias com o Estado. É interessante notar também o seu dinamismo, visto que a maiores delas, com o passar do tempo, passou a diversificar suas atividades, atuando, por exemplo, na manufatura, no comércio e em serviços financeiros ao mesmo tempo.

A circulação e a distribuição de mercadorias e serviços são variáveis estruturais do espaço econômico de um país. Nesse sentido, dois aspectos relativos às infraestruturas presentes em Gana merecem ser destacados. O primeiro decorre do fato de que a maior parte delas localiza-se na porção centro-sul do território: um dado herdado do passado econômico colonial e que, ainda no início do século XXI, é fundamental para compreender a base material da formação socioespacial em questão. Nesse processo de adensamento seletivo das infraestruturas, amplas áreas do norte do território têm menos opções de fluidez.

O outro aspecto é a relação entre o capital estatal e o capital privado (nacional ou estrangeiro). Ao longo das primeiras décadas do século XXI, Gana intensificou algumas de suas políticas de abertura econômica para empresas privadas. As PPP e outras formas de parceiras (como acordos bilaterais com a China) revelam que o Estado tem reduzido seu papel como financiador, construtor e mantenedor de infraestruturas, apesar de ainda ser a peça central do planejamento delas.

O espaço econômico ganense no início do século XXI é desenhado na relação entre o Estado (seus ministérios e agências), o capital estatal, o capital privado estrangeiro e o capital privado nacional. Esses capitais tendem a atuar em atividades específicas e, durante o processo de produção, circulação e distribuição, estabelecem relações que podem ser de interdependência ou de conflito.

Parcelas específicas desse espaço econômico são responsáveis por integrar Gana na DIT do início do século XXI. Elas são justamente aquelas que produzem, circulam e distribuem as *commodities* do país, que, por sua vez, formam circuitos espaciais de produção que serão o objeto de análise no próximo capítulo.

CAPÍTULO 3:
As exportações e os circuitos espaciais de produção das *commodities*

Imagem 15: Pepita de ouro extraída por pequenos mineradores em Tarkwa (Região Ocidental). Gana, 2016.
"Para mim, toda terra aqui é ouro." (Boateng, minerador)
Fonte: Foto do autor.

"Nós não estamos aqui para te dar entrevista." Essa afirmação categórica foi proferida por um dos funcionários de uma multinacional sul-africana que extrai ouro nos arredores da cidade de Tarkwa (Região Ocidental). Após quatro meses tentando, sem sucesso, agendar por telefone e correio eletrônico uma entrevista na mineradora, a última tentativa encontrada foi ir ao local pessoalmente. Passados 30 minutos de insistência pela concessão da entrevista *in loco* – com argumentos que começaram na "importância do trabalho de campo para a ciência" e terminaram no "você tem ideia de quantas horas eu levei para chegar até aqui?" –, veio a frustração e, ao mesmo tempo, a compreensão brutal do pragmatismo corporativo. Realmente, eles não estão lá para dar entrevistas. Nem satisfações.

O centro de Tarkwa está conectado à mina explorada pela empresa sul-africana por meio da Tarkwa Road. Andando 20 minutos pelo acostamento da rodovia, podem-se avistar alguns barracões de madeira com teto de lona preta em um fundo de vale. Sob esses barracões havia um grupo de dez homens, todos eles sentados, conversando. Os equipamentos do local não deixavam dúvidas de que ali ocorria a mineração de ouro artesanal em pequena escala, uma atividade bastante comum na porção centro-sul do país.

Na atualidade, existe um discurso amplamente difundido por jornais locais e por artigos científicos acerca dos impactos negativos desse tipo de mineração em Gana. Muito é dito sobre como o uso de técnicas artesanais de extração e processamento aurífero tem sido responsável pela contaminação dos solos, pelo assoreamento dos rios e pela devastação da cobertura vegetal no país. Para além disso, são numerosos os relatos anedóticos sobre práticas de violência entre os trabalhadores dessa atividade, os quais atuam, em sua maior parte, em situação de informalidade e, portanto, nesse caso, de ilegalidade.

Aqueles barracos representam, contudo, uma outra forma de produzir. Ali não se está diante de uma grande corporação transnacional altamente capitalizada e burocrática. Os trabalhadores ali não possuem uniformes nem funções engessadas. Esses barracões não abatem impostos com programas especiais de educação ou de preservação ambiental. Eles não ganham incentivos do Estado. Ainda assim, apesar de tudo isso, ali também se produz ouro.

Chegando ali conversei com Boateng, o mais animado do grupo de mineiros e que monopolizou a entrevista inesperada, a qual se estendeu por mais de três horas. Eles me ofereceram água, aguardente e chincha (maconha). Explicaram todas as etapas de extração do mineral e disseram, com notável orgulho, que os equipamentos que possuíam eram importados da China e comprados no mercado local de segunda mão. Além disso, Boateng mencionou a flexibilidade do trabalho e a relação não benéfica com o poder público, que, segundo ele, estava lá para "defender os grandes". Ele contou também sobre o preconceito que a atividade sofre no país, sendo que, segundo ele, "somos nós que temos uma técnica mais parecida com a de nossos antepassados!"

3.1 As exportações

No início do século XXI, a exportação de *commodities* representa uma das principais formas de inserção de Gana na economia mundial. Conforme já explicado no Capítulo 1, tal inserção foi historicamente forjada pela colonização britânica em fins do século XIX: foi nessa época que ocorreu uma profunda reorganização das relações de produção e das forças produtivas no espaço em questão, visando atender às demandas comerciais de um mercado em expansão sob a égide do capitalismo industrial e bancário europeu. Fronteiras artificiais cortaram ao meio os Estados preexistentes, imputando a eles uma estrutura econômica voltada para a produção e exportação de produtos agrícolas e recursos naturais.

Mesmo tendo em mente o fato de que este livro não é sobre a África, é fundamental ter clareza de que Gana está localizada em um continente que apresenta um dos maiores potenciais de exploração de *commodities* minerais da atualidade. Estima-se que a África possua: 42% da bauxita mundial, 35% do urânio, 42% do ouro, 57% do cobalto, 39% do manganês, 73% da platina, 88% dos diamantes, 10% do petróleo e 5% do cobre (GRANT, 2015). Além disso, nas áreas de florestas equatorial e tropical, ocorre uma intensa atividade de extração de variados tipos de madeira. No que se refere à agricultura comercial, amplas porções das terras aráveis destinam-se ao cultivo de algodão, cacau, amendoim, óleo de palma, cana-de-açúcar, café e cravo-da-índia.

Na África Ocidental é possível observar com mais detalhes a importância dos gêneros agrícolas, vegetais e minerais na pauta de exportação da região (quadro 3). O fato de que esta pauta está historicamente centrada em produtos de baixo valor agregado – já que são pouco processados nacionalmente – tem sido responsável pela alta vulnerabilidade econômica desses países, dado que os valores dessas *commodities* oscilam em níveis significativos no mercado internacional.

Quadro 3: Principais produtos exportados pelos países da África Ocidental em 2017.

País	Principais produtos exportados
Benin	Algodão, caju, manteiga de karité, tecidos e derivados do óleo de palma
Burkina Faso	Ouro, algodão e pecuária
Cabo Verde	Combustível (reexporta), sapatos, roupas, peixe e couro
Costa do Marfim	Cacau, café, madeira, petróleo e algodão
Gâmbia	Derivados de amendoim, peixe, algodão em pluma e palmiste
Gana	Ouro, petróleo, cacau, madeira, bauxita, alumínio e manganês
Guiné	Bauxita, ouro, diamantes, café e peixe
Guiné-Bissau	Peixe, camarão, caju, amendoim e palmiste
Libéria	Borracha, madeira, ferro, diamante e cacau
Mali	Algodão, ouro e pecuária
Mauritânia	Ferro, peixe (e derivados), ouro, cobre e petróleo
Níger	Urânio, pecuária, feijão-fradinho e cebolas
Nigéria	Petróleo e derivados, cacau e borracha
Senegal	Peixe, amendoim, derivados do petróleo, fosfatos e algodão
Serra Leoa	Diamante, rutilo, cacau, café e peixe
Togo	Reexportações, algodão, fosfatos, café e cacau

Fonte: Elaboração do autor com base em CENTRAL INTELLIGENCE AGENCY (2020).

Uma compreensão aprofundada sobre essa condição econômica só pode ser construída mediante análise de cada formação socioespacial da região. Contudo, é possível levantar uma série de características comuns sobre o desenvolvimento das economias da África Ocidental que podem, eventualmente, ser expandidas para grande parte do continente.

À medida que conquistavam a independência política das metrópoles europeias nas décadas de 1960 e 1970, a maioria dos países africanos buscou a diversificação de suas produções e a subversão de seus papéis fixados na DIT da época colonial. A saída encontrada por muitos foi a implementação da política de substituição de importações, que buscava reduzir a compra de bens manufaturados de nações do chamado Primeiro Mundo por meio do desenvolvimento da indústria nacional, garantindo, assim, o aumento do superávit na balança comercial. Essas políticas foram implantadas em países como a República Democrática do Congo (África Central), o Zimbábue (África Meridional), a Nigéria (África Ocidental) e o Quênia (África Oriental).

Mormente financiadas pelo capital estatal, essas indústrias nacionais produziam fundamentalmente bens de consumo não duráveis e, em alguns casos, bens de produção. Contudo, esses projetos de industrialização demandaram volumosos recursos em função da necessidade de importar bens de capital para o funcionamento das plantas fabris. O financiamento para a compra desses bens era feito por meio dos recursos obtidos pela exportação de *commodities* (AMIN, 1992; MKANDAWIRE, 1992; M'BOKOLO, 2011).

Nesse período, muitos países do continente reduziram a dependência das importações de produtos industrializados. No entanto, eles não conseguiram se tornar exportadores de bens manufaturados, de modo que mantiveram parte de sua participação na economia internacional por meio da oferta de recursos minerais e gêneros agrícolas e vegetais. A recessão econômica da década de 1980 – decorrente das crises do petróleo da década de 1970 e da desvalorização do preço das *commodities* – foi responsável pela queda da arrecadação desses Estados e, consequentemente, dos investimentos nas suas indústrias (WAGAO, 1992; M'BOKOLO, 2011).

Diante da crise, as políticas neoliberais foram se consolidando na década de 1980 como uma espécie de receituário para os países africanos em fase de recessão. Nesse contexto, Gana foi o principal laboratório dos programas de ajuste econômico criados pelo FMI e pelo Banco Mundial no continente. As políticas implementadas buscaram: a abertura dos mercados nacionais ao capital estrangeiro (geralmente privados), a privatização das empresas estatais (associada à tentativa de redução do papel do Estado a agente de regulação econômica) e ajustes fiscais e monetários.

O cenário neoliberal ainda dispôs de um mecanismo insidioso aos países em crise: os investimentos liberados pelas agências multilaterais tinham destinações setoriais, de modo que eram canalizados justamente para as atividades relativas à agricultura e à extração mineral e vegetal, e não às atividades que promoveriam a industrialização e a diversificação produtiva dos países (CAMPBELL, 2009).

Assim, esse processo leva a crer que, no início do século XXI, existe uma retomada do papel dos países africanos na DIT que se assemelha ao período colonial. É importante, contudo, ter cautela nesse tipo de análise, haja vista que as relações de produção dentro de cada formação socioespacial africana não é correlata àquelas das primeiras décadas do século XX. Isso significa, em outras palavras, que a soberania territorial apresenta novas possibilidades de organização das forças produtivas nacionais e, portanto, novas possibilidades de acordos comerciais e parcerias internacionais. No fim da década de 2010, observava-se no continente o crescente interesse dos investimentos de países asiáticos e latino-americanos, como China, Índia, Emirados Árabes Unidos, Turquia, Malásia, Singapura, Brasil, entre outros. Internamente, aumentavam os investimentos sul-africanos, egípcios e nigerianos, por exemplo, em diversos países africanos.

Interessa aqui compreender como a formação socioespacial ganense tem as suas forças produtivas organizadas para atender às demandas do mercado internacional, aspecto esse que corresponde a uma parcela importante das inserções do país na DIT. Assim, os circuitos espaciais de produção destinados à exportação – ouro, manganês, bauxita, diamante, petróleo e cacau – serão objetos de análise nas próximas páginas.

3.2 Ouro, manganês, bauxita e diamante

Conforme tantas outras formações socioespaciais africanas, a exploração de recursos minerais corresponde à principal atividade desempenhada pelas forças produtivas atuantes em Gana. A dimensão desse protagonismo pode ser verificada em estatísticas econômicas recentes: em 2018, o ouro, o manganês, a bauxita e o diamante representaram, juntos, mais de 50% do valor obtido com as exportações. Há também no país reservas de argila, caulim, areia, calcário, ferro, quartzo e sal, mas essas são pouco exploradas comercialmente (VARLEY; WHITE, 1958; BANK OF GHANA, 2020).

As condições geológicas do território em questão justificam a diversidade de minerais disponíveis à economia. A maior parte dos recursos explorados localiza-se nas porções sul, sudoeste e oeste do país, áreas de ocorrência predominante de rochas paleoproterozoicas que se subdividem em três grupos: Tarkwa (quartzito, filito, *grits* e conglomerados), Birimian Superior (lavas metamorfoseadas e rochas piroclásticas) e Birimian Inferior (filito e xistos) (SCHLUTER, 2006). Evidentemente, a distribuição desses recursos também é uma variável que influencia a configuração dos desequilíbrios regionais de Gana (mapa 13).

Foi apenas no fim da década de 1980 que os recursos minerais ganharam maior importância na pauta de exportações do país, tomando o lugar de liderança que foi ocupado pelo cacau durante as décadas anteriores. Isso se deve ao fato de que as políticas econômicas neoliberais do governo de Rawlings – integradas ao ERP de 1983 e ao SAP de 1987 – buscaram ampliar a produtividade na mineração, pois consideravam essa atividade estratégica para alavancar o PIB (HUTCHFUL, 2002).

Tais políticas – em especial a *Minerals and Mining Law*, de 1986 – realizaram profundas transformações nas relações de produção, viabilizando a entrada do capital privado, principalmente estrangeiro, em atividades que estavam historicamente sob controle do capital estatal. Desse modo, desde o fim da década de 1980, diferentes corporações – de origem estadunidense, canadense, australiana, sul-africana e chinesa – obtiveram licença junto ao governo ganense para explorar os recursos minerais do país.

Mapa 13: Distribuição de recursos minerais em Gana em 2020.

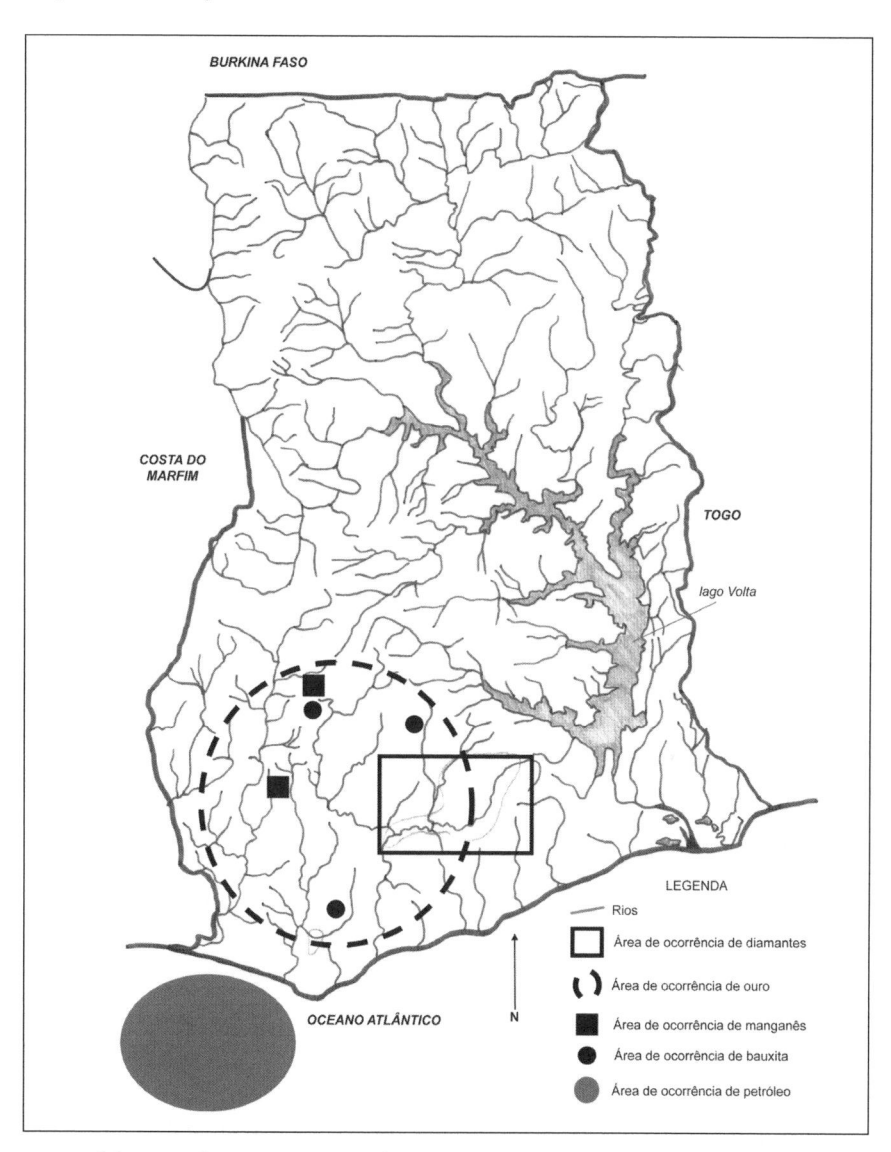

Fonte: Elaboração do autor (2016) com base em trabalho de campo e em SCHLUTER (2006).

Além disso, as políticas dos fins da década de 1980 também regularizaram as operações de mineração em pequena escala, proibidas desde a época colonial. Desse modo, para além de corporações altamente capitalizadas e em posse de modernas e eficientes técnicas produtivas, o setor passou a contar também com a atuação de pequenos mineradores que, menos capitalizados e dispondo de técnicas mais simples, buscam ouro e diamante em diferentes porções do território (AKABZAA; DARIMANI, 2001; AKABZAA, 2009).

Interessa, a partir desse momento, compreender em maior profundidade a organização das relações de produção na mineração ganense. Para tanto, será necessário caracterizar as legislações tangentes à atividade, bem como a recente atuação do Estado junto às empresas envolvidas na exploração do ouro, do manganês, da bauxita e do diamante. A compreensão das relações de produção é fundamental para que os circuitos espaciais de produção sejam, em seguida, objetos de análise.

3.2.1 Relações de produção e legislação na atividade mineradora

A tradição mineradora do território ganense é secular. Conforme já mencionado no Capítulo 1, o ouro da África Ocidental integrou os circuitos comerciais transaariano (desde o século XII) e atlântico (desde o século XVI), suprindo as demandas de mercados localizados no norte da África, na Europa e no Oriente Médio.

Nos territórios axântis, o ouro era encontrado tanto em minas como em rios (o denominado ouro de aluvião), o que viabilizou o desenvolvimento de sofisticadas técnicas de mineração e garimpo. A extração de ouro em minas era um processo extremamente complexo. A primeira dificuldade era encontrá-lo. Feito isso, dava-se início à construção de poços e à remoção de terra e rochas por meio de instrumentos manuais. Em seguida, o minério deveria ser fragmentado com a mão para, na sequência, ir ao forno, de onde o ouro seria liberado dos outros minerais. Já o ouro de aluvião era encontrado nos rios em finos fragmentos de rocha que eram peneirados e analisados minuciosamente. De uma forma ou de outra, essas técnicas permitiram, segundo os cálculos do historiador francês Raymond Mauny, uma produção anual de aproximadamente quatro toneladas de ouro ao longo do século XVI (DAVIDSON, 1985).

Boahen identifica o pioneirismo da mineração moderna na Costa do Ouro em Tomas Hughes, nascido e educado na cidade de Cape Coast. No começo dos anos 1860, Hughes chegou a importar maquinários para explorar o ouro em Wassa (na região ocidental da colônia). Apesar de ter conseguido explorar uma rica reserva em 1861, o chefe local ordenou que ele parasse as operações e seus maquinários foram destruídos. Anos mais tarde, em 1877, o comerciante e aventureiro francês conhecido como "Bonnat" criou uma companhia – a African Gold Coast Company – e adquiriu a primeira de muitas concessões para exploração no distrito de Tarkwa (Região Ocidental). Suas operações começaram em 1878 e aumentaram a corrida pelo ouro na colônia, dando origem a várias companhias de exploração mineral (BOAHEN, 1975).

No fim do século XIX, a colonização do Reino Unido sobre o Reino Axânti subverteu as relações de produção aurífera da região, uma vez que impôs a propriedade da Coroa britânica sobre os recursos naturais por meio das *Land Bills* de 1894 e 1897. Assim, a produção passou a ser dirigida por grandes empresas mineradoras europeias, cujas técnicas de extração eram capazes de obter produções maiores que aquelas utilizadas pelos axântis e outros povos locais. A predominância do capital europeu na exploração mineral da Costa do Ouro perdurou até o fim do período colonial (BOAHEN, 1975). Nesse período destacou-se a Ashanti Goldfields Corporation (AGC), que iniciou suas atividades na Costa do Ouro no fim do século XIX: em 1897, o britânico E. A. Cade (da empresa Smith and Cade Company) comprou uma mina em Obuasi (Axânti) onde trabalhavam mais de 200 pessoas. Essa mina estava sob direção de três ganenses (J. E. Ellis, J. E. Biney e J. P. Brown) que cederam à oferta de Cade (BOAHEN, 1975). Anos mais tarde a Smith and Cade Company se tornaria a Ashanti Goldfields.

Entre os anos que se estenderam da independência até meados da década de 2010, podem-se identificar dois períodos fundamentalmente distintos na organização das relações de produção da economia mineira em Gana: o primeiro foi de 1957 até 1986, e o segundo, iniciado em 1986, perdurava até o momento em que este estudo foi feito.

No primeiro período, a atividade de extração e processamento mineral realizou-se, essencialmente, pelo capital estatal. Nessa época, a mineração não figurava como prioridade dos sucessivos governos, de modo que a maior parte das divisas do país era obtida por meio da exportação de cacau e madeira (ANIN, 1989). De todo modo, tanto na gestão de Nkrumah (1957-1966) quanto na de Acheampong (1972-1978) foi estabelecida uma série de medidas responsável pela estatização da atividade.

Em 1961 foi fundada a State Gold Mining Corporation (SGMC), que incorporou cinco minas de ouro exploradas por empresas britânicas e que estavam prestes a fechar: Bibiani, Tarkwa, Prestea (Região Ocidental), Konongo (Axânti) e Dunkwa (Central). O principal objetivo do governo na aquisição dessas minas foi evitar a ampliação do desemprego no país com o possível fechamento delas. No ano seguinte, em 1962, aprovou-se a *Mineral Act*, lei que "concedeu ao Estado o domínio sobre todos os minerais localizados no território da República de Gana e daqueles localizados em seus territórios marítimos" (ANIN, 1989, p. 33, tradução nossa).

O projeto de tornar o Estado a instituição central das relações de produção na mineração intensificou-se durante o governo de Acheampong que, com o auxílio de um decreto conhecido como *Mining Operation Decreet*, definiu que 55% da composição do capital da Ashanti Goldfields Corporation (AGC) – maior mineradora que atuava em Gana na época – passaria a pertencer ao governo. Com isso, a AGC acabou efetuando a transferência de sua sede de Londres para Acra no mesmo ano (ANIN, 1989).

A estatização se verificou também na exploração dos demais recursos minerais. No caso do manganês – explorado desde 1923 pela African Manganese Company Limited (AMCL), subsidiária da estadunidense Union Carbide Corporation –, as relações de produção passaram para o controle estatal em 1973, com a fundação da Ghana National Manganese Corporation (GNMC), responsável pela extração, processamento e comercialização do minério (GHANA MANGANESE COMPANY, 2020).

No caso da bauxita, o governo de Acheampong realizou uma *joint venture* com a britânica Alcan Chemicals Europe (ACE), que já atuava na exploração e processamento do minério no país desde 1940. Em 1974, 55% do capital da empresa passaram para o Estado e 45% permaneceram sob controle da ACE, empresa que se tornou responsável pela entrada de serviços especializados e pela administração das operações (BIRD, 1994).

O diamante passou por um processo de nacionalização semelhante ao da bauxita, porém dois anos antes. Em 1972, o governo estabeleceu a Ghana Consolidated Diamonds (GCD), que passou a controlar 55% das explorações da britânica Consolidated African Selection Trust (Cast), que operava na exploração do recurso desde 1924, ainda durante a fase colonial (GREAT CONSOLIDATED DIAMOND LIMITED, 2020).

No que diz respeito à produtividade durante esse primeiro período, pode-se observar uma certa estabilidade durante a década de 1960 e início dos anos 1970. Todavia, as crises do petróleo (em 1973 e 1979) e a desvalorização dos preços das *commodities*, somadas aos numerosos problemas internos da economia ganense na época (elevadas taxas de importação, sobrevalorização do cedi, redução dos investimentos na indústria, alta inflação e denúncias de corrupção) justificaram a redução dos investimentos estatais no setor e, consequentemente, a visível queda na produção em fins da década de 1970 e na década de 1980.

Diante desse cenário, em 1979, durante o governo Limman, foi criado um comitê – liderado por Lloyd Quarshie, um engenheiro de minas ganense – cujo objetivo era analisar a situação crítica da atividade mineradora e elaborar sugestões para aumentar a sua produtividade (ANIN, 1989). Finalizado em 1980, o relatório, denominado *Quarshie Report*, assegurava que:

> O atual nível deprimido da produção de ouro pode ser atribuído a vários fatores, incluindo: fraco planejamento, falta de desenvolvimento das jazidas minerais, obsolescência das fábricas e dos maquinários e falta de recursos financeiros e humanos. (ANIN, 1989, p. 39, tradução nossa)

No relatório mencionavam-se ainda outros fatores agravantes para o desenvolvimento das forças produtivas na mineração, como: precariedade das infraestruturas ferroviárias, rodoviárias e portuárias; a escassez e o alto custo dos alimentos para os trabalhadores (em função da inflação e da crise de abastecimento de alimentos enfrentada pelo país no fim da década de

1970 e início de 1980) e a frequência das práticas de roubo e contrabando de ouro nas áreas de exploração (ANIN, 1989).

Esse relatório contribuiu de maneira oportuna para engrossar os discursos acerca da suposta inoperância do capital estatal na economia nacional. Assim, na década de 1980, no contexto de adoção de políticas econômicas neoliberais, houve uma reorganização normativa que resultou em alterações profundas nas relações de produção na atividade mineradora.

A medida mais importante tomada pelo governo Rawlings para viabilizar o crescimento econômico da mineração foi a introdução da *Minerals and Mining Law* (PNDC 153), de 1986 (HUTCHFUL, 2002). Essa lei atraiu capitais privados, sobretudo estrangeiros, e, ao mesmo tempo, regularizou a atividade de mineração em pequena escala. Referente às atribuições do Estado diante desse novo contexto econômico, Hutchful menciona que essa lei: "[...] Estabeleceu a Mineral Commission para regular o setor e liberalizar mais o cenário da mineração, criando benefícios significativamente novos para os investidores da área" (HUTCHFUL, 2002, p. 83, tradução nossa).

Somada à gradual privatização das estatais ganenses, a abertura do mercado a novos investimentos fez com que o Estado fosse convertido em uma espécie de regulador da atuação do capital privado por meio de agências estatais, como a supracitada Mineral Commission e o Geological Survey Department. Contudo, é importante salientar que a lei de 1986 também reafirmou a propriedade do Estado sobre todos os recursos minerais disponíveis no território. Segundo Anin, "o governo tem o poder de obter de forma compulsória qualquer terreno que possa ser requisitado para garantir o desenvolvimento ou a utilização de seus recursos minerais" (ANIN, 1989, p. 48, tradução nossa).

Como resultado imediato dessa transformação legal, mais de 55 licenças de prospecção de ouro foram concedidas entre 1986 e 1989 a empresas privadas, sendo que três companhias começaram a produzir já no fim de 1990: a Bogosu Resources (canadense); a Goldenrae Mining (uma *joint venture* entre a luxemburguesa IMT International of Luxembourg, a canadense Sikaman Gold Resources of Canada e o governo ganense); e a Teberebie Goldfields Limited (*joint venture* estadunidense e ganense) (HUTCHFUL, 2002).

Em 2006, a *Minerals and Mining Law* foi substituída pelo *Minerals and Mining Act* (Act 703), que reafirmou a propriedade estatal sobre os recursos minerais, logo no primeiro artigo (CAMPBELL, 2009). Essa nova legislação foi mais atrativa aos investimentos estrangeiros, já que estabeleceu uma redução de impostos e manteve as condições favoráveis de incentivos estatais (quadro 4).

Na época da realização deste estudo, a atividade organiza-se a partir do Ministry of Lands and Natural Resources, que, por meio do Geological Survey Department e da Mineral Commission, vigia todos os aspectos da mineração no país: o primeiro providencia as informações geológicas atualizadas sobre o território, enquanto a segunda é responsável pela regulamentação e pela administração dos recursos minerais, além de coordenar as políticas relativas à atividade e de, através de sua Inspectorate Division, a Mineral Commission instituir os padrões ambientais, de saúde e segurança para as empresas que operam no país (GHANA CHAMBER OF MINES, 2020).

Quadro 4: Incentivos fiscais e taxas na mineração em Gana segundo a *Minerals and Mining Law* e a *Minerals and Mining Act*.

Itens	*Mineral and Mining Law* (Lei PNDCL 153), 1986	*Minerals and Mining Act* (Lei Act 703), 2006
Abono de capital inicial	75%	75%
Subsequente abono de capital	50%	50%
Abono de investimento	5%	5%
Perdas acumuladas (por motivos de taxação)	25%-80%	25%-80%
Abono de pesquisa e desenvolvimento; Direito de importação; Imposto cambial	isento	isento
Imposto de renda	45%	25%
Royalties	3%-12%	3%-6%
Imposto retido na fonte	10%	10%
Imposto sobre ganhos de capital	10%	10%
Imposto de lucro adicional	25%	0%
Outras (participação do capital público na concessão da área licenciada)	10%-30%	10%

Fonte: Elaboração do autor com base em CAMPBELL (2009).

Existem três tipos de licenças concedidas pelo Ministry of Lands and Natural Resources às empresas que objetivam operar em Gana: a Licença de Reconhecimento, a Licença de Prospecção e a Concessão de Mineração (KPMG GLOBAL MINING INSTITUTE, 2020).

A Licença de Reconhecimento dura no máximo um ano, podendo ser renovada por mais um. A área da licença pode chegar a 5 mil blocos contíguos (cada bloco equivale a aproximadamente 21 hectares). O detentor dessa licença pode realizar apenas levantamentos geoquímicos e fotogeológicos, podendo ainda utilizar outras técnicas de sensoriamento remoto (KPMG GLOBAL MINING INSTITUTE, 2020).

Em seguida, a empresa pode solicitar uma Licença de Prospecção. Essa licença é de três anos, podendo ser renovada por outros três. A área concedida é de 750 blocos e, quando há renovação, a concessão limita-se entre 125 e 375 blocos. Essa licença confere o direito exclusivo de busca por um mineral específico. As investigações geológicas, geofísicas e geoquímicas, além de perfurações e prospecções (e outras técnicas subterrâneas), permitem determinar a extensão e o valor econômico das reservas minerais (KPMG GLOBAL MINING INSTITUTE, 2020).

Por fim, caso sejam encontrados depósitos com valor comercial que justifiquem uma exploração de longo prazo, a empresa solicita uma Concessão de Mineração. Tal concessão dura 30 anos e pode ser renovada por outros 30. A área concedida é de, no máximo, 300 blocos contíguos. Essa concessão permite que a exploração mineral seja feita em grandes quantidades e com o objetivo de obtenção de lucro. Além dessa concessão, concedida pelo Ministry of Lands and Natural Resources, a empresa deve também obter permissões da Forestry Commission da Environmental Protection Agency e da Water Resources Commission (KPMG GLOBAL MINING INSTITUTE, 2020).

De modo geral, a abertura da economia mineradora ao capital privado (estrangeiro e nacional), desde fins da década de 1980, assegurou a entrada de empresas altamente capitalizadas e munidas de eficientes técnicas de produção. Ao mesmo tempo, pequenos mineradores também integraram a atividade, porém dispondo de outras condições produtivas. A soma dessas duas escalas de operação foi responsável pelo crescimento da produção mineral no país entre 1985 e 2010.

Dadas as relações de produção contemporâneas, cabe analisar de que modo as forças produtivas – regulamentadas pelo Estado – se organizam em torno do grande capital (representado pelas grandes corporações internacionais) e do pequeno capital (representado pelos pequenos mineradores, ganenses ou estrangeiros). Nessa organização vislumbram-se circuitos espaciais de produção que articulam diferentes áreas da formação socioespacial: áreas de adensamento da extração e do processamento mineral; áreas de adensamento das tomadas de decisão administrativa; áreas de adensamento do setor financeiro, que oferecem diferentes produtos de crédito e financiamento; áreas de adensamento de serviços, como consultoria legal e logística; áreas de adensamento do comércio varejista, que suprem as demandas por matérias-primas e maquinários diversos; e todas as infraestruturas que operam a articulação do circuito e asseguram seu fluxo de pessoas, capital, informação, energia e mercadorias.

3.2.2 Os circuitos espaciais de produção do ouro

Foi somente no início da década de 1990 que o ouro se tornou o principal item na pauta de exportação de Gana, tomando a posição de liderança que vinha sendo ocupada pelo cacau desde o período colonial. Do total das exportações do país em 2018 – que somaram 14,87 bilhões de dólares –, o ouro foi responsável por 36,7% (5,46 bilhões de dólares). É importante ainda mencionar que o mineral foi responsável por mais de 100% do total dos valores obtidos com as exportações de metais preciosos no mesmo ano (BANK OF GHANA, 2020).

A produção do metal segue uma trajetória ascendente desde 2009, tendo alcançado as 130 toneladas em 2018. Nesse cenário, Gana posicionou-se como o oitavo maior produtor mundial, ficando atrás de: China (404,1 t), Austrália (314,9 t), Rússia (297,3 t), Estados Unidos (221,7 t), Canadá (189 t), Peru (158,4 t) e Indonésia (136,9 t). Maior produtora do continente africano em fins da década de 2010, Gana é seguida pela África do Sul[3.1] (129,8 t), Sudão (76,6 t), Mali (61,2 t), Burkina Faso (59,3 t), Tanzânia (47,7 t), República Democrática do Congo (44,9 t), Zimbábue (42,2 t), Costa do Marfim (40,9 t), Guiné (27,3 t) e Senegal (17,5 t) (WORLD GOLD COUNCIL, 2020).

> **3.1** Maior produtora de ouro do continente africano ao longo do século XX e nos anos 2000, a África do Sul demonstrou, na década seguinte, uma marcada queda na produtividade em função do fechamento de minas, das crises de abastecimento energético e das greves por reajustes salariais dos operários. A produção do metal caiu de 163 t em 2014 para 129,8 t em 2018 (GFMS, 2015; WORLD GOLD COUNCIL, 2020).

A extração e o processamento do ouro em Gana ocorrem fundamentalmente na porção sudoeste do território, onde há a ocorrência das rochas Birimian (Superior e Inferior) e Tarkwa, que têm concentrações economicamente exploráveis do mineral (mapa 13). De modo geral, as reservas do metal podem ser exploradas em minas (superficiais ou em profundidade) e também nas margens de alguns rios (aluvial). Essa variação de circunstâncias na ocorrência do ouro irá demandar usos diferenciados dos meios de produção e da força de trabalho.

Assim, novamente, cabe marcar a distinção fundamental entre o grande e o pequeno capital que produzem, junto ao Estado, circuitos espaciais de produção distintos. A chamada mineração em grande escala é operada por empresas altamente capitalizadas, que têm as mais modernas tecnologias de produção, circulação e distribuição à sua disposição. Além disso, elas contam com portentosos auxílios do governo, sejam diretos (com subsídios produtivos e isenções fiscais), seja indiretos (na oferta de infraestruturas de circulação, distribuição, telecomunicação e energia).

Por outro lado, a chamada mineração em pequena escala é operada por empresas menos capitalizadas que, na maioria das vezes, atuam na informalidade. Elas têm menos acesso às técnicas mais modernas e ao capital necessário para obtê-las. As linhas de crédito disponíveis são reduzidas, bem como o auxílio governamental.

Enquanto a mineração em grande escala foi responsável por 60% da produção aurífera em 2018, a mineração em pequena escala foi responsável pelos

40% restantes no mesmo ano, revelando a importância de sua nada discreta presença no território. Importa agora caracterizar o circuito espacial de produção desses dois tipos de mineração (GHANA CHAMBER OF MINES, 2020).

3.2.2.1 A exploração do ouro pelas empresas de grande capital

A atuação do grande capital na produção aurífera de Gana está nas mãos de poucas empresas, todas estrangeiras, e que respondiam por mais de 60% da produção do país no fim da década de 2010. As principais delas são: Anglogold Ashanti, Gold Fields, Golden Star, Chirano Gold Mines e Newmont Mining Corporation. Invariavelmente, todas elas estabeleceram suas sedes regionais na capital Acra, de onde administram a produção, a circulação e a distribuição do recurso.

A Anglogold Ashanti é uma empresa sul-africana com sede global em Johanesburgo. Foi fundada em 2004 a partir da fusão entre a sul-africana Anglogold e a ganense Ashanti Goldfields Company. A empresa também atua na América do Sul (Argentina e Brasil), na Austrália e em outros territórios africanos (África do Sul, Guiné, Mali, República Democrática do Congo e Tanzânia). Em Gana, a Anglogold Ashanti possui duas operações: Obuasi (Axânti) e Idupriem (Região Ocidental). Enquanto a mina em Obuasi esteve fechada para manutenção em 2018, no mesmo ano a mina de Idupriem alcançou a produção de sete toneladas (ANGLOGOLD ASHANTI, 2020; GHANA CHAMBER OF MINES, 2020).

Outra empresa sul-africana que atua no país é a Gold Fields, cuja sede global também se localiza em Johanesburgo. Fundada em 1887 por Cecil Rhodes e Charles Rudd (com o nome de Gold Fields of South Africa), a empresa também atua na América do Sul (Peru), na Austrália e na África do Sul. Em Gana, a Gold Fields possui duas operações: Damang e Tarkwa (Região Ocidental). Juntas, essas minas produziram 19,6 toneladas de ouro em 2018, sendo que Damang foi responsável por 5 t e Tarkwa, a mais produtiva do país, por 14,6 t (GOLD FIELDS, 2020; GHANA CHAMBER OF MINES, 2020).

A Golden Stars Resources é uma empresa canadense com sede em Toronto. Foi fundada em 1992 e atua somente em Gana, possuindo duas operações: Wassa e Prestea (Região Ocidental). Juntas, essas minas produziram 5,8 toneladas de ouro em 2018, sendo que Wassa foi responsável por 3,8 t e Prestea, por 2 t (GOLDEN STARS RESOURCES, 2020; GHANA CHAMBER OF MINES, 2020).

A outra empresa canadense que opera no país é a Chirano Gold Mines, uma subsidiária do grupo Kinross Gold Corporation, que foi fundada em 1993 e tem sede global em Toronto. A empresa também atua na América do Sul (Brasil e Chile), na Rússia e na Mauritânia. Em Gana, a Kinross possui apenas uma operação em Chirano (na região Oriental). Em 2018, 6,3 toneladas de ouro foram produzidas nessa mina (KINROSS GOLD CORPORATION, 2020; GHANA CHAMBER OF MINES, 2020).

A única empresa estadunidense a atuar no setor é a Newmont Mining Corporation, fundada em 1921 e com a sede localizada em Denver. A empresa também tem operações na América do Sul (Peru e Suriname), na Austrália, na Indonésia e nos Estados Unidos. Em Gana, a Newmont possui duas operações: Ahafo (Brongo Ahafo) e Akyem (Região Oriental). Juntas, essas minas produziram 23,6 toneladas de ouro em 2018, sendo que Ahafo foi responsável por 12,1 t e Akyem, por 11,5 t (NEWMONT MINING CORPORATION, 2020; GHANA CHAMBER OF MINES, 2020).

Todas as mineradoras supramencionadas fazem parte da chamada Ghana Chamber of Mines. Essa associação integra também mais de 60 empresas que se relacionam à economia mineira, como: empresas de contratação de serviços mineiros (aquelas que realizam reparos técnicos em maquinários danificados ou que realizam etapas específicas do processo de extração e processamento do ouro, como levantamentos geológicos e escavação); empresas de consultoria legal e jurídica; empresas de logística e transporte; empresas varejistas (que comercializam maquinários e instrumentos necessários ao desenvolvimento da atividade de mineração); bancos comerciais (como o sul-africano Standard Bank) e seguradoras, entre outras. Deve-se ainda levar em consideração a presença de instituições públicas (Minerals Commission, Geological Survey Department, University of Mines and Technology e a Ghana Atomic Energy Commission) no processo de produção de conhecimento científico acerca das condições geológicas e geomorfológicas dos terrenos onde ocorre a exploração mineral.

As minas onde se opera o processo de extração podem ser exploradas de duas maneiras: em profundidade (mina subterrânea) ou em superfície (*open pit*). De todas as minas em operação no território ganense, apenas Obuasi tem extração em profundidade, sendo todas as outras em superfície.

As grandes empresas do setor lançam mão de modernos maquinários e instrumentos para extração e processamento do ouro. Esses bens de capital são importados no momento em que as empresas obtêm sua Concessão de Mineração junto ao governo. Nas proximidades das zonas de mineração, concentram-se estabelecimentos comerciais que vendem todos os tipos de equipamentos (imagem 16) necessários às diferentes etapas do processo de produção. Muitas vezes esses estabelecimentos vendem também produtos usados, de segunda mão; muitas dessas lojas têm, inclusive, vínculos com a Ghana Chamber of Mines, fazendo propagandas nas revistas e nos comunicados institucionais da associação, favorecendo, assim, as relações de clientela. Além das áreas de extração, todas as minas têm plantas de processamento do ouro, cujo resultado da produção é o bulhão (ou barra de ouro).

Imagem 16: Propaganda de venda de equipamentos para mineração em Tarkwa (Região Ocidental). Gana, 2016.
Fonte: Foto do autor.

No que tange à força de trabalho, a mineração em grande escala emprega mais de 17 mil pessoas, a maioria absoluta formada por ganenses, que ocupam diferentes posições, o que requer diferentes graus de formação. Apenas 2% da atividade são ocupados por expatriados; estes são, em sua maioria, nativos dos países de origem das empresas onde trabalham e, geralmente, ocupam cargos administrativos bem remunerados (GHANA CHAMBER OF MINES, 2020).

O Ghana Mine Workers Union (GMWU) é o sindicato dos mineiros e foi fundado em 1944, durante o período colonial. Ele atua no sentido de aglutinar forças diante das reinvindicações coletivas (geralmente associadas a reajustes salariais e melhorias das condições de trabalho), de fazer pesquisas, de oferecer diferentes tipos de treinamentos profissionais e de prover suporte legal aos trabalhadores (como oferecer advogados e auxiliar em tramitações de processos trabalhistas) (GHANA MINE WORKERS UNION, 2020).

As infraestruturas também são aspectos fundamentais para o desempenho do circuito espacial de produção de qualquer mercadoria, já que elas asseguram a circulação e a distribuição de diferentes tipos de fluxos: a chegada de trabalhadores e de insumos pelas rodovias; a chegada de energia elétrica, informações e capital pelas redes de eletricidade e telecomunicação; e o abastecimento de água e drenagem de esgoto pelo sistema de saneamento. Todas essas infraestruturas alcançam as áreas produtivas de ouro, na porção centro-sul do país, com significativa eficiência. Contudo, importa aqui caracterizar de que modo as infraestruturas garantem a circulação e distribuição das mercadorias produzidas nas áreas de extração e processamento do ouro: os bulhões.

A circulação e distribuição dos bulhões produzidos realiza-se por via aérea: semanalmente um helicóptero transporta o ouro das zonas de produção até o Kotoka International Airport (KIA), em Acra. Esse transporte é feito por empresas privadas, como a britânica G4S, que realiza serviços de segurança em mais de 125 países do mundo (G4S, 2020). O transporte da mercadoria não ocorre pelo sistema rodovias-porto por duas principais razões: volume transportado e segurança sobre a carga.

No KIA, os bulhões passam por uma série de vistorias das empresas mineradoras e do governo antes de serem destinados às refinarias localizadas em outros países. Existem planos de desenvolver refinarias no país há anos, contudo o déficit na oferta de energia elétrica tem sido um dos maiores entraves à execução de qualquer projeto de industrialização durante a década de 2010 (GHANA CHAMBER OF MINES, 2020).

3.2.2.2 A exploração do ouro pelas empresas de pequeno capital

Ao mesmo tempo que o processo de liberalização da economia criou as condições legais necessárias para a entrada do grande capital estrangeiro na mineração ganense, ele também as criou para as operações coordenadas pelo pequeno capital, geralmente de origem nacional.

Conhecida também como mineração artesanal, a prática da mineração em pequena escala realizou-se ao longo de séculos por diferentes sociedades que habitavam a região, sobretudo pelos axântis. No entanto, em 1933 a Coroa Britânica promulgou a chamada *Mercury Law*, que proibiu o uso de mercúrio, elemento fundamental na produção aurífera em pequena escala (AKABZAA; DARIMANI, 2001).

Diante dessa lei, restaram aos pequenos mineradores duas opções: operar na ilegalidade (fazendo uso de mercúrio contrabandeado) ou empregar-se em grandes empresas mineradoras europeias que atuavam na colônia. Nem mesmo a independência de Gana do jugo colonial resolveu o impasse, uma vez que a *Mercury Law* foi mantida pelos governos após 1957.

Foi apenas em 1989, com a aprovação da *Small-scale Mining Law*, que as operações de pequenos mineradores recuperaram o *status* de legalidade (AKABZAA; DARIMANI, 2001). Desde então, a participação da mineração em pequena escala no total da produção aurífera ganense tornou-se maior a cada ano: em 2018, cerca de 40% do total da produção de ouro do país foi obtida por esse tipo de mineração (GHANA CHAMBER OF MINES, 2020).

A definição para mineração em pequena escala não é precisa, sendo que, geralmente, ela é atribuída para qualquer área de concessão que seja inferior a 100 m^2 (HILSON et al., 2014; PRECIOUS MINERALS MARKETING CORPORATION, 2020). Segundo Nyame e Grant, essa escala de atividade tem diferentes formas de organização. Os autores asseguram que:

A pequena mineração artesanal varia amplamente em termos de escala, nível de tecnologia e grau de organização. Ela pode ser conduzida por apenas uma pessoa ou até por algumas centenas, e a tecnologia empregada vai desde pás rudimentares, picaretas e peneiras até escavadoras sofisticadas. (NYAME; GRANT, 2014, p. 77, tradução nossa)

Dentre as diferentes atividades operadas nas pequenas mineradoras artesanais, podem ser citadas: exploração; prospecção e processamento (lavagem) dos minerais e transporte e venda aos intermediários comerciais (NYAME; GRANT, 2014).

Esses mineradores têm uma mobilidade espacial significativa que é provocada pela escassez mineral: cerca de 70% desses mineiros já migraram pelo território ganense em função da ausência de ouro nas áreas onde realizavam suas explorações. Junto a eles, também migram os pequenos investidores desse tipo de mineração e algumas atividades econômicas acessórias – sobretudo as comerciais (venda de alimentos, de medicamentos, de insumos à produção e de objetos diversos, inclusive aparelhos de celular) e as de serviços (de manutenção e reparo do maquinário) (NYAME; GRANT, 2014).

A baixa capitalização da mineração em pequena escala significou, durante muito tempo, um menor acesso à informação sobre a localização das melhores reservas auríferas do país, já que tais informações são disponibilizadas por custosos estudos e mapeamentos geológicos. Desse modo, tradicionalmente, os pequenos mineiros optam pela exploração aluvial, já que, além de ser mais fácil detectar a presença de ouro nos rios do que no substrato rochoso, esse tipo de exploração representa menores custos com os meios de produção, pois lança mão de instrumentos e maquinários acessíveis.

Ainda assim, é possível encontrar pequenos grupos de mineiros que fazem escavações subterrâneas utilizando instrumentos simples, como pás, cordas e madeiras (imagem 17). Nessas pequenas minas subterrâneas artesanais eles retiram fragmentos rochosos e levam até a superfície para que sejam processados em dois tipos de máquinas diferentes: na *crusher*, que fragmenta a rocha em uma granulometria ainda alta (imagem 18); e na *smother*, que reduz ainda mais a granulometria do material (imagem 19). Geralmente essas máquinas são de segunda mão, importadas e demandam bastante energia elétrica, garantida eventualmente, inclusive, por geradores próprios. Esse material vai para tanques de decantação (imagem 20) e, em seguida, é colocado em reação química com mercúrio em pequenas bacias (imagem 21), de onde o ouro é extraído (imagem 15).

Imagem 17: Entrada de mina subterrânea artesanal em Tarkwa (Região Ocidental). Gana, 2016.
Fonte: Foto do autor.

Imagem 18: Máquina de fragmentação de rochas (*crusher*) em estabelecimento de pequena mineração em Tarkwa (Região Ocidental). Gana, 2016.
Fonte: Foto do autor.

Imagem 19: Máquina de fragmentação de rochas (*smother*) em estabelecimento de pequena mineração em Tarkwa (Região Ocidental). Gana, 2016.
Fonte: Foto do autor.

Imagem 20: Tanques de decantação em Tarkwa (Região Ocidental). Gana, 2016.
Fonte: Foto do autor.

Imagem 21: Minerador misturando ouro e mercúrio em Tarkwa (Região Ocidental). Gana, 2016.
Fonte: Foto do autor.

A ocorrência de mineradores que não têm licença do governo para explorar ouro é grande. Os *galamsey* – termo derivado de uma redução da expressão inglesa *gather them and sale* (junte e venda) – operam sem registro e sua atividade é considerada ilegal. Geralmente, os *galamsey* afirmam que o custo para obtenção de licença de exploração é muito elevado, inviabilizando seu acesso legal aos recursos naturais do país. Hilson et al. explicam que:

> O exorbitante custo de registo tem provado ser o maior desafio para o *prospector descalço*. Além das evidências – que apontam que as taxas de licenciamento são superiores às condições financeiras dos candidatos – o governo ainda optou em aumentá-las. As licenças de prospecção atualmente custam 1.000 cedis, ou 512 dólares, para preparar a área de exploração; 100 cedis (51 dólares) para o formulário de requerimento; 250 cedis (128 dólares) para a taxa de processamento; 550 cedis (282 dólares) de taxa de consideração; 750 cedis (384 dólares) para a Agência de Proteção Ambiental, para uma conclusão de uma avaliação de impacto ambiental; entre outras taxas, incluindo imposto de selo, impostos judiciais e de registro fundiário. (HILSON et al., 2014, p. 298, tradução nossa)

Além das dificuldades em regularizar a situação por questões financeiras, grande parte dos mineradores de ouro em pequena escala também sofrem com a falta de linhas de crédito (públicas ou privadas) e de auxílios governamentais para o desenvolvimento (profissionalização) da atividade (HILSON et al., 2014).

Somam-se ainda, nesse cenário, os numerosos conflitos que ocorrem entre os *galamsey* e os mineradores regulamentados, sejam estes os de pequeno ou aqueles de grande capital. Tais conflitos são marcadamente territoriais, já que os *galamsey* são frequentemente acusados – pelos regulamentados – de ocupar áreas licenciadas a outras empresas e, dadas as condições precárias de suas operações, são também acusados de criar uma série de impactos no meio ambiente, como desflorestamento, assoreamento de rios e poluição dos rios e do solo (OKOH, 2014).

O aumento da produção aurífera pela mineração em pequena escala está associado não apenas à regularização da atividade, mas também à valorização do preço do ouro no mercado mundial desde o início do século XXI. Não apenas ganenses de diferentes origens e formações (alguns inclusive trabalharam em grandes empresas mineradoras) se lançaram na atividade, mas também pessoas de outras formações socioespaciais, como Costa do Marfim, Togo, Burkina Faso e China.

A presença chinesa no setor tem ganhado amplo destaque na imprensa ganense e internacional e, geralmente, tal presença é abordada em tom anedótico e de denúncia dos eventuais crimes ambientais e trabalhistas por eles cometidos. Ainda faltam informações mais sistematizadas sobre a questão, mas o governo registrou a entrada de mais de 50 mil chineses nas atividades de mineração em pequenas escala. De modo geral, a infiltração chinesa está sendo responsável por uma verdadeira inflação no mercado fundiário, pois esses empreendedores podem arcar com os custos entre 20 e 50 mil dólares por 10 acres de terra (HILSON et al., 2014).

O dinamismo da produção aurífera também está associado à melhoria nas condições das infraestruturas de circulação e telecomunicações, em especial da telefonia móvel. Nesse sentido, Nyame e Grant estabelecem uma detalhada caracterização do contexto do início do século XXI:

> Nos últimos anos, as melhorias nas estradas e nas redes de telecomunicação abriram frentes de mineração em algumas regiões de Gana até então inaces-

síveis, conectando a chamada *hinterland* às áreas urbanas. Como resultado, os operadores das minerações em pequena escala agora são capazes de se movimentar de maneira mais fácil e rápida, de um lugar a outro, pelo país. Além disso, fundamentalmente, os equipamentos de mineração podem ser transportados para áreas de mineração até então inacessíveis. Concomitantemente, as operadoras de telefonia móvel, como MTN, Vodafone, Tigo e, mais recentemente, a Glo, ampliaram sua cobertura e funcionam em muitas áreas rurais. Agora, a comunicação pode ocorrer prontamente entre as pessoas, até mesmo em áreas remotas, como as áreas de mineração. (NYAME; GRANT, 2014, p. 79, tradução nossa)

Apesar de ser comum o discurso crítico ao governo por parte dos pequenos mineradores (pois a obtenção de licença é muito custosa e poucos são os incentivos, subsídios e isenções fiscais oferecidos), deve-se atentar para a presença fundamental do Estado relativa à compra e à comercialização do ouro produzido. Desde 1989, a Precious Mineral Marketing Company (PMMC) – empresa estatal fundada em 1963 com o nome de Ghana Diamond Marketing Board – tornou-se responsável pela compra de ouro da mineração em pequena escala, vendendo-o, em seguida, para o mercado externo ou para compradores nacionais. Entre 1989 e 2010, a companhia comprou cerca de 24 toneladas de ouro, o que correspondeu a cerca de 467 milhões de dólares no período. Com sede na capital Acra, a PMMC objetiva também reduzir o contrabando do minério.

Muitas vezes, a venda do ouro ao PMMC não é feita diretamente entre os mineiros e a empresa estatal. Nas áreas de produção, sobretudo nos arredores de Obuasi e Tarkwa, multiplicam-se os chamados compradores de ouro. Tais empresas, além de servirem como intermediárias comerciais, também realizam etapas do processamento do mineral, como o derretimento em bulhões. Geralmente, tais empresas são de pequeno porte e podem pertencer a pequenos empresários ganeses, ganeses de ascendência sírio-libanesa ou até mesmo a chineses. Elas compram o ouro dos *galamsey* e, uma vez processado o minério, realizam o transporte até Acra em veículos próprios. Lá, realizam a venda ao PMMC.

Existem também muitas pequenas empresas de mineração, devidamente regularizadas, que dispensam esses intermediários comerciais e realizam, por si mesmas, o processamento do mineral em bulhões – geralmente utilizando maquinários de segunda mão –, o transporte (por via rodoviária em veículos próprios) e sua venda ao PMMC.

Uma vez vendido ao PMMC, a empresa estatal se responsabiliza pela exportação do ouro por via aérea, também escoando a mercadoria do KIA para refinarias espalhadas pelo mundo.

É importante afirmar que o circuito espacial de produção do ouro associado ao pequeno capital não pode ser entendido atualmente sem que se leve em consideração a atuação das grandes corporações da mineração no território ganense. Os principais elementos que permitem atestar essa associação são:

- A decisão locacional dos pequenos mineradores é influenciada (e, em muitos casos, determinada) pela decisão locacional das grandes empresas de mineração (após essas investirem volumosos recursos em pesquisa, em levantamentos geológicos, geoquímicos e em prospecções), com exceção das áreas de exploração mais antigas.
- A obtenção de maquinários e instrumentos necessários à extração e ao processamento aurífero (sobretudo no caso de minas subterrâneas artesanais) se dá pela compra de equipamentos de segunda mão (no caso dos mineiros menos capitalizados), que, muitas vezes, foram dispensados pelas grandes empresas em função de sua obsolescência. Os grupos de pequenos mineiros mais capitalizados conseguem, eventualmente, consumir insumos das mesmas lojas que vendem para o grande capital.
- Muitos pequenos mineiros adquiriram experiência profissional por terem trabalhado em grandes empresas do setor.

Contudo, concluir que a presença do grande capital é o fator original na presença dos pequenos mineradores é um notável equívoco, uma vez que a atividade aurífera artesanal é realizada na região desde, pelo menos, o século XII. O que ocorre, efetivamente, é uma complementaridade, na qual o pequeno capital apoia-se em alguns aspectos da atuação do grande. Longe de ser amigável, o cruzamento dessas duas escalas de empreendimentos provoca, também, conforme já mencionado, diversos conflitos, especialmente no que tange à delimitação de áreas de concessão.

Por fim, é importante estabelecer a relação que essas duas escalas de capital operam junto ao Estado ganense. *A priori*, ambas se beneficiaram com as inovações legislativas do fim da década de 1980. No entanto, as vantagens oferecidas às grandes empresas estão em um patamar de custos que a maior parte dos pequenos mineradores não consegue alcançar, já que nem mesmo o capital para obter uma concessão de terras junto ao governo eles possuem. De acordo com Hilson et al.:

> Por mais de três décadas, os políticos influentes priorizaram o desenvolvimento do setor de mineração do ouro em grande escala, provendo uma série de generosos incentivos fiscais na tentativa de atrair investimentos externos. Mas, ao mesmo tempo, os sucessivos governos ignoraram as necessidades dos pequenos mineradores de ouro ganenses, implementando e modificando estruturas regulatórias que têm desencorajado, mais que facilitado, sua legalização. (HILSON et al., 2014, p. 293, tradução nossa)

Em outras palavras, ao mesmo tempo que a situação foi legalizada para os pequenos mineiros, as condições de acesso destes à legalidade de suas operações encontrou uma série de constrangimentos financeiros, que apenas os mais capitalizados puderam superar.

3.2.3 Os circuitos espaciais de produção do manganês, da bauxita e do diamante

Outros minérios explorados há décadas pela formação socioespacial ganense são o manganês, a bauxita e o diamante. Apesar de terem uma importância reduzida dentro das exportações, esses recursos são estratégicos para a produção industrial de muitos países.

As exportações desses três recursos corresponderam a 2,52 bilhões de dólares em 2018. Nesse mesmo ano, Gana posicionou-se como o sexto maior produtor de manganês do planeta, com uma produção de 850 toneladas.

A liderança ficou a cargo da África do Sul, com a produção de 5.500 toneladas, seguida por Estados Unidos (3.100 t), Gabão (2.300 t), China (1.800 t) e Brasil (1.200 t) (UNITED STATES GEOLOGICAL SURVEY, 2020).

No que diz respeito à bauxita, em 2018 Gana produziu 1 milhão de toneladas. O país não figura na lista dos maiores produtores mundiais do recurso que, no mesmo ano, foi liderada pela Austrália, que extraiu 75 milhões de toneladas, seguida por China (70 milhões de t), Guiné (50 milhões de t), Brasil (27 milhões de t), Índia (24 milhões de t), Jamaica (10 milhões de t), Indonésia (7,1 milhões de t), Rússia (5,5 milhões de t) e Vietnã (2,5 milhões de t). No continente africano, há anos, a liderança absoluta na produção de bauxita está na Guiné, que tem a maior reserva do recurso no mundo, avaliada em 40 bilhões de toneladas (UNITED STATES GEOLOGICAL SURVEY, 2020).

Assim como no caso do ouro, as produções de manganês e bauxita passaram por uma expressiva expansão a partir da liberalização econômica. Contudo, em 1995, a Ghana National Manganese Corporation (GNMG) foi privatizada e passou a ser operada pela estadunidense Ghana International Manganese Corporation (GIMC) e, em 1996, as operações passaram para o controle da australiana Ghana Manganese Company (GMC). No caso da bauxita, a estatal Ghana Bauxite Company Limited (GBCL) – *joint venture* entre o governo (detentor de 55% dos capitais da empresa) e a Alcan Chemical Europe (ACE) – também foi privatizada na década de 1990 e, atualmente, suas operações estão sob o controle da Ghana Bauxite Company (GBC), empresa subsidiária da chinesa Bosai Minerals Group (BMG), que tem sede global em Chongqing, na China (GHANA CHAMBER OF MINES, 2020; MANGANESE COMPANY, 2020; GHANA BAUXITE COMPANY, 2020).

Ambas as empresas integram a mineração operada em grande escala, tendo, portanto, condições técnicas e legais específicas para atuar na formação socioespacial ganense. Há uma diferença, no entanto, na composição do capital das empresas: enquanto a GMC tem 10% de participação estatal, essa participação chega a 20% na BMG. Além disso, essas empresas têm suas sedes regionais em Acra, onde também integram a Ghana Chamber of Mines. O pertencimento a essa associação lhes possibilita o acesso a diferentes tipos de assessoria e apoio (legal, jurídico, logístico, financeiro etc.), conforme ocorre com as empresas de produção de ouro em grande escala, mencionadas anteriormente neste capítulo (GHANA CHAMBER OF MINES, 2020).

No caso do circuito espacial de produção do manganês, a exploração do mineral ocorre em Nsuta (Região Ocidental), a única mina do país (mapa 13). Esses depósitos foram encontrados em 1914 e as explorações começaram a ganhar vigor em 1916, quando a produção alcançou 4 mil toneladas. Na época, o mineral abastecia a Coroa Britânica, que estava em plena Primeira Guerra Mundial (1914-1918). A produção de manganês da Costa do Ouro foi de 139.595 toneladas em 1923, passando para 419.224 toneladas em 1929. Após uma queda na produção com a depressão econômica de 1930, registrou-se um recorde de exportação em 1937 (527.036 toneladas) e outro em 1951 (806 mil toneladas, no valor de 7 milhões de libras). Nesse período, a mina de Nsuta passou a ser reconhecida como uma das mais produtivas do mundo (BOAHEN, 1975).

Já a bauxita é explorada em Awaso (Região Ocidental). Trata-se da única mina do país cuja exploração iniciou-se em 1940, apesar da descoberta ter ocorrido em 1921, pelo Geological Survey Department (VARLEY; WHITE, 1958; BOAHEN, 1975; GHANA CHAMBER OF MINES, 2020).

Tanto a GMC quanto a BMG possuem todos os maquinários e instrumentos necessários para a extração dos minérios em suas reservas. A renovação destes meios de produção, contudo, não é frequente, já que ambas as empresas empregam maquinários que, eventualmente, ultrapassam 30 anos de uso, como as carregadeiras (de rodas), as pás mecânicas e as caçambas Terex (que podem ser acopladas em veículos). As minas são superficiais e o minério extraído é fragmentado por britadeiras, resultando em diferentes granulometrias, de acordo com os interesses do mercado consumidor (no caso da bauxita chega a ser inferior a 100 mm). A força de trabalho em ambas as empresas é majoritariamente nativa, com alguns expatriados ocupando cargos administrativos (sobretudo em Acra). Assim como no caso dos mineiros de ouro que trabalham para grandes empresas, os mineiros do manganês e da bauxita também são representados sindicalmente pelo Ghana Mine Workers Union (GMWU) (BIRD, 1994; GHANA CHAMBER OF MINES, 2020; GHANA MINE WORKERS UNION, 2020).

As forças produtivas atuantes na produção do manganês e da bauxita em Gana não realizam o processamento desses minerais, que são exportados em estado bruto (*bulk minerals*). Até recentemente, as áreas de produção desses circuitos espaciais de produção eram ligadas ao Porto de Takoradi por meio de ferrovias. Contudo, desde 2015, essas ferrovias foram abandonadas e o transporte é feito por meio rodoviário.

No Porto de Takoradi, esses minerais são armazenados em zonas específicas antes de serem embarcados para outros países (imagem 22). Lá, são inspecionados novamente pelas empresas e pelas autoridades portuárias. Em 2018, deixaram o país 4,5 milhões de toneladas de manganês e 1,01 milhão de toneladas de bauxita (GHANA CHAMBER OF MINES, 2020).

Imagem 22: Depósitos de manganês no Porto de Takoradi (Região Ocidental). Gana, 2016.
Fonte: Foto do autor.

Os frequentes cortes de energia elétrica do país e a inoperância recente do transporte ferroviário representam sérios empecilhos à produção da GMC e da BMG, de modo que ambas as empresas lançam mão de seus geradores (GHANA CHAMBER OF MINES, 2020; GHANA MINE WORKERS UNION, 2020).

O diamante figura como mais um dos recursos naturais exportados por Gana. Em 2018, o país exportou 57.500 quilates (GHANA CHAMBER OF MINES, 2020). Na escala planetária, porém, Gana não está listada entre os maiores produtores do recurso. Em 2018, a produção mundial foi liderada pela Rússia, com 19 milhões de quilates, seguida pela Austrália (14 milhões de quilates), República Democrática do Congo (12 milhões de quilates), Botsuana (7 milhões de quilates), Zimbábue (3 milhões de quilates) e África do Sul (2 milhões de quilates). É fundamental ressaltar que o continente africano tem as maiores reservas de diamante no mundo, com concentrações exploráveis do recurso também presentes em Angola, Namíbia, Libéria e Serra Leoa (UNITED STATES GEOLOGICAL SURVEY, 2020).

No fim da segunda década do século XXI, o circuito espacial de produção ganense conta apenas com a atividade de pequenos mineradores, já que, em 2014, a Great Consolidated Diamond Ghana Limited – empresa ganense fundada em 2012 a partir da Ghana Consolidated Diamonds (GCD) – deixou de operar na extração do recurso.

A exploração do diamante ocorre em Akwatia (Região Oriental), onde se localiza a única mina do país, cuja exploração é do tipo superficial. A mineração em pequena escala ocorre fundamentalmente ao longo dos rios da região.

O recurso foi descoberto em 1919, durante um levantamento geológico na colônia da Costa do Ouro. Primeiramente, ele foi encontrado próximo à cidade de Abamoso, no rio Birim, e, em seguida, foi encontrado também no rio Bonsa, a sudoeste de Tarkwa. O diamante disponível é do tipo industrial, sendo consumido pelas indústrias de bens de capital, localizadas fora do país (VARLEY; WHITE, 1958).

O circuito espacial de produção desse recurso se assemelha à mineração do ouro pelo pequeno capital: mineradores pouco capitalizados, geralmente autônomos, sem acesso a auxílio (financeiro, técnico ou fiscal) do governo, atuando na maioria das vezes na ilegalidade e circulando pelo território à medida que a escassez do recurso se pronuncia. Estima-se em 50 mil o número de pessoas envolvidas no circuito em questão, desde escavadores até intermediários comerciais (NYAME; GRANT, 2012).

Desde 2007, em função da desvalorização do preço do diamante no mercado internacional, muitos pequenos mineradores começaram a buscar ouro e alguns deles chegaram, inclusive, a explorar ambos os recursos concomitantemente (NYAME; GRANT, 2012). Em linhas gerais, trata-se de uma atividade que conta com meios de produção bastante simples, lançando mão de muitos maquinários comprados nos mercados de segunda mão. É comum, entre aqueles que exploram tanto o ouro quanto o diamante, adaptar os maquinários de fragmentação rochosa do primeiro para o segundo, deflagrando parte das estratégias de produção de pequeno capital (NYAME; GRANT, 2012).

Os diamantes produzidos são comercializados – diretamente ou mediante intermediários da região – ao PMCC. A circulação ocorre por meio de rodovias. A empresa estatal tem sido responsável pela venda regularizada do produto no mercado, pois acredita-se que, até a década de 1990, 70% dos diamantes obtidos pela mineração de pequena escala fossem contrabandeados (PRECIOUS MINERALS MARKETING CORPORATION, 2020).

3.3 Petróleo

Foi apenas no fim de 2010 que o petróleo passou a figurar na pauta de exportações de Gana, diferente das demais *commodities* do país, cujos circuitos espaciais de produção estiveram há décadas implicados nos dinamismos da formação socioespacial.

A exportação do recurso, em 2011, representou 2 bilhões de dólares, o que correspondeu a 21,5% do total do valor das exportações ganenses no ano (que totalizaram 12,7 bilhões, contra os 7,9 bilhões de 2010). Em 2018, Gana arrecadou 4,57 bilhões de dólares com as exportações de petróleo (30,7% do total da arrecadação), que se tornou o segundo principal item de exportação do país (BANK OF GHANA, 2020).

Ao considerar a escala mundial, no fim da década de 2010 a atividade petrolífera ganense ainda estava em uma fase inicial de desenvolvimento, de modo que, em 2018, a produção do país chegou a 350 mil barris por dia (bpd). A liderança na produção no mesmo ano esteve com os Estados Unidos (15.311.000 bpd) seguido por Arábia Saudita (12.287.000 bpd), Rússia (11.438.000 bpd), Canadá (5.208.000 bpd), Irã (4.715.000 bpd), Iraque (4.614.000 bpd), Emirados Árabes Unidos (3.942.000 bpd), China (3.798.000 bpd), Kuwait (3.049.000 bpd), Brasil (2.683.000 bpd) e México (2.068.000 bpd). Na África, os maiores produtores do recurso são Nigéria, Angola, Argélia, Egito e Líbia (BP, 2020).

As maiores reservas desse recurso em Gana, descobertas em 2007, geraram grandes expectativas de desenvolvimento econômico no país, tendo também atraído muitos investimentos externos (cerca de 2 bilhões de dólares no ano de 2010) (OBENG-ODOOM, 2015). A organização do circuito espacial de produção do petróleo envolve fundamentalmente a atuação do Estado e de empresas (públicas e privadas, nacionais e estrangeiras) altamente capitalizadas, que detêm a propriedade dos meios de produção necessários e da força de trabalho adequada para operar a extração, o processamento e o transporte do óleo bruto.

O conjunto de leis do setor também deve ser analisado, justamente para identificar o papel das instituições envolvidas no circuito e as relações de produção que estas dispõem sobre as forças produtivas. Por ter observado os numerosos problemas decorrentes da exploração do petróleo em outros países africanos, como na Nigéria, na Líbia e em Angola (como corrupção, desequilíbrios regionais, entre outros), Gana tem todas as condições necessárias para fazer um uso adequado do recurso que irá colaborar com os objetivos do país.

3.3.1 Relações de produção e legislação na atividade petrolífera

Apesar da exportação de petróleo fazer parte da história recente da formação socioespacial, a exploração do recurso iniciou-se em 1896, durante o período colonial. De modo geral, até 1957, o governo britânico registrou 21 tentativas de perfuração rasa e terrestre (*onshore*), sem encontrar reservas em quantidades que justificassem a exploração comercial (GHANA NATIONAL PETROLEUM CORPORATION, 2020).

Durante o governo de Nkrumah, esse tipo de exploração continuou, contudo, as pesquisas geológicas ficaram a cargo de geólogos e geofísicos soviéticos e romenos, não de empresas britânicas, como havia ocorrido até 1957. A parceria Gana-União Soviética (firmada entre 1957 e 1966) explorou a Bacia do Volta e também a Bacia de Acra-Keta, tendo encontrado algumas evidências do recurso, porém em pequenas quantidades (GHANA PETROLEUM COMMISSION, 2020).

Com o fim do governo Nkrumah, as empresas estrangeiras ocidentais ocuparam o espaço dos pesquisadores do bloco socialista, dando início às pesquisas e às perfurações em alto-mar (*offshore*) em 1970. Em função do sucesso da perfuração na Bacia de Saltpond, as bacias sedimentares do litoral ganense passaram a chamar a atenção de muitas empresas petrolíferas europeias e estadunidenses, que obtiveram, junto ao governo, licenças para exploração. As crises do petróleo na década de 1970 intensificaram a oferta de licenças para tais empresas.

Em 1978, deu-se início à produção comercial de petróleo em alto-mar, na Bacia de Saltpond, destinada ao mercado nacional. No mesmo ano, foi realizada pela primeira vez a exploração em águas profundas, pela empresa estadunidense Phillips Petroleum. O desenvolvimento de tecnologias de sensoriamento remoto ampliou as condições de pesquisa sobre a ocorrência do recurso no litoral ganense (GHANA PETROLEUM COMMISSION, 2020).

Na década de 1980, o Estado, no contexto de liberalização econômica, fundou a Ghana National Petroleum Corporation (GNPC) em 1983 e sancionou a *Petroleum Exploration and Production Law* em 1984 e a *Petroleum Income Tax Law* em 1987. Todas essas medidas tiveram por objetivo normatizar a participação do capital estatal: a própria GNPC foi fundada com finalidades comerciais e reguladoras, não produtivas.

A partir de então, numerosas corporações estabeleceram acordos com o Estado, como as estadunidenses Atlantic Richfield Corporation (Arco), a Amoco ,a Diamond Shamrock, entre outras. Efetivamente, entre 1984 e 2007, o GNPC, mediante escassos recursos, foi responsável pela elaboração de um conjunto de estudos geológicos sobre a ocorrência de petróleo, visando a atração de mais empresas estrangeiras para explorar o recurso (GHANA NATIONAL PETROLEUM CORPORATION, 2020).

No ano de 2004, foram iniciadas as concessões de licenças para exploração de petróleo em alto-mar, cuja existência já era apontada por estudos da GNPC. Em 2007, ocorreu a descoberta do campo de Jubilee, pela britânica Tullow Oil e pela estadunidense Kosmos Energy. A descoberta de reservas em quantidades comerciais fez com que o governo criasse a *Ghana Petroleum Regulatory Bill*, que atualizou as relações entre a GNPC e as empresas estrangeiras no que tange às descobertas comerciais.

O Estado é o proprietário de todo o petróleo e de todo o gás natural do país e as concessões emitidas são feitas por meio do Ministry of Energy and Petroleum (MoEP). O processo para uma empresa obter a licença para exploração do petróleo é composto por dez etapas principais (GHANA MINISTRY OF ENERGY AND PETROLEUM, 2020):

1. O MoEP recebe uma carta de notificação da empresa sobre seu interesse na exploração do petróleo ganense. O MoEP notifica o recebimento dessa carta para a Petroleum Commission (PC). Em seguida, a empresa é convidada para fazer uma apresentação à PC. A empresa é notificada (por carta) para agendar uma visita ao Data Room.

2. A empresa realiza o agendamento para inspecionar os blocos disponíveis para exploração. Uma taxa não reembolsável de aproximadamente 500 dólares (HILSON et al., 2014) é paga nesse agendamento.
3. A empresa identifica o bloco de interesse e preenche um formulário para o MoEP, requisitando a área de exploração desejada. Além desse formulário, a empresa deve submeter ao ministério um projeto de exploração, caracterizando as operações da empresa, seus cálculos financeiros etc.
4. O MoEP recebe uma taxa de inscrição (não reembolsável) de 10 mil dólares da empresa. A última é notificada acerca do recebimento dessa taxa. O projeto de exploração é encaminhado para o GNPC e para o PC.
5. Um comitê de avaliação faz observações sobre o projeto de exploração e envia um relatório ao MoEP, fazendo recomendações.
6. O MoEP decide se aprova ou reprova o projeto e notifica a empresa.
7. Se o projeto for aprovado, o ministro estabelece uma equipe de negociação governamental (Government Negotiation Team) para estabelecer um contrato (*Petroleum Agreement*). Um rascunho do *Petroleum Agreement* é feito após uma negociação bem-sucedida.
8. Os ministros das finanças, do meio ambiente e da justiça são acionados para fazer observações sobre o rascunho do *Petroleum Agreement*.
9. O ministro do MoEP envia o rascunho para aprovação do Gabinete. Caso o Gabinete aprove, o rascunho é levado ao Parlamento para ser ratificado.
10. O *Petroleum Agreement* se torna efetivo a partir da data em que é ratificado no Parlamento.

Além de estar presente nas fases de pesquisa, planejamento e concessão de licenças de exploração do recurso, o Estado também é responsável pela cobrança das taxas de *royalties* (12,5%), juros do GNPC (10%) e imposto de renda (35%) (GHANA MINISTRY OF ENERGY AND PETROLEUM, 2020).

As relações de produção no setor petrolífero ganense consistem na atuação, portanto, do Estado – proprietário do recurso e supervisor das operações de exploração do mesmo – e de empresas altamente capitalizadas que são, em sua maioria, estrangeiras. Essas empresas detêm os maquinários, os instrumentos e as condições de contratação de força de trabalho para extrair e processar o petróleo. A empresa estatal GNPC é responsável sobretudo por atividades de exploração independentes ou eventuais *joint ventures* com empresas regionais ou estrangeiras.

Torna-se fundamental, portanto, compreender como se realiza o processo de extração e processamento do petróleo na formação socioespacial ganense, identificando as principais empresas que atuam no setor e a forma como elas dispõem de suas forças produtivas.

3.3.2 O circuito espacial de produção do petróleo

O território ganense tem quatro estruturas sedimentares, nas quais ocorrem as pesquisas em busca de petróleo. Dessas bacias, três ocorrem majoritariamente nas porções litorâneas e marítimas do país, e apenas uma ocorre no continente. As bacias são:
- Bacia Ocidental, conhecida como Bacia Tano-Cape Three Points.
- Bacia Central, conhecida como Bacia Saltpond.
- Bacia Oriental, conhecida como Bacia Acra-Keta.
- Bacia Voltaica.

As porções marítimas da Bacia Oriental concentram a maior parte das operações atuais. Estima-se que as reservas do país excedam 4 bilhões de barris, sendo que, segundo o GNPC, 3,8 bilhões de barris se localizam na Bacia Oriental (KOPINSKI; POLUS; TYCHOLUZ, 2013).

Em 2020, 15 empresas atuam no setor petrolífero da formação socioespacial ganense. Contudo, até meados da década de 2010, apenas a irlandesa Tullow Oil operava na produção de óleo, enquanto as demais ainda estavam estudando suas áreas de concessão, ou desenvolvendo os meios de produção para dar início à prospecção do recurso.

Empresa irlandesa com sede em Londres, a Tullow Oil foi fundada em 1986 e passou a atuar em Gana em 2007, tendo implementado sua sede na cidade de Acra. A empresa também atua em 19 países (e duas colônias): Congo, Costa do Marfim, Etiópia, Gabão, Guiné, Guiné Equatorial, Madagascar, Mauritânia, Namíbia, Quênia e Uganda (na África); Groenlândia, Guiana, Guiana Francesa, Jamaica, Suriname e Uruguai (nas Américas);

Paquistão (na Ásia) e Reino Unido, Holanda e Noruega (na Europa). Em Gana, a empresa possui três concessões localizadas na bacia Ocidental (Tano-Cape Three Points): Jubilee Field, TEN Field e Wawá Field.

Conforme supracitado, até o momento, a produção de petróleo ocorre apenas no campo de Jubilee, em uma área de 61 km². O campo de TEN (450 km²) está em fase de desenvolvimento, enquanto o campo de Wawá (106 km²) ainda está sendo estudado. As operações em Jubilee ocorrem em águas profundas. A Tullow Oil é a operadora responsável pela produção em Jubilee, mas atua em parceria com outras empresas (as estadunidenses Kosmos e Anadarko, a ganense GNPC e a sul-africana Petro S.A.). Nessa *joint venture*, a Tullow Oil é responsável por 35,48%, seguida da Kosmos, 24,08%; da Andarko, 24,08%; da GNPC, 13,64%; e da Petro S.A., 2,73%, que juntas prestam apoio técnico à Tullow Oil (TULLOW OIL, 2020; GHANA PETROLEUM COMMISSION, 2020).

A produção em Jubilee ocorre em uma *Floating Production Storage and Offloading* (FPSO). Essa unidade é uma embarcação flutuante que extrai e armazena óleo, tratando-se de um navio cargueiro convertido em FPSO, produzido pela empresa Modec Management Services, de Singapura. Somam-se à unidade outros equipamentos de prospecção em águas profundas, como *Christmas Trees*, *Manifold* e *River Base*, produzidos pelas americanas FMC Technology e Technip. Ainda são importados peças e equipamentos da Tailândia, Malásia, Reino Unido, França e Noruega (TULLOW OIL, 2020).

Com relação à força de trabalho, Gana possui escassez de mão de obra qualificada – perfuradores, engenheiros, administradores e operários – o que muitas vezes atrai mão de obra da Nigéria, dos Estados Unidos e da Europa Ocidental. A presença estrangeira já criou conflitos com os trabalhadores ganenses no que tange à questão salarial: em 2014, os trabalhadores locais do campo Jubilee fizeram greve por equiparação salarial, afirmando que os expatriados recebiam até dez vezes mais que os ganenses para desempenhar funções semelhantes (BUSINESS & HUMAN RIGHTS RESOURCE CENTRE, 2020).

O óleo produzido por Gana em Jubilee é de alta qualidade (*high quality light sweet*) e é transportado até o Porto de Takoradi por meio de um navio cargueiro (*Offload Tanker*). Em Takoradi, uma parcela do óleo produzido é armazenada e fiscalizada para ser exportada. Outra parte é transportada até o Porto de Tema (por oleodutos), onde é processada na refinaria de Tema, visando abastecer o mercado nacional.

3.4 Cacau

Atualmente, o cacau é o terceiro principal item da pauta de exportações da formação socioespacial ganense. Após ter sido a principal *commodity* produzida e comercializada pelo país desde inícios do século XX, o cacau foi ultrapassado pelo ouro em 1992 e pelo petróleo em 2012. Em 2018, suas exportações – somando-se aí as sementes, a pasta e a manteiga – acumularam 2,07 bilhões de dólares (13,9% do total das exportações) (BANK OF GHANA, 2020; INTERNATIONAL COCOA ORGANIZATION, 2020).

Na escala planetária, a produção cacaueira ganense em 2018 foi 900 mil toneladas, ocupando, assim, a segunda posição mundial, atrás apenas da Costa do Marfim, cuja produção no mesmo ano chegou a 2,1 milhões de toneladas. Outros países que registraram uma importante produção da semente foram: Indonésia (220 mil t), Nigéria (245 mil t), Equador (298 mil t), Brasil (195 mil t), Camarões (250mil t) e Papua-Nova Guiné (38 mil t). Produzem e exportam cacau, ainda, os seguintes países africanos: República Democrática do Congo, Gabão, Guiné, Libéria, Serra Leoa e Togo (INTERNATIONAL COCOA ORGANIZATION, 2020).

O circuito espacial de produção do cacau passou por uma série de transformações ao longo da história de Gana. Essas transformações estiveram associadas às combinações entre as relações de produção e as forças produtivas no país, bem como a fatores externos, como as oscilações do preço do produto no mercado internacional, intimamente relacionadas à concorrência e à demanda do produto na Divisão Internacional do Trabalho.

3.4.1 Relações de produção e legislação na atividade cacaueira

Planta nativa das regiões amazônicas do continente americano, o cacau chegou ao atual território ganense em fins do século XIX. O primeiro cultivo comercial ocorreu em 1879, em Akuapim-Mampong (Região Oriental), coordenado por Tetteh Quashie, que havia trazido algumas sementes da ilha de Fernando Po (atual território da Guiné Equatorial). A colheita, ocorrida em 1883, foi vendida aos fazendeiros locais e, em 1885, Quashie fez a primeira exportação de cacau. A administração colonial da Costa do Ouro passou a apoiar e investir nessa cultura, que se espalhou por Akwapen e Akyen (Região Oriental) desde 1890. Nas primeiras décadas do século XX, o cultivo chegou às regiões Axânti e Brong-Ahafo (BOATENG, 1959; BOAHEN, 1975). A produção se ampliou nas décadas de 1920 e 1930 graças às melhorias obtidas nas infraestruturas, de modo que, em 1936, a Costa do Ouro era a maior produtora de cacau do mundo, tendo exportado 300 mil toneladas do produto (BOAHEN, 1975).

Durante o período colonial, a produção cacaueira foi feita em pequenas propriedades pertencentes à população local, de modo que a administração colonial se responsabilizava pela compra da mercadoria, seu transporte e sua comercialização no mercado internacional através do Cocoa Marketing Board (CMB), fundado em 1947.

Desde a independência até a década de 2010, a formação socioespacial ganense observou algumas alterações nas relações de produção ligadas à economia cacaueira. No âmbito da produção, houve a permanência dos pequenos agricultores, que estabelecem diferentes contratos relativos ao uso da terra e às relações de trabalho. Houve ainda, durante o governo nacionalista de Nkrumah, o investimento nas *State Farms*, grandes propriedades do Estado destinadas à produção de cacau (voltado ao mercado externo) e de outros alimentos (voltados ao mercado nacional, como arroz e tubérculos), com os objetivos de reduzir a dependência da importação de alimentos e ampliar as exportações de *commodities*; mas começaram a entrar em colapso na década de 1970, devido à queda de subsídios à produção e aos problemas relacionados ao transporte das mercadorias (MIRACLE; SEIDMAN, 1968).

No âmbito da comercialização do cacau, o Estado desempenhou um papel central por meio do controle da CMG e, anos mais tarde, do Ghana Cocoa Board, conhecido como Cocobod (AMOAH, 1998).

Assim, ao longo da história, os principais atores nas relações de produção na economia cacaueira foram nacionais, representados pela atuação dos agricultores locais (na produção) e pela atuação do Estado (na circulação, na distribuição e no comércio). Nas quatro décadas que se seguiram à independência, o cacau foi o protagonista na pauta de exportações ganenses, tornando as variações de seu preço no mercado internacional um elemento central na entrada de divisas do país.

No fim da década de 1980, uma significativa desvalorização do preço do cacau – cuja tonelada passou de 2.113 libras, em 1985, para 684 libras, em 1992 – teve profundos impactos nas arrecadações do governo ganense, diminuindo sua capacidade de subsidiar os setores primário e secundário e de manter as infraestruturas de circulação do território, que estavam em situação precária. Essa desvalorização esteve relacionada à elevada produção da mercadoria nos países concorrentes (como Costa do Marfim, Brasil e Malásia) e, ao mesmo tempo, ao fato de que a indústria do chocolate passou a substituir alguns dos derivados do cacau (pasta e manteiga) por outros óleos vegetais (HUTCHFUL, 2002).

Esse cenário resultou também na queda da produção de cacau no país, o que comprometeu ainda mais a entrada de divisas, tornando a situação extremamente crítica em fins da década de 1970 e no início da década de 1980, conforme já mencionado. Nesse contexto, o governo Rawlings acatou parcialmente o receituário de liberalização proposto pelo Banco Mundial e pelo FMI na época. Esse receituário buscava, fundamentalmente, ampliar os incentivos à produção e reformar o Cocobod (HUTCHFUL, 2002).

Em um primeiro momento, o Cocobod foi reorganizado em divisões de operação e subsidiárias (que estavam integralmente sob controle do Estado). Em seguida, as condicionalidades do FMI e do Banco Mundial – prerrogativas para viabilizar a oferta de crédito à produção da *commodity* – objetivavam: a redução dos cargos públicos na atividade, o fim dos subsídios aos produtores (que ajudavam na compra de fertilizantes, pesticidas e sementes), a racionalização das pequenas fábricas de processamento do cacau (que transformavam as sementes em pasta ou manteiga) e a privatização de algumas tarefas que incidiam sobre o Cocobod (ou suas empresas estatais subsidiárias), como *marketing*, transporte e pesquisa (HUTCHFUL, 2002).

De modo geral, muitos desses objetivos foram alcançados, como a redução de subsídios públicos aos agricultores, a quebra no monopólio do transporte do cacau (que ficava a cargo da Produce Buying Company, subsidiária da Cocobod) e a redução no funcionalismo público na empresa (que passou de 101 mil trabalhadores, em 1984, para 42 mil, em 1991).

Outro marco foi a quebra do monopólio do Cocobod em 1991, permitindo que compradores privados fossem autorizados a entrar no mercado interno de compra de cacau. Em 1993, cinco Local Buying Companies (LBC) entraram no mercado competindo com a Produce Buying Company (PBC), uma subsidiária da Cocobod.

Na década de 2010, a economia cacaueira ainda permanecia fortemente atrelada aos interesses do Estado ganense. A Cocobod atuava sobretudo na compra do cacau e em sua exportação. Para além disso, umas das subsidiárias da empresa – a Cocoa Research Institute of Ghana (Crig) – realizava pesquisas científicas no setor (visando aumentar a produção de maneira intensiva) e o controle da qualidade do cacau produzido no país, considerado um dos de maior qualidade do mundo (GHANA COCOA BOARD, 2020).

3.4.2 O circuito espacial de produção do cacau

O cacau é cultivado nas porções centro-sul do território ganense (mapa 11). As maiores produções são registradas nas fazendas das regiões Ocidental e Axânti, mas também há produção nas regiões Brong-Ahafo, Oriental, Central e Volta (GHANA COCOA BOARD, 2020). As condições climáticas, geomorfológicas e pedológicas são de extrema importância no desenvolvimento do cacaueiro, que, originariamente, é nativo da úmida e quente floresta amazônica. De modo geral, pode-se afirmar que:

> O cacau necessita de um solo rico, bem drenado em uma área de pluviosidade entre 1.140 e 1.955 mm por ano. A umidade excessiva viabiliza o desenvolvimento de doenças e causa a redução da fertilidade do solo pela lixiviação [lavagem dos nutrientes]. Nas áreas com a quantidade desejada de pluviosidade, a planta prefere terrenos levemente ondulados com uma boa drenagem subterrânea.

A sombra é outra exigência importante, e as fazendas de cacau são mais produtivas em áreas de florestas altas, onde a plantação é protegida pela sombra das árvores altas. (BOATENG, 1959, p. 65, tradução nossa)

Desse modo, a produção ocorre justamente nas porções de floresta tropical do país, que oferecem o relevo, o solo, o clima e a vegetação adequados ao cultivo. Uma vez plantado, o cacaueiro leva entre cinco e sete anos para amadurecer e dar frutos. Nesse período inicial de maturação, os agricultores buscam desenvolver outras culturas alimentares paralelas – como inhame, milho, banana e abacaxi (imagem 23) – destinadas à subsistência e, em caso de excedentes, ao comércio local. Enquanto o cultivo desses gêneros é feito utilizando a técnica de rotação – para garantir a fertilidade do solo –, o cultivo do cacau é fixo nas fazendas (imagem 24).

Imagem 23: Plantação de bananas em Adanwomase (Axânti). Gana, 2016.
Fonte: Foto do autor.

Imagem 24: Plantação de cacau em Adanwomase (Axânti). Gana, 2016.
Fonte: Foto do autor.

Uma vez maturada e estabelecida a plantação dos cacaueiros, as etapas seguintes da produção demandam pouca força de trabalho, que deve garantir a limpeza do terreno e evitar a proliferação de doenças, como a vassoura-de-bruxa. Os períodos de colheita são aqueles que registram o maior número de trabalhadores, de modo que eles ocorrem entre abril e julho e entre outubro e fevereiro (essa é a principal safra, responsável por mais de 65% da produção anual) (BOATENG, 1959).

Existem diferentes arranjos no que tange à apropriação das forças produtivas nas fazendas de cacau. A propriedade da terra, o acesso a instrumentos e maquinários, bem como os contratos de trabalho revelam a complexidade com que o modo de produção capitalista se desenvolve em Gana. Nesse sentido, a cultura também entra como uma variável importante no processo produtivo, já que o usufruto e a propriedade da terra passam, necessariamente, pela avaliação dos chefes locais. Esses chefes são os descendentes dos reis de épocas pretéritas à colonização britânica e que, mesmo destituídos de soberania política na escala nacional, mantiveram uma importância local ou regional associada às práticas religiosas, tributárias e fundiárias.

Assim, autorizado pelo Estado ganense, o sistema de contratos fundiários tradicionais revela a presença de mais uma classe nas relações de produção, para além do Estado e das empresas de capital privado (nacional ou estrangeiro). Pode-se dizer que esse sistema

[...] foi estabelecido durante o governo colonial indireto do Reino Unido, no qual o direito consuetudinário foi incorporado em um sistema de lei comum através da instituição das *Native Courts*. Essas cortes aplicavam as leis e procedimentos tradicionais no que tange às questões da terra, dos costumes familiares, da dívida, da religião e dos pequenos crimes, somadas às regulações coloniais e às taxações locais. A ideologia da "propriedade fundiária comunal" foi aceita pelo governo colonial britânico, servindo aos interesses dos chefes locais e de seus aliados. (KNUDSEN; FOLD, 2011, p. 380, tradução nossa)

Esse sistema foi mantido mesmo após a independência de Gana. O direito fundiário é assegurado para todos dentro de um grupo étnico: trata-se de uma propriedade comunal, na qual os chefes da etnia são os principais guardiões da terra. O direito ao usufruto (não à propriedade) da terra é assegurado aos clãs e aos indivíduos da etnia. É importante ponderar que os nativos adquirem o usufruto da terra por meio de titulações (concedidas logo no nascimento), sem a necessidade de realizar nenhuma espécie de pagamento às autoridades tradicionais. Já os estrangeiros (migrantes) adquirem o usufruto da terra mediante três situações: a aceitação como membro da comunidade, como presente oferecido pelos nativos ou por meio da compra de uma licença de usufruto (TAKANE, 2002).

O usufruto da terra pelos agricultores que não detêm a titulação concedida pela hereditariedade, que, na maior parte dos casos, são migrantes, oficializa-se por meio de diferentes contratos de compartilhamento da produção. Os contratos mais comuns são o *nhwesoo* e o *yemayenkye*.

No *nhwesoo*, os inquilinos administram fazendas de cacau já estabelecidas e, em troca, obtêm parte dos lucros derivados da venda da colheita no mercado. Nessas fazendas, eles são responsáveis pela capina, pela pulverização e pela colheita do cacau. Caso seja necessário contratar outros agricultores para alguma dessas atividades, o pagamento fica a cargo do próprio inquilino. Caso o titular da terra solicite alguma atividade extra ao inquilino (como plantar inhame, por exemplo), o último é remunerado para isso. A divisão do lucro nesse caso é o *abusa*, que confere 1/3 dos rendimentos ao inquilino. Caso o titular e o inquilino sejam parentes, a divisão do lucro é o *abunu*, nos qual ambos embolsam metade dos rendimentos da produção. O contrato não é escrito e dura na medida que ambas as partes estejam de acordo (geralmente dura entre 1 e 6 anos) (TAKANE, 2002).

No *yemayenkye*, os inquilinos são responsáveis por todas as atividades da fazenda e, em troca, recebem metade da colheita do cacau. A diferença desse contrato para o *nhwesso* é que, no último, o titulado funda a fazenda com seu trabalho (ou com o trabalho contratado), enquanto no *yemayenkye* é o inquilino que funda a fazenda (TAKANE, 2002).

Mesmo não produzindo em propriedades privadas, como condição elementar do modo de produção capitalista, os agricultores ganenses mostraram, ao longo da história, nítido conhecimento sobre o mercado, já que expandiram a área de cultivo do cacau em decorrência dos insumos oferecidos pelo governo. Na década de 1990, a fronteira de expansão agrícola do cacau já estava saturada (TAKANE, 2002).

No âmbito da força de trabalho, existem quatro contratos que se estabelecem na produção cacaueira: o trabalho familiar, o trabalho contratado, o trabalho comunal e o trabalho por grupos de troca, conhecido como *nnoboa* (TAKANE, 2002).

O trabalho familiar, especialmente entre cônjuge e filhos, constitui a principal fonte de trabalho. É importante considerar que "tanto o trabalho feminino quanto o masculino são usados em todas as atividades do cultivo, mas os mais árduos – como a limpeza inicial do terreno e o corte das árvores – tendem a ser feitos pelos homens" (TAKANE, 2002, p. 12, tradução nossa). Não existe pagamento de salários nesse caso.

Já o trabalho contratado pode ser anual, diário ou por uma atividade específica. Os dois últimos são mais utilizados nas etapas iniciais do cultivo (em especial na capina do terreno), mas se estendem a todos os tipos de atividades no cultivo em questão. O pagamento varia de acordo com a atividade desempenhada. Já os trabalhadores anuais são pagos anualmente (com uma remuneração menor que a dos demais) e os empregadores lhes oferecem abrigos, instrumentos, roupas e atendimento médico.

O trabalho comunal é um sistema de trabalho no qual os agricultores fazem tarefas em outras fazendas. Geralmente, o trabalho é quebrar as vagens e levar o cacau fermentado para um local seco. A tarefa se realiza em menos de um dia e não há pagamento em salário, mas se oferece alimentação aos trabalhadores.

Por fim, o trabalho dos grupos de troca (*nnoboa*), que, aparentemente, se assemelha ao trabalho comunal, decorre da formação de um grupo que tem clara filiação entre seus membros (geralmente de cinco pessoas). O trabalho é trocado de forma rotativa e segundo as demandas das fazendas. Há uma tendência de homens e mulheres formarem grupos *nnoboa* distintos. Não há remuneração em salário.

Assim, pode-se observar que a força de trabalho utilizada na produção cacaueira ganense não está estruturada em relações contratuais tipicamente capitalistas (salários), com exceção dos trabalhos contratados. A propriedade comunal da terra associada às relações horizontais de produção revelam a complexidade do modo de produção capitalista nessa porção do continente africano.

Grande parte da população que vive nas fazendas e em suas áreas próximas tem acesso à energia elétrica. A irrigação da produção é feita, principalmente, de forma natural, por meio das chuvas da região. Em todo o caso, muitas famílias utilizam poços artesianos para obter água para as funções cotidianas básicas. Os meios de produção disponíveis aos trabalhadores são bastante simples e fundamentalmente manuais, sem a utilização de máquinas ou instrumentos mecânicos.

O cacau é coletado pelos agricultores (imagem 25) manualmente a partir do momento em que ele se encontra amarelado nos troncos das árvores. Em seguida, as sementes da fruta são retiradas e envolvidas em folhas de bananeira para serem fermentadas ao longo de uma semana. A etapa final consiste em deixar as sementes secarem sobre uma esteira de madeira e sob o sol (imagem 26). Alguns agricultores de Adanwomase (Axânti) asseguram que a qualidade do cacau ganense está justamente no fato de que o processo de secagem ocorre naturalmente, sem a utilização de fornos, diferente do que se observa em outros lugares, como na Costa do Marfim.

Imagem 25: Coleta do cacau em Adanwomase (Axânti). Gana, 2016.
Fonte: Foto do autor.

Imagem 26: Secagem do cacau em Adanwomase (Axânti). Gana, 2016.
Fonte: Foto do autor.

As sementes são então ensacadas e vendidas ao Cocobod ou para algumas das 20 LBC licenciadas no país (que, por serem pouco capitalizadas, atuam sobretudo no mercado nacional, não exportando as sementes). O Cocobod, além de comprar a maior parte das sementes e exportá-las, principalmente via Porto de Takoradi, é responsável também por oferecer subsídios aos produtores e estabelecer o controle de qualidade dos grãos (KOLAVALLI; VIGNERI, 2011).

3.5 O mercado das *commodities* *made in Ghana*

A formação socioespacial ganense não diversificou de forma expressiva as suas exportações nas últimas décadas, de modo que as forças produtivas do país mantiveram a maior parte dos circuitos espaciais de produção herdados dos tempos coloniais, com exceção do ouro, que já era exportado desde, pelo menos, o século XII.

No entanto, duas transformações devem ser mencionadas no que diz respeito ao mercado das *commodities* ganenses. Primeiramente, houve um aumento da importância de outras *commodities* dentro do quadro produtivo do país: em 1954, na Costa do Ouro, o cacau representava mais de 75% das exportações, seguido pelo ouro, pelo diamante e pelo manganês (VARLEY; WHITE, 1958); já em 2018 o cacau passou a representar 13,9% do total dos valores exportados, ficando atrás de *commodities* como o ouro e o petróleo. Nesse sentido, a economia assegurou uma maior estabilidade diante do mercado, já que se tornou menos dependente de um único produto, diferente de países como a Nigéria, onde o petróleo e seus derivados, geralmente, representaram mais de 70% das exportações do país (OBSERVATORY OF ECONOMIC COMPLEXITY, 2020). Em 2018, o ouro, o petróleo e o cacau, somados, representaram cerca de 72% das exportações ganenses.

A outra transformação diz respeito ao destino dessas exportações. Em 1954, 42% das mercadorias *made in Ghana* destinaram-se ao Reino Unido, a então metrópole colonial. Outros países que importavam os produtos da Costa do Ouro eram os Estados Unidos, a Austrália, o Canadá e a Holanda (VARLEY; WHITE, 1958). Em fins da década de 2010, contudo, esse cenário se mostrou bastante diferente. Os principais destinos das exportações do país em 2017 foram: Índia, Suíça, China, África do Sul, Holanda, Emirados Árabes Unidos, entre outros (quadro 5) (OBSERVATORY OF ECONOMIC COMPLEXITY, 2020).

Quadro 5: Destino das exportações de Gana em 2017.

Continente	Países
Ásia 53% (9,13 bilhões de dólares)	Índia: 30% China: 11% Emirados Árabes Unidos: 4,7% Malásia: 2% Vietnã: 1,3%
Europa 28% (4,8 bilhões de dólares)	Suíça: 11% Holanda: 5,3% França: 2,4% Reino Unido: 2,2% Alemanha: 1,2%
África 12% (2,9 bilhões de dólares)	África do Sul: 5,4% Burkina Faso: 2,8% Togo: 0,89% Níger: 0,61% Congo: 0,47%
América do Norte 5,1% (869 milhões de dólares)	Estados Unidos: 4,2% Panamá: 0,66% Canadá: 0,2%
América do Sul 1,1% (190 milhões de dólares)	Brasil: 1,1%
Oceania 0,39% (66,7 milhões de dólares)	Austrália: 0,35%

Fonte: Elaboração do autor com base em OBSERVATORY OF ECONOMIC COMPLEXITY (2020).

Índia e Suíça são as principais compradoras do ouro ganense, tendo adquirido 58% e 21% das exportações do metal, respectivamente. Os lingotes, conforme já mencionado, são transportados por via aérea até a Europa e a Ásia, onde são processados pelas refinarias indianas e suíças. A China, por sua vez, detêve a maior parte das exportações de manganês e a totalidade das exportações de bauxita, que foram transportadas ao país do leste asiático por via marítima e lá integram os circuitos espaciais de produção da siderurgia e da metalurgia.

É importante mencionar ainda que alguns países africanos estão entre os principais destinos das mercadorias ganenses, algo que não ocorria na época colonial. Em 2017, a África do Sul foi o destino de 5,4% das exportações de Gana (em especial com a venda de ouro para refino). Na sequência, figuram Burkina Faso e Togo, que foram o destino de 2,8% e 0,8% do fluxo, respectivamente (OBSERVATORY OF ECONOMIC COMPLEXITY, 2020).

Conclusões do Capítulo 3

As exportações e os circuitos espaciais de produção das *commodities* de Gana integram as etapas iniciais – na qualidade de matérias-primas – de cadeias produtivas que operam na escala internacional. Com o aprofundamento recente da DIT, os circuitos espaciais de produção estruturados no período colonial se intensificaram, reafirmando que um dos papéis de Gana é a venda de produtos agrícolas (cacau) e de recursos naturais (ouro, petróleo, manganês, bauxita e diamantes) pouco processados nacionalmente. Esse dado contemporâneo foi sedimentado pelo conjunto de políticas neoliberais implementadas no país desde a década de 1980.

Primando pela privatização de empresas estatais e pela abertura comercial, as políticas neoliberais em Gana foram responsáveis pela atração do capital privado (em especial estrangeiro) para desempenhar muitas atividades relativas à produção, circulação e distribuição dos recursos naturais. Aí houve também o aumento da participação de empreendimentos de capital privado nacional (em diferentes níveis de capitalização), em especial na produção de ouro e diamante. Já o cacau, por sua vez, continuou sendo produzido por pequenos agricultores ganenses e comercializado pela estatal Cocobod.

As evidências contemporâneas registram o aumento significativo da produtividade das *commodities* no país nos últimos anos. Esse aumento deve-se fundamentalmente à atuação das empresas estrangeiras – em especial nas atividades da mineração e do petróleo – que introduziram novas forças produtivas, sobretudo bens de capital que foram responsáveis pela aceleração da extração dos recursos do território. Ao mesmo tempo, houve o adensamento seletivo de infraestruturas na porção centro-sul do país com o nítido objetivo de atender às demandas de circulação e distribuição dos circuitos espaciais de produção dessas *commodities*. Com exceção do sistema ferroviário – recentemente abandonado –, as rodovias das porções centro-sul da formação socioespacial apresentam-se em boas condições e estão devidamente articuladas ao Porto de Takoradi, principal ponto de exportações do país.

Não há nenhuma novidade no fato de que uma das formas de inserção de Gana na DIT contemporânea se dá pela venda de *commodities*. Essa é uma característica comum à maior parte das formações socioespaciais africanas, bem como de grande parte dos países do Sul. Apesar dessa observação, posta de maneira estrutural, é importante atentar à existência de novos conteúdos nessa lógica antiga de exportador de *commodities*. Atualmente, existe uma nova conformação do modo de produção no país, com uma presença maior do empreendimento privado em detrimento do empreendimento público e com novos acordos comerciais estabelecidos: deve-se notar que os países asiáticos – tais como China e Índia – têm consumido cada vez mais mercadorias ganenses, em uma relação que outrora era dominada pelos países mais ricos da Europa Ocidental, como Reino Unido e Holanda.

Outra distinção fundamental desse tipo de inserção na economia mundial deve ser estabelecida em função do uso dado às receitas obtidas pela exportação de *commodities*: enquanto financiaram um projeto de desenvolvimento econômico nacionalista nas décadas de 1960 e 1970, elas serviram para compor o equilíbrio fiscal na década de 1980, e para garantir parcela das infraestruturas e dos incentivos públicos voltados à atração do capital privado estrangeiro nas décadas de 1990, 2000 e 2010.

A presença dominante de *commodities* entre os principais itens da pauta de exportação de qualquer país é um elemento de vulnerabilidade de sua economia, em função das altas variações do preço dos produtos no mercado mundial. Ainda assim, Gana goza de uma situação mais favorável do que os países que são extremamente dependentes da exportação de apenas uma mercadoria agrícola ou mineral. Em linhas gerais, pode-se inferir que não houve alterações estruturais na forma de inserção de Gana na DIT no que tange às exportações. Contudo, na conjuntura observa-se a presença de novos capitais e novas articulações entre eles, permitindo um rearranjo das relações de produção e uma modernização das forças produtivas. Para além disso, constata-se a presença mais regular e consistente de eixos comerciais entre os países do Sul.

CAPÍTULO 4:
As importações e o circuito espacial de produção das *recommodities*

Imagem 27: "Aqui a terra é muito ruim" (Youssef, reciclador de lixo eletrônico). Gana, 2016.
Fonte: Elaboração do autor (2016).

[...] Aqui ficam os carros usados, nós os enviamos para diferentes partes do mundo, principalmente para a África. Há uns anos enchiam esses carros com todo tipo de coisas: computadores, aparelhos televisores antigos e até mesmo lixo hospitalar. A pressão dos ambientalistas acabou com isso... Eu não recomendo que você fotografe essa área do porto.

O engenheiro Mathis assegura que é proibido fotografar essa determinada área do Porto da Antuérpia, localizado ao norte do território belga. Os automóveis, em sua maioria de montadoras asiáticas, estão estacionados nesse espaço a céu aberto e cercados por uma grossa grade de metal. Os carros apresentam-se em diferentes estágios de conservação e são vendidos para países do continente africano como mercadorias de segunda mão. É impossível observar esse espaço e não transportar a memória para as movimentadas ruas de Acra e de outras cidades ganenses, onde a maioria absoluta dos automóveis é velha e de marcas como Hyundai, Nissan e Honda.

Mathis segue andando pelo porto e mostra que a organização interna deste se dá em função da origem dos produtos importados e do destino dos produtos exportados. No setor africano, por exemplo, localizam-se galpões ocupados por mercadorias vindas de diferentes pontos do continente, como sementes de cacau e feixes de madeira. Ambos podem ser fotografados.

Essa seletividade do registro fotográfico em um dos maiores portos da Europa chama a atenção: as montanhas de sementes de cacau e as pilhas de feixes de madeira podem ser fotografadas; já o estacionamento repleto de carros usados, não. Em outras palavras, nem todas as mercadorias do porto podem ter o registro tornado público. Não poder fotografar os carros usados que serão vendidos para países africanos revela algo bastante obscuro sobre a economia contemporânea, que precisa ser objeto de estudo. Muito se sabe sobre os dinamismos econômicos decorrentes das exportações dos países africanos, se comparados aos dinamismos decorrentes das importações. Se não se pode fotografar aquilo visto na paisagem, pode-se, ao menos, descrevê-lo e analisá-lo.

4.1 As importações

Os bens manufaturados mantiveram-se entre os principais itens da pauta de importação de Gana no início do século XXI. Grande parte das atividades econômicas relacionadas às importações desses bens – como a sua distribuição, circulação e comercialização no mercado nacional – ainda é pouco estudada quando comparada às atividades econômicas relacionadas à exportação de *commodities*, aquelas cujos circuitos espaciais de produção foram analisados no Capítulo 3.

Resultado do processo histórico, a pauta de importações em torno de bens manufaturados também foi consolidada durante o período colonial, quando a Costa do Ouro era obrigada – por meio de leis e da força militar – a importar diversos tipos de mercadorias da metrópole. Em 1954, por exemplo, cerca de 50% das importações eram de origem britânica, e, na medida em que o sistema colonial entrou em colapso, mais diversificada se tornou a procedência das importações, que passaram a ser originárias de outros países da Europa Ocidental e dos Estados Unidos (VARLEY; WHITE, 1958).

Após a independência, em 1957, os esforços de subversão dessa lógica econômica foram levados a cabo durante os governos de Nkrumah (1957-1966) e Acheampong (1972-1978): ambos consolidaram políticas de substituição de importações que – por via do empreendimento estatal e da importação de bens de capital – garantiram uma diversificação produtiva no território. Ao mesmo tempo, para viabilizar essas custosas políticas, foi necessário aumentar a produção das *commodities*, cujas exportações garantiam a entrada de divisas no país. Além disso, ambos os governos aumentaram a taxação sobre a importação de alguns bens de consumo, especificamente aqueles que eram produzidos pela jovem indústria nacional.

De modo geral, esse modelo acabou entrando em crise no contexto recessivo de fins da década de 1970 e durante os anos 1980. Devido à desvalorização do preço das *commodities* nessa época, as arrecadações com as exportações estavam cada vez menores, o que tornava ainda mais onerosa a importação de bens de produção e de bens de capital para a indústria nacional. A já mencionada aderência da formação socioespacial ganense às ideologias neoliberais durante o governo de Rawlings (1979-2001) foi responsável pelo corte significativo dos gastos estatais destinados ao setor secundário. Somam-se ainda a esse fato as prerrogativas políticas da abertura comercial, com reduções alfandegárias que catalisaram o aumento das importações de bens de consumo duráveis e não duráveis.

Os ajustes neoliberais estabeleceram uma nova forma de controle imperialista dos países do Norte em relação aos países do Sul, na qual os investimentos externos oferecidos pelas organizações multilaterais foram destinados ao aumento da produtividade na agricultura de gêneros tropicais, na extração de recursos naturais e na melhoria da infraestrutura de circulação e distribuição de *commodities*; cenário aparentemente semelhante àquele do período colonial (HUTCHFUL, 2002).

Em uma escala regional dentro do continente, pode-se observar que os países da África Ocidental apresentam nítidas semelhanças no que tange às suas pautas de importações em 2017 (quadro 6), de modo que é fundamental sublinhar o peso dos produtos industrializados (bens de produção, bens de capital e bens de consumo) entre os principais itens importados. O alto valor agregado dessas mercadorias tem criado, com constância, balanças comerciais deficitárias para grande parte desses países.

Em Gana, a liberalização da economia caracterizou-se por uma série de reformas comerciais e alfandegárias, cujo objetivo principal era a remoção das barreiras para importação. Observou-se, assim, uma significativa redução de impostos, além da abolição de licenças de importação e uma marcada desvalorização do cedi como estratégia de estimular as exportações (CHALFIN, 2010; HARVEY; SEDEGAH, 2011).

Quadro 6: Principais produtos importados pelos países da África Ocidental em 2017.

País	Principais itens importados
Benin	Maquinários, alimentos e derivados do petróleo
Burkina Faso	Maquinários, alimentos e derivados do petróleo
Cabo Verde	Alimentos, equipamentos de transporte e combustível
Costa do Marfim	Combustível, tecnologia e alimentos

Gâmbia	Alimentos, combustível, maquinários e equipamentos de transporte
Gana	Petróleo refinado, maquinários e alimentos
Guiné	Derivados do petróleo, metal, maquinários, equipamentos de transporte e tecidos
Guiné-Bissau	Alimentos, maquinários, equipamentos de transporte e derivados do petróleo
Libéria	Combustível, químicos, maquinários, equipamentos de transporte e alimentos
Mali	Petróleo, maquinários e equipamentos, materiais de construção, pecuária e tecidos
Mauritânia	Maquinários e equipamentos, derivados do petróleo, tecnologia, alimentos e bens de consumo
Níger	Maquinários, químicos, equipamentos de transportes, manufaturas e alimentos
Nigéria	Alimentos, maquinários, partes de veículos, petróleo e cereais
Senegal	Alimentos, bebidas, bens de capital e combustíveis
Serra Leoa	Alimentos, maquinários e equipamentos, combustíveis e lubrificantes, químicos
Togo	Maquinários e equipamentos, alimentos e derivados do petróleo

Fonte: Elaboração do autor com base em CENTRAL INTELLIGENCE AGENCY, 2020.

Entre 1983 e 2003, a redução de impostos nas importações foi verificada em todos os tipos de produtos e, em especial, nos industrializados, que caíram de 25%-30% para 0%-5% nos bens de produção, 30% para 5% nos bens de capital e 30% para 10% nos bens de consumo (quadro 7) (BRAFU-INSAIDOO; OBENG, 2008).

A gradativa redução dessas taxas viabilizou a entrada de diversos tipos de bens de origem asiática e europeia. As importações de produtos de outros países africanos ainda são minoritárias e circunscritas a mercadorias específicas, como o petróleo bruto, que Gana importa da Nigéria.

Certamente, a análise da pauta de importações de um país é um dado central para a compreensão de sua economia, visto que – além de impactar a balança comercial – ela revela demandas as quais o modo de produção na escala nacional não é capaz de satisfazer em função da organização particular de suas forças produtivas: seja devido a questões de ordem natural (geológicas, geomorfológicas, pedológicas ou climáticas), seja em função da quantidade e da qualidade das matérias-primas, dos maquinários e da força de trabalho disponíveis.

Quadro 7: Taxas de importação (em %) de bens industrializados em Gana entre 1983 e 2003.

Ano	Bens de produção	Bens de capital	Bens de consumo
1983	25-30	30	30
1984	25-30	30	30
1985	25-30	30	30
1986	10-20	20	25
1987	15-20	25	35
1988	10-15	15	20
1989	10-15	15	20
1990	10	10	20
1991	10	10	20
1992	10	10	20
1993	0-10	10	20
1994	0-10	10	25
1995	0-10	10	25
1996	0-10	10	25
1997	0-5	5	25
1998	0-5	5	10
1999	0-5	5	10
2000	0-5	5	10
2001	0-5	5	10
2002	0-5	5	10
2003	0-5	5	10

Fonte: Elaboração do autor com base em BRAFU-INSAIDOO E OBENG (2008).

4.2 As empresas importadoras

A formação socioespacial ganense tem dezenas de empresas de importação. Em 2016, foi possível fazer um levantamento, em sites de busca, de endereços de 102 companhias que atuavam no país, sendo que muitas delas também operavam, concomitantemente, com exportações de mercadorias.

O fator locacional chama a atenção, visto que 90% dessas empresas estão sediadas na Grande Acra, tanto na cidade portuária de Tema (13 importadoras) quanto na capital Acra (79 importadoras). A cidade portuária de Takoradi (Região Oriental) é sede de uma importadora, ao passo que Kumasi (Axânti) é a sede de nove. Registra-se, assim, uma predileção dessas empresas pelas porções centro e sul do território, de modo que o adensamento se intensifica nas áreas de maior concentração do mercado consumidor e de atividades econômicas associadas à manufatura, ao comércio e aos serviços.

A atuação desse tipo de empresa data do período colonial. Segundo Grant:

> O núcleo das firmas de importação-exportação tem sido na Native Town [Acra] desde a década de 1920, quando pequenos comerciantes começaram a oferecer estreitas linhas de mercadorias na escala local, nacional e internacional. Os europeus não tinham interesse em participar dessas atividades, que produziam uma renda um pouco acima dos padrões de subsistência. Muitas firmas pertenciam originariamente a imigrantes, particularmente libaneses e sírios. Durante a fase nacional, legislações foram estabelecidas para reservar essas atividades aos ganenses, induzindo muitos desses imigrantes a se naturalizar ganenses. Assim, suas empresas passaram a ser classificadas como companhias domésticas. (GRANT, 2009, p. 34, tradução nossa)

A presença de origem estrangeira na atividade é marcante. No fim da década de 2010, muitas dessas companhias eram geridas por famílias de segunda ou terceira gerações de mercadores sírios e libaneses, que imigraram para a África Ocidental na década de 1920. A presença de indianos, chineses e holandeses também era significativa.

As empresas, por mais que tenham forte vinculação familiar, têm diferentes estruturas de atuação em função de seu grau de capitalização e do setor de importação em que atuam. Assim, muitos empreendedores estabelecem suas localizações em escala transnacional, fixando escritórios e representantes nos países com que fazem seus acordos comerciais (quadro 8).

Quadro 8: Conexões transnacionais das empresas de importação em Gana no início do século XXI.

Tipos de importação	Conexões com
Automóveis	Holanda, Alemanha e Reino Unido
Roupas	Estados Unidos, Reino Unido e França
Alimentos (processados)	Nigéria, Líbano e Europa
Materiais de construção	Alemanha e Reino Unido
Maquinários	Reino Unido e Nigéria

Fonte: Elaboração do autor com base em GRANT (2009).

Por mais que algumas cidades localizadas em países da Europa Ocidental e dos Estados Unidos figurassem, em 2009, como pontos de atuação das empresas de importação ganenses, é notável que China e Índia foram se tornando territórios importantes para os acordos comerciais dessas empresas na década seguinte.

Geralmente, as importadoras atuam em nichos específicos de mercado. Apesar de muitas assegurarem que fazem importações em geral, a maioria realiza importações especializadas de mercadorias, que podem ser classificadas em três grupos: alimentos e bens de consumo não duráveis; bens de produção; e bens de capital e bens de consumo duráveis.

4.3 A importação de alimentos e bens de consumo não duráveis

A entrada de alimentos e bens de consumo não duráveis corresponde aos produtos com baixa durabilidade e que, geralmente, são consumidos diretamente pela população. Essa categoria abriga, além dos produtos agrícolas, aqueles da indústria alimentícia, têxtil e farmacêutica.

No ano de 2017, a entrada de alimentos e bens de consumo não duráveis representou cerca de 35,6% das importações de Gana (OBSERVATORY OF ECONOMIC COMPLEXITY, 2020). Entre os principais produtos figuram: arroz, óleo de palma, peixe congelado, pesticidas, trigo, açúcar, medicamentos, carne de aves, dentre outros (quadro 9).

Quadro 9: Importações de alimentos e bens de consumo não duráveis em Gana em 2017.

Produto	Valor importado (em dólares)	Principais países de origem
Arroz	370 milhões (2,8% do total importado)	Vietnã (56%) Tailândia (31%) Índia (8,4%)
Óleo de palma	327 milhões (2,5% do total importado)	Malásia (84%) Costa do Marfim (8,8%) Indonésia (3,3%)
Peixe congelado (excluindo filé)	278 milhões (2% do total importado)	Mauritânia (21%) Marrocos (10%) Bélgica (9,7%)
Pesticidas	195 milhões (1,5% do total importado)	China (58%) Espanha (11%) Bélgica (6%)
Trigo	190 milhões (1,4% do total importado)	Canadá (55%) Rússia (25%) Estados Unidos (14%)

Açúcar	189 milhões (1,4% do total importado)	Brasil (60%) Emirados Árabes Unidos (7,4%) França (6,7%)
Medicamentos (empacotados)	184 milhões (1,4% do total importado)	Índia (46%) Bélgica (7,5%) Suíça (7,4%)
Carne de aves	148 milhões (1,1% do total importado)	Bélgica (33%) Holanda (12%) Estados Unidos (26%)
Roupas (usadas)	128 milhões (0,97% do total importado)	Reino Unido (46%) China (17%) Canadá (7,5%)
Calçados com sola de borracha (novos e usados)	64,3 milhões (0,49% do total importado)	China (92%) Nigéria (5,1%) África do Sul (0,64%)
Tecido (de algodão)	52,3 milhões (0,4% do total importado)	China (60%) Índia (22%) Holanda (8,9%)
Cabelo sintético	24,7 milhões (0,19% do total importado)	China (91%) Togo (5,9%) Nigéria (1%)

Fonte: Elaboração do autor com base em OBSERVATORY OF ECONOMIC COMPLEXITY (2020).

A distribuição e a circulação da maior parte das mercadorias importadas ocorrem principalmente a partir do Porto de Tema, localizado mais próximo dos grandes mercados consumidores do país. É por meio das rodovias que a circulação ocorre pelo território, e pode-se identificar, pelo menos, três destinações aos alimentos e bens de consumo não duráveis que chegam em Gana.

Primeiramente, caso o produto já esteja completamente finalizado, embalado e pronto para o consumo, ele vai diretamente para o comércio, que se realiza em atividades formais (lojas e supermercados) e informais (feiras e vendedores ambulantes). Esse é o caso de muitos produtos, como peixe congelado, frango congelado, roupas, calçados, cabelos sintéticos e remédios embalados.

Outros produtos – como arroz, trigo e açúcar – são pesados e ensacados por pequenas e médias empresas, localizadas, principalmente, na região portuária de Tema. O mesmo pode ocorrer com mercadorias potencialmente personalizáveis, como calçados e roupas. Em seguida, esses produtos também são comercializados.

Por fim, parcelas das mercadorias importadas não são destinadas ao consumo direto da população, pois servem como matéria-prima ou insumo para outras atividades econômicas. Nesse grupo, podem ser mencionados: o óleo de palma (empregado na fabricação de sabão, velas, lubrificantes e na proteção de metais), os pesticidas (empregados na agricultura comercial), os tecidos de algodão (empregados pela indústria têxtil) e alguns alimentos, como o trigo e o açúcar (utilizados pela indústria alimentícia).

É importante notar aí, também, que algumas mercadorias são produzidas pela economia nacional, revelando assim duas possibilidades de análise: a existência de uma demanda de bens superior à oferta disponível pela indústria local e/ou a existência de um mercado diversificado, povoado por produtos nacionais e estrangeiros. São exemplos desses produtos: arroz e óleo de palma, ambos cultivados no litoral, e frango, cuja criação ocorre por todo o território. Existem ainda alguns itens da importação cuja produção local é inviável, em função das condições naturais do território, como o trigo, que se desenvolve preferencialmente em áreas de clima temperado.

Em relação à origem das importações, nos últimos anos da década de 2010, pode-se observar que a maior parte dos alimentos e dos bens de consumo não duráveis têm procedência asiática. Nesse processo, a China assume a liderança, vendendo para Gana produtos como pesticidas, tecidos, calçados, tomate processado, entre outros. Outros países – Tailândia e Vietnã – produzem a maior parte do arroz importado, além de outros bens de consumo não duráveis (biscoitos e roupas). A Malásia e a Indonésia são a origem da maior parte do óleo de palma importado, enquanto a Índia foi a origem de cerca de 50% dos medicamentos. A presença de mercadorias procedentes de países da Europa Ocidental perdeu importância relativa no fim da década de 2010 em função das exportações asiáticas.

A formação socioespacial não importa grandes quantidades de alimentos e bens de consumo não duráveis de outros países africanos. Na escala regional, isso pode ser parcialmente explicado pelo fato de que os países da África Ocidental possuem pautas de exportações semelhantes, conforme observado no Capítulo 3. Na escala continental, é possível encontrar bens de consumo não duráveis sul-africanos e egípcios em alguns supermercados de Acra, Kumasi e Tamale.

4.4 A importação de bens de produção

A entrada de bens de produção corresponde justamente ao conjunto de mercadorias importadas que serão consumidas por diferentes atividades econômicas. Essa categoria abriga, fundamentalmente, matérias-primas brutas e processadas, como minerais, metais, metais preciosos, vidros, plásticos, borrachas e madeiras.

No ano de 2017, a entrada de bens de produção representou cerca de 29,3% das importações de Gana (OBSERVATORY OF ECONOMIC COMPLEXITY, 2020). Entre esses produtos, pode-se citar petróleo (refinado e bruto), cimento, ferro laminado plano revestido, pneus de borracha, estruturas e tubos de ferro, gás de petróleo, cerâmica esmaltada, entre outros (quadro 10).

Quadro 10: Importações de bens de produção em Gana em 2017.

Produto	Valor importado (em dólares)	Principais países de origem
Petróleo refinado	416 milhões (3,1% do total importado)	Holanda (27%) Rússia (13%) Emirados Árabes Unidos (7,9%)
Cimento	268 milhões (2% do total importado)	Turquia (21%) China (9%) Espanha (13%)
Ferro laminado plano revestido	182 milhões (1,4% do total importado)	China (57%) Índia (15%) Vietnã (13%)
Petróleo bruto	126 milhões (0,95% do total importado)	Nigéria (99,6%)
Pneus de borracha	118 milhões (0,89% do total importado)	China (39%) Estados Unidos (13%) Japão (12%)

Estruturas de ferro	113 milhões (0,85% do total importado)	China (31%) Índia (12%) África do Sul (11%)
Outros produtos de ferro	87,8 milhões (0,66% do total importado)	China (38%) Índia (28%) Estados Unidos (6,5%)
Tubos de ferro	70 milhões (0,5% do total importado)	China (47%) Estados Unidos (39%) Coreia do Norte (1,6%)
Gás de petróleo	64,7 milhões (0,49% do total importado)	Estados Unidos (63%) Argentina (21%) Argélia (15%)
Cerâmica esmaltada	59,5 milhões (0,45% do total importado)	China (66%) Espanha (21%) Itália (7,3%)

Fonte: Elaboração do autor com base em OBSERVATORY OF ECONOMIC COMPLEXITY (2020).

Tema e Takoradi são os dois principais pontos de entrada dos bens de produção importados. Dependendo da procedência do produto, usam-se ainda as fronteiras terrestres, em especial com o Togo (a leste) e com a Costa do Marfim (a oeste), países que viabilizam a conexão com os outros territórios da região.

Chegando aos portos em navios cargueiros que partem de países como Holanda, Rússia e Emirados Árabes Unidos, o petróleo refinado representou o maior valor das importações ganesas em 2017, tendo registrado 416 milhões de dólares. Os principais usos dados ao produto importado são: geração de energia pela queima de combustíveis industriais (querosene, gasóleo e gás de petróleo) e de veículos (gasolina para aviação, gasolina comum e aditivada e óleo diesel), asfalto e óleos lubrificantes. A circulação do petróleo refinado (e seus derivados) no território ganense é feita por meio rodoviário. O petróleo bruto, por sua vez, é importado da Nigéria em sua quase totalidade. Em Gana, esse petróleo chega por oleodutos até as áreas de armazenamento da Tema Oil Refinery (TOR). Localizada em Tema, a TOR é a única refinaria do país, fundada em 1963, durante a gestão do presidente Nkrumah. Essa importação revela também uma importante relação comercial na escala regional no que se refere ao setor energético.

Na pauta de importações, chamam a atenção também os materiais utilizados em obras de construção civil, como cimento, estruturas e tubos de ferro e cerâmicas esmaltadas, por mais que exista uma indústria nacional de materiais de construção, em especial de cimentos. Nesse processo, novamente, a China desempenha um papel comercial central, tendo liderado as vendas dos produtos citados.

4.5 A importação de bens de capital e de bens de consumo duráveis

A entrada de bens de capital corresponde ao conjunto de maquinários, instrumentos e veículos que são consumidos por empresas nos mais variados segmentos da economia, como agricultura, mineração, manufatura, construção civil, comércio e serviços. Já os bens de consumo duráveis correspondem a produtos desenvolvidos diretamente para a população, como eletrodomésticos, eletroeletrônicos e veículos de passeio. O agrupamento dessas categorias se deve ao fato de que muitos produtos podem ter ambos os tipos de uso, servindo tanto às atividades econômicas quanto à população consumidora. O computador, por exemplo, é um produto que pode ter tanto uso empresarial quanto pessoal.

No ano de 2017, a entrada de bens de capital e de bens de consumo duráveis representou cerca de 35,1% das importações de Gana (OBSERVATORY OF ECONOMIC COMPLEXITY, 2020). Entre esses produtos, podem ser listados: carros, motos, caminhões e veículos de construção; peças de veículos; fios; máquinas de escavação e de processamento de rochas; e computadores (entre outros eletroeletrônicos) (quadro 11).

Quadro 11: Importações de bens de capital e bens de consumo duráveis em Gana em 2017.

Produto	Valor importado (em dólares)	Principais países de origem
Carros	793 milhões (6% do total importado)	Estados Unidos (45%) Canadá (6,8%) Emirados Árabes Unidos (11%)
Caminhões de carga (de entrega)	442 milhões (3,3% do total importado)	África do Sul (15%) China (14%) Bélgica (12%)
Fio isolado	210 milhões (1,5% do total importado)	Estados Unidos (43%) China (25%) Turquia (12%)

Veículos de construção (grandes)	178 milhões (1,3% do total importado)	China (27%) Bélgica (14%) Estados Unidos (8,9%)
Navios (cargueiro e de passageiros)	153 milhões (1,2% do total importado)	Congo (99,3%)
Navios (carga específica)	146 milhões (1,1% do total importado)	Congo (52%) China (20%) Reino Unido (18%)
Máquinas de escavação	120 milhões (0,9% do total importado)	Estados Unidos (11%) França (10%) Bélgica (9,5%)
Telefones	112 milhões (0,84% do total importado)	China (37%) Hong Kong (26%) Suécia (8,5%)
Máquinas de processamento de rocha	104 milhões (0,79% do total importado)	China (25%) Estados Unidos (11%) África do Sul (8,1%)
Peças de veículos	70,9 milhões (0,54% do total importado)	China (17%) Bélgica (14%) Estados Unidos (12%)
Computadores	60,9 milhões (0,46% do total importado)	China (21%) Emirados Árabes Unidos (15%) França (9,6%)
Motocicletas	57,5 milhões (0,43% do total importado)	China (83%) Índia (5,6%) Japão (4,2%)

Fonte: Elaboração do autor com base em OBSERVATORY OF ECONOMIC COMPLEXITY (2020).

O Porto de Tema é o principal ponto de entrada dos bens de capital e dos bens de consumo duráveis no país. Com menor importância figuram o Porto de Takoradi e as fronteiras terrestres.

Gana importa significativa quantidade de máquinas de escavação e máquinas de processamento (fragmentação) de rochas, bens de capital diretamente associados aos circuitos espaciais de produção da mineração do país. As importações dessas mercadorias representaram, juntas,

224 milhões de dólares em 2017. Enquanto as máquinas de escavação são importadas, principalmente, dos Estados Unidos (11%), as máquinas de processamento de rochas vêm, principalmente, da China (25%).

A importação de automóveis usados já ocorria em Gana décadas antes do início do século XXI. Essa atividade é conduzida sobretudo por mercadores nigerianos que estabelecem a articulação entre diferentes cidades portuárias da Europa Ocidental (Hamburgo, Roterdã, Antuérpia, Marselha, entre outras) e da África Ocidental (Dakar, Acra, Cotonou, entre outras). Dada a informalidade desse tipo de comércio, é extremamente difícil a obtenção de dados oficiais sobre o seu fluxo, mas estima-se que, em Gana, cerca de 80% dos automóveis importados sejam de segunda mão (CHALFIN, 2008; BEUVING, 2013; ROSENFELD, 2013). Os automóveis importados podem ser utilizados tanto para fins econômicos como pessoais. Eles representaram 793 milhões de dólares das importações ganenses em 2017. Dada a precariedade ou a inexistência de transporte público em muitas cidades do país, o automóvel tornou-se uma das formas mais eficazes de circulação; os carros são fundamentais na prestação de serviços diversos, em especial no transporte de carga e de pessoas, como táxis (individuais) e *tro-tros* (vans, regularizadas ou não, que transportam a população nas escalas intraurbana e interurbana). A maior parte desses automóveis é importada dos Estados Unidos.

As motocicletas são produtos que também têm um uso versátil, sendo amplamente adquiridas pela população jovem do país como uma possibilidade de circulação mais fluida e menos custosa que o automóvel (ao menos na escala intraurbana). As importações dessa mercadoria alcançaram 57,5 milhões de dólares em 2017, sendo que a maior parte delas (83%) foi importada da China, seguida pela Índia (5,6%).

Peça elementar para o funcionamento da economia nacional – cuja circulação estrutura-se no transporte rodoviário –, os caminhões importados totalizaram 442 milhões de dólares em 2017 e vieram principalmente da África do Sul (15%), China (14%) e Bélgica (12%).

Um produto que, nas primeiras décadas do século XXI, tem imprimido significativas mudanças no dinamismo da economia ganense é o aparelho de telefone móvel. Ele representou um dos produtos mais importados entre os bens de capital e bens de consumo duráveis em 2017, sendo, assim como automóveis e computadores, utilizado tanto para fins empresariais quanto pessoais. Suas importações totalizaram um valor de 112 milhões de dólares, que representaram 0,84% do total nacional em 2017. As marcas chinesas estão entre as mais presentes, a saber: Huawei, Lenovo, Coolpad, Xiaomi, Meizou, ZTE e OPPO. A importação dos demais eletroeletrônicos será analisada mais adiante neste capítulo, pois eles podem integrar um tipo específico de produto importado: o produto de segunda mão ou o lixo eletrônico propriamente dito.

4.6 A predominância chinesa nas importações ganenses em escala mundial

Nos últimos anos, a China tornou-se o principal parceiro comercial de Gana. Em 2017, as mercadorias chinesas importadas totalizaram 3,08 bilhões de dólares, o equivalente a 23%, do valor total da pauta de importações do país da África Ocidental. Em segundo lugar posicionou-se os Estados Unidos, com 1,1 bilhões de dólares (8,3%), seguido da Índia, com 661 milhões de dólares (5%) (OBSERVATORY OF ECONOMIC COMPLEXITY, 2020).

Do total das mercadorias chinesas importadas por Gana em 2017, pode-se considerar que:
- cerca de 32% foram produtos alimentares e bens de consumo não duráveis, como têxteis (9,8%), produtos químicos (8,5%), alimentos processados (3,7%) e calçados (3,4%);
- cerca de 34% foram bens de produção, como metais (18%), plásticos e borrachas (6,2%) e rochas e vidros (4%);
- e 34% foram bens de capital e bens de consumo duráveis, como maquinários (25%) e equipamentos de transporte (9%).

A marcante presença chinesa tem se tornado, no início do século XXI, mais intensa em Gana, não apenas pela aquisição de produtos importados, mas também pelo desenvolvimento de uma classe de mercadores chineses instalados em Acra e que se torna, a cada dia, mais influente na economia urbana do país. Além disso, uma série de projetos de infraestrutura estão sendo executados por empresas do país asiático, tendo como objetivo fundamental aumentar a fluidez do território ganense, conforme já mencionado no Capítulo 2. Essa realidade tem sido observada e estudada em muitos outros países do continente nesse período.

A relação entre a China e os países africanos é antiga. Existem registros de que mais de 60 embarcações chinesas viajaram até diferentes territórios da África Oriental durante a Dinastia Ming, em especial entre os anos de 1418 e 1433 (BRAUTIGAM, 2009). No caso da formação socioespacial ganense, as relações entre Acra e Beijing se intensificaram a partir da década de 1960, durante o governo de Nkrumah. Nesse período, Gana ofereceu apoio diplomático à República Popular da China (RPC) em importantes momentos da geopolítica desse país: em 1960, Nkrumah apoiou a reintegração do país asiático na Organização das Nações Unidas (ONU) e, em 1962, o mesmo presidente apoiou o país durante a guerra Sino-Indiana. Em 1961, o líder da Revolução Chinesa, Mao Tse-tung, recebeu o líder da independência ganense em Hangzhou (no leste chinês), momento no qual aprofundaram-se os laços diplomáticos entre os países.

Mais uma evidência do apoio diplomático ganense à RPC ocorreu em 1989, durante os protestos na Praça Tiananmen. Como forma de reconhecer e recompensar esse apoio, o governo chinês presenteou Gana com a construção de seu Teatro Nacional, localizado no centro de Acra.

De maneira geral, pode-se considerar que a presença chinesa em Gana e na maior parte dos países africanos foi intensificada com sua expansão econômica nas décadas de 1990 e 2000. A estratégia internacional do país asiático viabilizou-se com a política do *Go Out*. Nas palavras de Grant:

> Em 1999, o governo chinês iniciou a política do *Go Out*, para encorajar companhias chinesas a investir no exterior e isso tornou-se o pilar da própria estratégia de desenvolvimento da China após 2001. Essa política incentivou firmas chinesas a fazer negócios no exterior, ao passo que fazia as firmas chinesas mais competitivas mediante a aquisição de ativos estratégicos, assegurando acesso a recursos naturais e estabelecendo novos mercados para as exportações chinesas. Inicialmente, grandes companhias estatais de construção lideraram o processo mas, recentemente, firmas privadas em todos os setores têm participado. (GRANT, 2015, p. 289, tradução nossa)

O sucesso dessa estratégia verificou-se pelo fato de que, nas primeiras décadas do século XXI, a China tornou-se a maior parceira comercial do continente, além de ser um de seus maiores investidores. Em 2012, seus acordos bilaterais com os países africanos alcançaram 200 bilhões de dólares, pautados, especialmente, na importação de recursos minerais e petróleo em troca da venda de mercadorias manufaturadas (GRANT, 2015).

Essa relação foi gradativamente institucionalizada por meio do Forum China Africa Cooperation, realizado em Beijing em 2006. É importante notar que, nessas relações – estabelecidas com acordos bilaterais –, a RPC manifesta uma política de não interferência nos assuntos domésticos de países africanos, respeitando os princípios de soberania territorial desses Estados. Os principais comprometimentos da China com relação às formações socioespaciais africanas são: intensificar os investimentos (mapa 14) e ajudas financeiras, intensificar o comércio, fortalecer cooperações em torno do desenvolvimento econômico, facilitar perdões de dívidas, construir uma ampla gama de infraestruturas (sobretudo de transporte e energia, além de escolas e hospitais) e cooperar no desenvolvimento dos recursos naturais e humanos (da extração mineral até a educação) (GRANT, 2015).

Entre 2005 e 2015, Gana recebeu mais de 6 bilhões de dólares em investimentos chineses. Países como Nigéria, Argélia, Egito, Etiópia, Quênia e Angola receberam, cada um, mais de 10 bilhões no mesmo período. Na formação socioespacial ganense, esses investimentos estão associados a explorações do petróleo, bem como à construção de infraestruturas de circulação, saneamento básico e energia.

É amplamente difundido, neste início do século XXI, em especial no Ocidente, que a China tem sido responsável por um processo de neocolonialismo no continente africano. Antes de avaliar a aderência dessa perspectiva à realidade, é importante localizar a sua origem, que remonta aos órgãos da imprensa, aos políticos, aos empresários e aos intelectuais da Europa Ocidental e dos Estados Unidos. De acordo com Grant, essa perspectiva serve para desqualificar a estratégia chinesa no mercado internacional. O mesmo autor chama a atenção para as formas hiperbólicas com que a mídia trata a questão:

> O envolvimento da China com a África é um tema provocante. Houve ondas de desinformação, campanha publicitária, relatórios anedóticos e conclusões precipitadas e especulativas sobre o que os chineses estão fazendo na África. A mídia hiperbólica descreve a relação como um "caso de amor", "uma atração fatal", "um chinês para viagem", "novo colonialismo" [...]. (GRANT, 2015, p. 288, tradução nossa)

Mapa 14: Investimentos chineses nos países africanos entre 2005 e 2015.

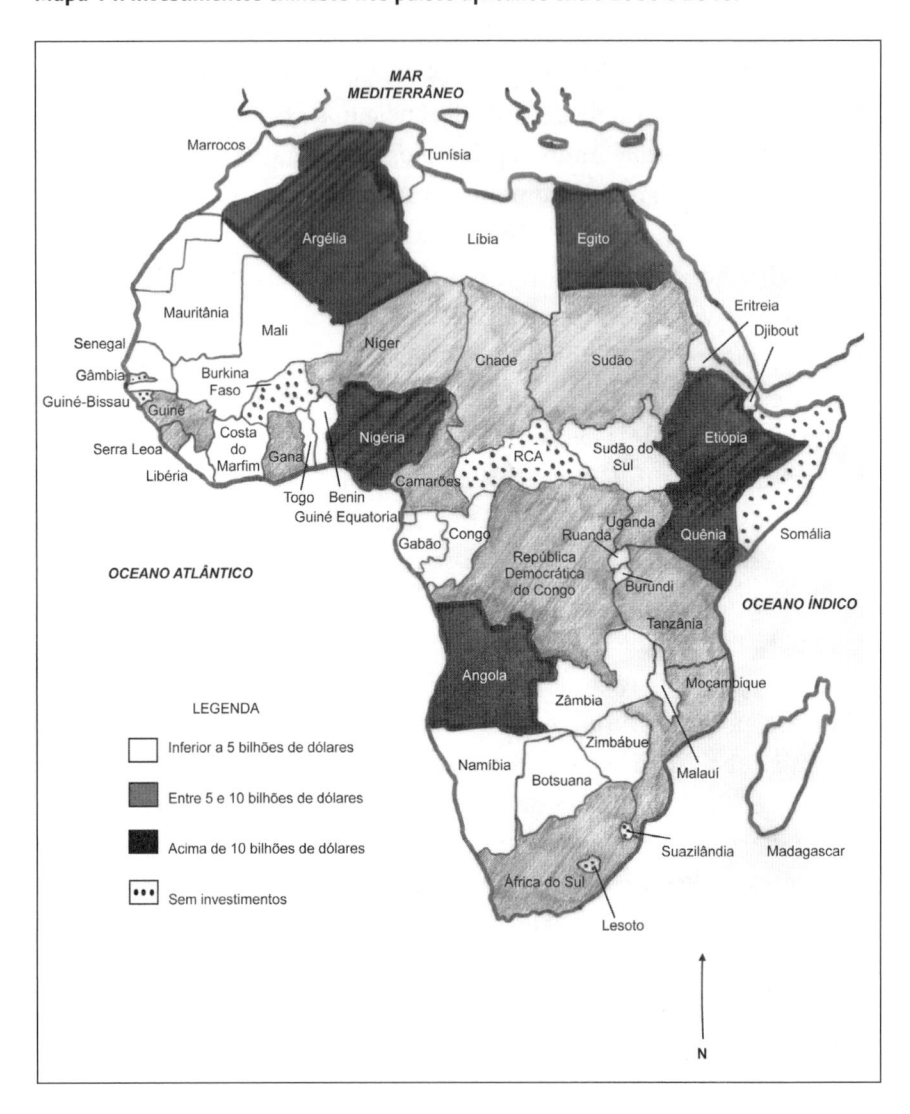

Fonte: Elaboração do autor (2016) com base em SCISSORS (2015).

Os acordos bilaterais estabelecidos entre a RPC e os Estados africanos são realizados diante do princípio da soberania territorial; muito diferente da forma como os Estados europeus desenvolveram suas relações com o continente durante os séculos XIX e XX. Além disso, os acordos sino-africanos não geraram uma alienação das dinâmicas produtivas do território nos mesmos moldes que as políticas neoliberais difundias pelo FMI e pelo Banco Mundial nas décadas de 1980 e 1990, uma vez que esses últimos impuseram uma agenda de ajustes fiscais e monetários que inviabilizaram o projeto de desenvolvimento industrial dos países africanos. Existem muitos aspectos a serem abordados nas relações entre China e África e, segundo Grant, eles podem ser categorizados entre oportunidades ou desafios (quadro 12).

No fim da década de 2010, ainda não era possível afirmar os efeitos mais estruturais dessa relação. É preciso ter cautela e evitar generalizações a partir de casos particulares. Apesar de a estratégia chinesa ser semelhante para os diferentes territórios africanos, as estratégias dos diferentes territórios africanos junto à China não são as mesmas. Conforme já mencionado, no caso de Gana, a presença chinesa se verifica nos investimentos em obras de infraestrutura – estradas, rodovias e hidrelétricas – e em pesquisas voltadas à prospecção de petróleo (junto à empresa estatal ganense), de modo que esses projetos têm viabilizado o desenvolvimento das forças produtivas no país.

Quadro 12: Possibilidades e desafios do engajamento chinês na África segundo Grant.

Oportunidades	Desafios
Aplicação de investimentos (por meio das instituições financeiras chinesas, como a China Import Export Bank). Execução de projetos de infraestruturas (por meio do estabelecimento de rotas de comércio intra e interestatais). Criação de zonas econômicas especiais. Aprimoramento das formas de realizar negociações comerciais bilaterais (envolvendo ética de trabalho, espírito empreendedor, ampliação da rede internacional de fornecedores e do planejamento de negócios). Aprimoramento dos modelos de fornecedores globais e das concessões comerciais nos mercados da Europa e dos EUA. Aumento do poder de compra dos consumidores (por meio do acesso às mercadorias chinesas baratas). Criação de empregos. Contrabalanço à noção de que o Ocidente corresponderia à melhor alternativa comercial dos países africanos. Possibilidade de cooperação Sul-Sul.	Relações de trabalho precárias. Padrões precários de segurança ambiental e de saúde. Realocação de trabalhadores africanos do mercado de trabalho formal para o informal (já que muitas empresas chinesas preferem expatriar chineses para trabalhar na África). Falta de transferência tecnológica (entre as empresas chinesas e o Estado/empresas ganenses). Competição entre as indústrias chinesas e as indústrias ganenses. Uso de maquinários de segunda mão, resultando numa produção de menor qualidade. Desenvolvimento de enclaves (investimentos seletivos apenas nas áreas de interesse econômico chinês). Ausência de transparência nos acordos bilaterais sem levar em consideração a sociedade civil. Incertezas relativas ao papel dos africanos no processo. Reprodução de relações de dependência.

Fonte: Elaboração do autor com base em GRANT (2015).

4.7 A predominância dos países do ECOWAS nas importações ganenses em escala continental

Diversificar as parcerias comerciais – em especial com os países do continente – tem sido um dos objetivos dos governos ganenses. Por mais que essas relações ainda sejam menores diante de outras parcerias comerciais (com a Europa e a Ásia, principalmente), os avanços nas últimas décadas são marcantes: em 2017, 12% das exportações de Gana destinaram-se a países africanos e 12% das importações vieram do mesmo continente, diferente do ano de 1980, quando esses percentuais foram de 2,5% e 3,7%, respectivamente (AMOAH, 2014; OBSERVATORY OF ECONOMIC COMPLEXITY, 2020).

No fim da década de 2010, enquanto as exportações ganenses para os demais países do continente corresponderam a 2,09 bilhões de dólares (em 2017) – com mercadorias destinadas principalmente para a África do Sul (44%), Burkina Faso (23%), Togo (7,3%), Níger (5%), Congo (3,9%) e Senegal (3,4%) –, as importações de mercadorias africanas em Gana alcançaram o valor de 1,56 bilhões. Nessas importações, os produtos sul-africanos representaram 25% do valor importado, seguido pelos produtos nigerianos (19%), congoleses (15%), marroquinos (7,4%), marfinenses (6,3%), togoleses (6,1%), mauritanos (3,9%), entre outros (Benin, Serra Leoa, Senegal etc.) (OBSERVATORY OF ECONOMIC COMPLEXITY, 2020).

Diversos fatores de ordem técnica e política contribuem para a configuração desse quadro de trocas comerciais entre Gana e os países africanos. Segundo Amoah, estão entre eles: os diversos tipos de impostos que incidem sobre as mercadorias, a qualidade das infraestruturas de circulação, comunicação e energia, a distância entre localizações e a estabilidade política dos países, bem como suas diferenças linguísticas (AMOAH, 2014).

Contudo, mesmo diante de algumas dificuldades de integração, os blocos regionais têm desempenhado um gradativo esforço para intensificar as trocas comerciais entre Estados africanos e, no caso ganense, entre os

Estados da porção ocidental do continente, associados à Economic Community of West African States (ECOWAS). No fim da década de 2010, faziam parte da ECOWAS: Benin, Burkina Faso, Cabo Verde, Costa do Marfim, Gâmbia, Gana, Guiné, Guiné-Bissau, Libéria, Mali, Níger, Senegal, Serra Leoa e Togo (mapa 15).

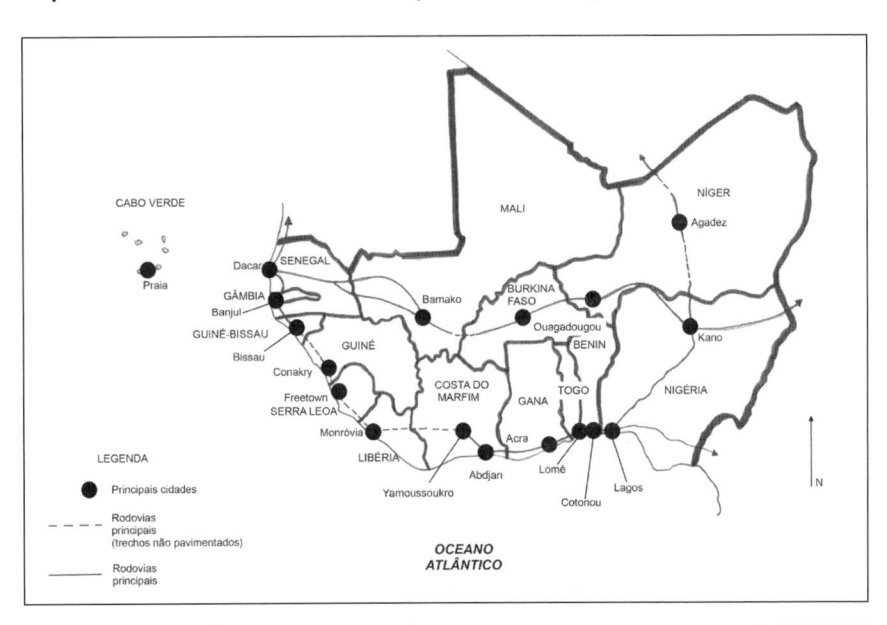

Mapa 15: Países membro do ECOWAS e infraestruturas na África Ocidental em 2016.

Fonte: Elaboração do autor (2016) com base em ECONOMIC COMMUNITY OF WEST AFRICAN STATES (2016).

A ECOWAS foi fundada em 1975, com o objetivo declarado de "promover a cooperação e o desenvolvimento na indústria, telecomunicação, energia, agricultura, recursos naturais, comércio, questões financeiras e monetárias e em assuntos sociais e culturais" (OTENG-KUFUOR, 2006, p. 23, tradução nossa). Esse objetivo integrava uma perspectiva de regionalismo desenvolvimentista, segundo a análise de Oteng-Kufuor; para o autor, essa perspectiva durou até 1993 e, nela, o papel dos Estados era fundamental no desenvolvimento da almejada cooperação de projetos de desenvolvimento econômico pela via industrial.

O Tratado da ECOWAS, de 1975, alegava que seriam levantados esforços entre os países signatários para buscar uma progressiva redução de tarifas e outras barreiras comerciais dentro da região. Além disso, manifestou-se o desejo de criar uma união aduaneira que garantisse também uma livre circulação de pessoas, serviços e capitais (OTENG-KUFUOR, 2006).

Entre os principais protocolos e decisões do bloco, pode-se mencionar o Community's Trade Liberalisation Scheme (TLS), cujo objetivo foi remover taxas comerciais e favorecer as trocas (em especial de bens manufaturados) entre os países da comunidade. As decisões do TLS foram gradativas e, em síntese, não foram bem-sucedidas por quatro motivos principais (OTENG-KUFUOR, 2006):

- Os países membros necessitavam manter as taxas comerciais, já que essa era uma das principais formas com que obtinham receita para o governo.
- Houve o favorecimento de empresas de capital estrangeiro que atuavam nas ex-colônias francesas: Costa do Marfim (onde mais da metade da indústria era controlada pelo capital estrangeiro, em especial as indústrias de couro e sapatos, nas quais 99% do capital era francês, mas também nas indústrias mecânicas, químicas e de refino de petróleo, onde o capital francês controlava, respectivamente, 88%, 75% e 71% das atividades) e Senegal (onde o controle majoritário francês ocorria também nas indústrias química – 89% – e mecânica – 88%); isso impôs dificuldades de expansão regional de mercado aos países que estavam em processo de industrialização por substituição de importações (Nigéria e Gana).
- O fracasso do ECOWAS Fund, que servia para compensar as perdas de receita geradas pelos cortes tarifários da TLS, mas que não recebeu as contribuições necessárias dos países da comunidade.
- Os diferentes estágios de independência econômica e política dos países-membros, e as questões relativas à hierarquia dentro do bloco (com uma suposta liderança da Nigéria que não agradava a todos os países).

Em 1993, foi feita uma revisão do Tratado do ECOWAS de 1975. Nessa revisão, apoiada em uma perspectiva do novo regionalismo (OTENG-KUFUOR, 2006), as políticas tencionadas estavam mais aderentes à lógica neoliberal, focando sobretudo na criação de uma área de livre mercado, da união aduaneira e do mercado comum (OSHIKOYA, 2010). Objetivava-se ainda a criação de uma moeda única, a *West African Monetary Zone* (WAMZ) – entre Gâmbia, Gana, Guiné, Nigéria e Serra Leoa –, o que ainda não tinha sido efetivado ao tempo do fim deste estudo.

No fim da década de 2010, a comunidade se desdobra na ECOWAS Commission, na Community Parliament, na Court of Justice e no ECOWAS Bank for Investment and Development. Além das políticas comerciais, a integração no bloco tem sido feita pela aplicação de uma série de medidas como, por exemplo, a livre circulação de pessoas nascidas nos países do bloco (UEXKULL, 2012).

A ECOWAS tem um impacto muito maior nas dinâmicas de importação de mercadorias da formação socioespacial ganense do que nas dinâmicas de exportação desta. Conforme já mencionado, em 2017, as exportações do país para outros territórios africanos totalizaram 2,09 bilhões de dólares. Desse total, os países membros da ECOWAS foram o destino de 49,5%, com liderança de Burkina Faso (23%), seguida de Togo (7,3%) e Níger (5%).

A origem das importações ganenses seguem, contudo, outro padrão. A formação socioespacial importou o equivalente a 13,2 bilhões de dólares em 2017. Desse total, 6,1 bilhões (46%) foram gastos em mercadorias asiáticas e 3,7 bilhões (28%) em mercadorias europeias. As mercadorias africanas totalizaram 1,56 bilhões do valor total das importações (o equivalente a 12%). Entre os países africanos, os produtos originários do ECOWAS representaram 42% das importações ganenses, sobretudo em função da importação de produtos nigerianos (19%), marfinenses (6,3%), togoleses (6,1%) e mauritanos (3,9%) (OBSERVATORY OF ECONOMIC COMPLEXITY, 2020).

4.8 A importação de lixo eletrônico

Dois aspectos que mais ganham destaque na pauta de importações de Gana no século XXI são os equipamentos elétricos e eletrônicos usados e o lixo eletrônico (também conhecidos como resíduos de equipamentos elétricos e eletrônicos ou REEE), que, segundo o guia do Porto da Antuérpia (citado páginas atrás), eram colocados dentro de automóveis usados para serem enviados aos países africanos.

Na década de 2010, essas importações geraram uma série de atividades econômicas no espaço urbano de Gana. Tais atividades integram etapas negligenciadas pelas análises sobre os circuitos espaciais de produção, aquelas que são realizadas após o consumo de determinado produto vendido no mercado.

Em linhas gerais, essas atividades envolvem trabalhos de reparo e reciclagem: enquanto o primeiro realiza consertos de objetos a serem consumidos por empresas e pela população local, o último recupera minérios do lixo eletrônico – processo também conhecido como mineração urbana (GRANT, 2016) – para comercializá-los no mercado internacional. O conjunto de atividades relativas ao reparo e à reciclagem ocorrem fundamentalmente na Grande Acra e caracteriza-se pela precariedade das condições de trabalho, em um contexto de informalidade que foi intensificado após os ajustes do país às políticas neoliberais da década de 1980.

Nesse ponto, é fundamental mencionar que os produtos de segunda mão podem ser também considerados lixo, uma vez que foram descartados pelo consumidor original. No entanto, dada a conotação historicamente negativa atribuída a esse termo, convencionou-se denominá-los equipamentos de segunda mão na medida em que, mesmo descartados, ainda têm potencial de reúso dentro de sua função original. Para além disso, esses equipamentos apresentam uma durabilidade limitada, ainda que passem por reparos. Assim, mesmo que haja recusa em considerar esses objetos como lixo, é isso que eles serão em um curto espaço de tempo, quando não tiverem mais condições técnicas de funcionamento.

De todo modo, essa massa de bens materiais origina-se nos Países do Norte – em especial nos países da Europa Ocidental, nos Estados Unidos e no Canadá – e corresponde a mais uma externalidade criada pelo grande capital, cuja produtividade industrial – causa e consequência da sociedade de consumo – mira o mercado consumidor dos países mais ricos, onde a maioria da população possui os meios financeiros para comprar, consumir e descartar os incessantes lançamentos. Nesse processo, a produção de resíduos tem alcançado proporções sem precedentes: de acordo com os estudos de Moore, houve um aumento de 23% na sua geração em cidades dos países desenvolvidos, entre 1990 e 2006, saltando de 530 para 650 milhões de toneladas (MOORE, 2011).

Grande parte desse lixo produzido não é reciclado ou tratado em sua área de produção, o que evidencia a existência de sua circulação. Desde a década de 1990, os renomados teóricos da globalização anunciam a existência de um processo de aceleração e internacionalização, sem precedentes, de diferentes tipos de fluxos, dando ênfase às mercadorias, aos serviços, ao capital, à informação e às pessoas. Na maior parte dessas análises, o fluxo de resíduos é discretamente mencionado dentro de uma perspectiva ambiental, ou simplesmente ignorado. A circulação e a distribuição de resíduos deflagram o aprofundamento da Divisão Internacional do Trabalho, sendo mais uma manifestação categórica da globalização como perversidade (SANTOS, M., 2000).

Os esforços internacionais para legislar sobre o fluxo de lixo foram apresentados em uma série de reuniões desde o fim da década de 1980, sendo que a mais importante delas foi a Convenção de Basileia, realizada na Suíça, em 1989. Essa convenção criou o único tratado global que objetiva controlar o movimento internacional de resíduos perigosos, incluindo aí o lixo eletrônico. Outras convenções também tiveram como objetivo a redução e o controle do fluxo de resíduos entre os países, tais como a Convenção de Bamako (Mali, 1991), a Convenção de Roterdã (Holanda, 1998) e a Convenção de Estocolmo (Suécia, 2001) (UNITED NATIONS ENVIRONMENT PROGRAMME, 2020).

Mensurar o fluxo de REEE é uma tarefa de grande complexidade, em função das variadas classificações que um objeto descartado pode ter.

De todo modo, acredita-se que 70% da massa de produtos eletrônicos que chega em Gana sejam *e-waste* (GRANT, 2016) e, nos últimos anos, esse fluxo tem sido reportado principalmente por: agências de pesquisa da Organização das Nações Unidas (ONU), como a United Nations Environment Programme (Unep), organizações não governamentais (ONGs), como o Greenpeace e ambientalistas independentes, como o ganense Mike Anane. A especificidade desse resíduo está no fato de que ele pode ser extremamente nocivo à saúde humana e ao ambiente, caso não seja armazenado e processado de forma adequada, por meio de custosas infraestruturas de reciclagem.

Os dados da Polícia Internacional (Interpol) apontam que cerca de 90% do REEE mundial são ilegalmente comercializados, dispostos em lixões e processados informalmente. A Unep assegura que, no ano de 2014, 42 milhões de toneladas de lixo eletrônico foram geradas, o equivalente a 50 bilhões de dólares (UNITED NATIONS ENVIRONMENT PROGRAMME, 2020). Segundo Grant e Oteng-Ababio:

> *E-waste* [...] é definido como dispositivo eletrônico descartado, excedente ou obsoleto, discriminado, que entra no fluxo de resíduos, mas que é posteriormente apropriado, reutilizado, revendido, recuperado, reciclado ou descartado. (GRANT; OTENG-ABABIO, 2012, p. 1, tradução nossa)

Assim, na atualidade, uma quantidade expressiva desse lixo tem se acumulado nas periferias de cidades portuárias não apenas de Gana, mas também de Senegal, Libéria, Costa do Marfim, Togo, Nigéria, Congo, Egito, Paquistão, Índia, Vietnã, Bangladesh, China, entre outros países do Sul. Gana tornou-se uma das principais destinações desse fluxo na atualidade em função do estabelecimento de uma política alfandegária que reduziu a zero as taxas de importação para equipamentos elétricos e eletrônicos, incluindo aqueles classificados como de segunda mão. A justificativa oficial por detrás dessa política foi que ela viabilizaria o acesso da população ganense – que tem um baixo poder aquisitivo (44% dos ganenses vivem com menos de 1 dólar por dia) – no chamado mundo digital, por intermédio do consumo das *Information Communication Technologies* (ICT). Assim, o fluxo em questão se intensificou em meados de 2000. De acordo com Grant e Oteng-Ababio:

> Em 2004, o Governo de Gana (GOG) implementou uma nova política para *conectar o fosso digital*, reduzindo o imposto de importação para zero em computadores usados e abrindo o caminho para o país a tornar-se um ímã para o recebimento dos navios com lixo eletrônico. Um ambiente político nacional facilitador foi mantido (por exemplo, em 2009, a iniciativa "um laptop por criança" [Kotey de 2010], bem como o projeto de "um laptop por unidade familiar" [Gana Times, 2009]), com consequências inesperadas. (GRANT; OTENG-ABABIO, 2012, p. 2, tradução nossa)

A despeito dos acordos internacionais que visam frear o fluxo transfronteiriço de lixo, a formação socioespacial ganense, desde meados da década de 2000, estabeleceu um acelerador para esse mesmo fluxo. A dimensão do volume de lixo eletrônico que chega em Gana é difícil de ser mensurada, já que os contêineres que são dispostos no Porto de Tema misturam objetos completamente danificados (e inutilizáveis dentro de suas funções originais) e objetos que, com diferentes níveis de uso, podem ser reparados e vendidos no mercado local, mesmo que tenham uma durabilidade curta e passem a integrar, em um futuro próximo, a quantidade de *e-waste* do país.

Por mais que prevaleçam as importações de países da Europa Ocidental, dos Estados Unidos e do Canadá, a formação socioespacial ganense importa lixo eletrônico de cerca de 145 países. O tráfico aumentou em 215 mil toneladas métricas entre 2004 e 2009 e, atualmente, estima-se que cheguem mensalmente ao Porto de Tema algo entre 300 e 600 contêineres do material (cada contêiner com 67,6 metros cúbicos de armazenamento) (OTENG-OBABIO, 2013; GRANT, 2016).

Entre os objetos que integram esse tipo de lixo, podem ser destacados: computadores (*desktops* e *laptops*), *tablets*, telefones celulares, aparelhos de telefone fixo, aparelhos de som, impressoras e máquinas copiadoras, monitores (LCD, LED e CTR), carregadores em geral, *drives*, estabilizadores, filtros de linha, fios e cabos eletrônicos, fontes, HDs, *hubs*, roteadores, *switches*, *mouses*, teclados, placas eletrônicas e quadros elétricos de controle.

A importação de lixo eletrônico e as atividades relacionadas ao seu processamento tornaram-se objeto de muitas reportagens investigativas na década de 2010 (McELVANEY, 2014; OTTAVIANI, 2015; SANTOS, K., 2020). Nessas reportagens, imagens estarrecedoras de Agbogbloshie – bairro ganense onde se localiza um dos maiores depósitos de REEE do mundo – revelam uma paisagem próxima ao que poderia ser uma projeção apocalíptica. Listado entre os dez lugares mais poluídos do mundo (BLACKSMITH INSTITUTE, 2013), o bairro também é conhecido localmente como *Sodoma e Gomorra*. Elemento da paisagem urbana da capital ganense, Agbogbloshie é um espaço onde diversos tipos de atividades econômicas se desenvolvem e operam um processo que será chamado, neste livro, de *recommodização* da economia mundial.

4.8.1 A paisagem de Agbogbloshie e a mineração urbana em Acra

Agbogbloshie está localizada a menos de 1 km do centro de Acra. Trata-se de um bairro com cerca de 16 km² onde residem, aproximadamente, 80 mil pessoas, sendo a maior parte delas migrantes da porção norte do país ou imigrantes do Togo, de Burkina Faso e da Costa do Marfim.

Abossey-Okai Road é o nome da rua que leva até o local; trata-se de uma via pavimentada e extremamente movimentada, como a maior parte das ruas da capital ganense. Há nela um fluxo contínuo de automóveis e *tro-tros*, que suprem a demanda do transporte coletivo na cidade. As calçadas são tomadas por vendedores, sejam eles ambulantes ou estabelecidos em suas barracas. Diferentes produtos são vendidos: alimentos como inhame, tomate, cebolas, abacaxi, banana, biscoitos, água e refrigerantes; vestuários, em especial camisetas e calças jeans; e uma miríade de bens eletroeletrônicos que, em sua maior parte, aparentam ser usados.

No bairro existe uma área destinada ao Mercado de Agbogbloshie – denominado oficialmente como **Makola Market II**[4.1] – e outra área onde se distribuem as moradias, as oficinas de serviços diversos e o lixão.

> **4.1** No mercado de Agbogbloshie vendem-se, essencialmente, tomates e inhame. Há também a venda de frutas – abacaxi, manga e banana – e de pimenta vermelha. O papel de comerciante cabe exclusivamente às mulheres, que, sentadas no chão com suas bacias ou sobre cadeiras em suas barracas, fazem um comércio silencioso de seus produtos, sem apelos diretos aos consumidores, muito diferente do que fazem os comerciantes ambulantes nas ruas da cidade.

Circular por esse espaço só é possível com a prévia autorização de um grupo de homens localizados na entrada principal do bairro e que exercem a territorialidade sobre este: eles passam o dia sentados conversando entre si e nos seus respectivos aparelhos de telefone celular, sob um guarda-sol, usando óculos escuros e vestidos com roupas de times de futebol europeus. A visita é possível desde que acompanhada por um deles e mediante o pagamento de 20 cedis (o equivalente a 5 dólares).

Existem dois tipos de lixo despejados em Agbogbloshie: o convencional e o eletrônico. Muitas vezes misturados, eles acumulam-se em montanhas de até 2 metros de altura, presentes em diferentes pontos da paisagem. Pode-se observar que muitos trabalhadores – em sua maioria homens jovens entre 15 e 25 anos – desempenham diferentes atividades no local: alguns ficam sentados em roda conversando, enquanto desmantelam computadores, aparelhos televisores e outros objetos, na busca de recursos minerais; outros chegam em caminhões e despejam *e-waste* no local; e existem ainda aqueles que trabalham dentro de oficinas consertando e revendendo produtos eletrônicos.

Caminha-se dentro desse espaço por uma via paralela ao rio Odaw que, por sua vez, encontra-se poluído e com o fluxo obstruído pela presença de dejetos de diversos tipos: sacos plásticos, pedaços de computadores e geladeiras, pneus etc. Esse rio despeja suas águas na lagoa Korlel que, outrora, foi importante fonte de peixes para alimentação da população local. O desaparecimento de muitas espécies animais e vegetais desses corpos hídricos pode ser explicado pelas altas concentrações de chumbo, cobre e zinco, decorrentes das atividades econômicas em torno do *e-waste* (HUANG et al. 2014).

É notória a presença de homens queimando produtos eletrônicos na beira do rio. O cheiro de plástico queimado é bastante forte e, junto a ele, acompanha-se uma densa fumaça escura. Todos esses trabalhadores utilizam roupas casuais – camisetas, bermudas e chinelo – para realizar suas tarefas (imagem 28).

Imagem 28: Trabalhadores queimando lixo eletrônico nas proximidades do rio Odaw em Agbogbloshie, Acra (Grande Acra). Gana, 2016.
Fonte: Foto do autor.

Imagem 29: Mesquita em Agbogbloshie, Acra (Grande Acra). Gana, 2016.
Fonte: Foto do autor.

As moradias do bairro são extremamente precárias, sendo, quase sempre, construídas com pedaços de madeira. A grande maioria tem antena parabólica e acesso à energia elétrica, mas não dispõe de saneamento básico, de modo que os dejetos humanos são jogados no rio Odaw. A presença de muitas mesquitas (imagem 29) permite inferir uma concentração expressiva de população islamizada no bairro, o que é perfeitamente concebível, dado que cerca de 70% dos moradores de Agbogbloshie são oriundos das regiões do norte do país, onde predomina o islamismo.

Em Agbogbloshie, as atividades associadas à reciclagem de recursos naturais contidos no lixo eletrônico são importantes etapas de circuitos espaciais de produção articulados em lógicas econômicas que operam em escala planetária. Tais etapas integram a chamada *mineração urbana*, que, de acordo com Grant,

> [...] refere-se ao processo de recuperar componentes e elementos de produtos, construções e lixo. Concentra-se na recuperação de metais incorporados no lixo, em especial no *e-waste*. A prática de enviar nosso lixo para outros lugares para ser processado permitiu que a mineração urbana tenha se tornado uma saliente atividade informal da economia urbana em depósitos de *e-waste* localizados no mundo subdesenvolvido. (GRANT, 2016, p. 21, tradução nossa)

Acredita-se que as atividades de reciclagem e processamento do lixo eletrônico – e a sucessiva exportação da sucata e dos recursos minerais dele extraídos – alcancem, juntas, em média, o valor de 52 bilhões de dólares no mundo (BALDÉ et al., 2015). Em Gana, estima-se que, anualmente, a mineração urbana alcance o valor de 260 milhões de dólares (OTENG--ABABIO et al., 2014).

As atividades viabilizam um verdadeiro processo de *recommodização* da economia, como será mais bem analisado nas páginas seguintes. Na formação socioespacial de Gana, tal processo mobiliza uma quantidade significativa de força de trabalho, que opera, na maior parte dos casos, sob precárias condições. Estima-se que existam 6 mil pessoas envolvidas nas atividades diretamente relacionadas ao lixo eletrônico – importação, coleta, reciclagem, reparo, intermediação, exportação –, nas mais de 400 empresas, na maioria dos casos informais, existentes em Acra (GRANT, 2016; GRANT; OTENG-ABABIO, 2012).

O lixo eletrônico – especialmente no caso de computadores – é trazido por empresas de importação de capital ganense, geralmente organizadas em estrutura familiar, que atuam na escala transnacional. Da mesma forma, existem empresas de capital togolês, liberiano e nigeriano nessa atividade que, muitas vezes, também envolve a importação de automóveis usados (CHALFIN, 2009; BURRELL, 2012; AMANKWAA, 2013). Localizadas essencialmente em Acra, essas empresas também têm representantes em importantes cidades portuárias europeias, como Antuérpia (Bélgica), Hamburgo (Alemanha) e Roterdã (Holanda). Inicialmente, as remessas que chegam ao Porto de Tema são divididas em dois grupos:

1. Os equipamentos eletroeletrônicos com potencial para reutilização dentro da funcionalidade original e que serão vendidos nos mercados locais como produtos de segunda mão (cerca de 30%).
2. Os equipamentos eletroeletrônicos sem potencial para reutilização dentro da funcionalidade original (*e-waste*) (cerca de 70%).

As importações do primeiro grupo são direcionadas para pequenas oficinas de reparo, localizadas em Tema ou em Acra. Lá, os objetos são testados, consertados e limpos, passando, na sequência, à comercialização em pequenas lojas e mercados de ruas espalhados por todo o território nacional. Já as importações do segundo grupo são levadas por *coletores* até o distrito de Agbogbloshie.

Perceptíveis em todas as ruas de Acra e Tema, os coletores – localmente conhecidos como "Kaya Bola" – são homens jovens que geralmente trabalham sozinhos ou em duplas, circulando pelo espaço urbano em busca de eletrônicos descartados. Eles frequentam não apenas a zona portuária, mas também áreas residenciais, oficinas mecânicas, centros comerciais e de negócios. A coleta do *e-waste* é feita com o auxílio de carros de mão e caminhões que, na maioria das vezes, são alugados diariamente dos intermediários.

Sempre portando algumas ferramentas – como chave de fenda, chave inglesa e martelo –, os coletores realizam um desmantelamento parcial do *e-waste* conforme o encontram. A jornada diária é longa, indo para além de 10 horas. Os objetos coletados são levados para Agbogbloshie (imagens 30 e 31), onde são vendidos aos intermediários. Em média, os coletores obtêm 15 cedis por dia (o equivalente a 3,9 dólares) (AMANKWAA, 2013).

Imagem 30: Coletores descarregando lixo eletrônico em Agbogbloshie, Acra (Grande Acra). Gana, 2013.
Fonte: Foto do autor.

Imagem 31: Lixo eletrônico acumulado em Agbogbloshie, Acra (Grande Acra). Gana, 2013.
Fonte: Foto do autor.

Os intermediários, por sua vez, são aqueles que vendem os objetos trazidos pelos coletores aos *recicladores* e aos *reparadores* locais. O primeiro grupo trabalha ao ar livre ou nas pequenas oficinas do bairro. As suas atividades incluem o desmantelamento manual dos eletrônicos e a extração de recursos minerais valiosos de dentro destes.

No entanto, a ausência de equipamentos adequados permite apenas um processo de reciclagem mineral parcial. Ganhando em média 30 cedis por dia (o equivalente a 7,8 dólares), os recicladores muitas vezes adotam técnicas precárias e nocivas à saúde humana e ao ambiente, como a queima de fios ao ar livre (como já mencionado) com o intuito de isolar o minério de cobre da borracha e do plástico; nesse caso, os trabalhadores alimentam a combustão do fogo com pneus de automóveis sem utilizar nenhum tipo de proteção (AMANKWAA, 2013).

A queima de *e-waste* em Agbogbloshie libera metais pesados que contaminam o ar local, o solo e os corpos hídricos. Esse processo também interfere na saúde respiratória dos trabalhadores do bairro, além de contaminar alimentos – em especial frutas, legumes e carnes – comercializados nos mercados próximos (BASEL CONVENTION SECRETARIAT, 2011; HUANG et al., 2014). Alguns levantamentos sanitários demonstraram a presença de uma elevada concentração de chumbo no solo (em 18 mil partes por milhão, enquanto o padrão sugerido pela United States Environmental Protection Agency é de 400 ppm). Além disso, coletas de sangue e urina realizadas com os trabalhadores do local demonstram altas concentrações de bário, cobalto, cobre, ferro e zinco (HUANG et al., 2014).

No local, outras atividades desempenhadas são as de conserto (imagens 32, 33, 34 e 35). Os reparadores são aqueles que tentam restaurar objetos dentro de sua função original, a fim de viabilizar a sua reinserção no mercado local. As suas oficinas também estão localizadas em Agbogbloshie, onde realizam a venda dos produtos recuperados (imagens 36 e 37). Além disso, as oficinas de conserto são responsáveis pela limpeza de produtos para torná-los mais atraentes aos consumidores locais. Os objetos que, eventualmente, não conseguem ser recuperados, passam pelo chamado processo de canibalismo, que é quando algumas das suas partes são removidas e armazenadas com o objetivo de auxiliar na recuperação de outros eletrônicos. Em média, os reparadores ganham cerca de 25 cedis por dia (equivalente a 6,5 dólares) (AMANKWAA, 2013).

Imagem 32: Atividade de reparo em Agbogbloshie, Acra (Grande Acra). Gana, 2013.
Fonte: Foto do autor.

Imagem 33: Trabalhadores em oficina de reparo em Agbogbloshie, Acra (Grande Acra). Gana, 2013.
Fonte: Foto do autor.

Imagem 34: Oficina de reparo de eletrônicos em Agbogbloshie, Acra (Grande Acra). Gana, 2013.
Fonte: Foto do autor.

Imagem 35: Oficina de reparo de aparelhos de telefonia móvel em Agbogbloshie, Acra (Grande Acra). Gana, 2013.
Fonte: Foto do autor.

Imagem 36: Vendedor de cabos conectores em Agbogbloshie, Acra (Grande Acra). Gana, 2013.
Fonte: Foto do autor.

Imagem 37: Comércio de equipamentos eletroeletrônicos de segunda mão nas proximidades de Agbogbloshie, Acra (Grande Acra). Gana, 2016.
Fonte: Foto do autor.

Os intermediários, já mencionados anteriormente, são figuras centrais no circuito espacial de produção que envolve o lixo eletrônico. Além de estabelecer as relações comerciais entre os coletores, os recicladores e os reparadores, eles também fazem a conexão entre os recicladores e os sucateiros que se localizam em Tema. É interessante notar, contudo, que essas articulações são sempre financeiramente favoráveis aos intermediários. Amankwaa menciona que:

> Descobriu-se que ajustou as escalas que medem a sua vantagem (a fim de pagar preços mais baixos para materiais) o que explica a diferença de preços entre Agbogbloshie e Tema – uma área industrial, onde as grandes empresas de reciclagem de sucata estão localizadas. Após ponderação, mudanças de caixa de mãos, os bens entram no estoque e são eventualmente vendidos a sucateiros, que, por sua vez, vendem a empresas em Tema. (AMANKWAA, 2013, p. 563, tradução nossa)

Os intermediários em Acra são, em sua maioria, ganeses, mas observa-se também a presença de togoleses, liberianos e nigerianos. Geralmente, eles obtêm 35 cedis por dia (o equivalente a 9 dólares) (AMANKWAA, 2013).

A última etapa envolvida na mineração urbana é executada pelas empresas de processamento de sucata. Localizadas na *Tema Free Zone*, essas fábricas compram – das mãos dos intermediários – sucatas e minerais já parcialmente processados pelos recicladores de Agbogbloshie.

Diferente das atividades desempenhadas em Agbogbloshie, as empresas de sucata operam em situação de formalidade em grandes e bem estruturadas plantas fabris. É notória também a predominância do capital estrangeiro nesse tipo de atividade, em especial indiano (Succes Africa, Gravita, Commodities Processing e NN Est. Meta) e saudita (Goldline). Essas empresas, em função de suas condições de operação, possuem praticamente o monopólio de exportação das sucatas e dos minérios extraídos do lixo eletrônico, em especial cobre e chumbo (GRANT, 2016). Nos últimos anos da década de 2010, muitas delas têm buscado financiar diretamente a atividade dos coletores, como forma de evitar a compra de sucata e de minérios via intermediários.

Nessas empresas, a mão de obra conta com melhores condições de trabalho, utilizando máquinas e instrumentos menos nocivos à saúde dos operários. Geralmente, são utilizadas técnicas de pirometalurgia e hidrometalurgia, que servem para isolar os recursos minerais do *e-waste*. É comum certo tipo de especialização entre essas empresas, como a Gravita, que centra suas ações na reciclagem de sucatas com chumbo e sucatas com baterias, visando a exportação de lingotes de chumbo refundidos (com pureza de cerca de 97%) e polipropileno (tipo de plástico reciclado) (GRAVITA GHANA LIMITED, 2020).

A mineração urbana tem aumentado as exportações ganenses de cobre, chumbo, sucata e minerais misturados desde 2004. De modo geral, essas exportações alcançam 31 países. Os maiores consumidores dessas exportações são nações que experimentam um acelerado processo de industrialização, como a China – principal importadora – e a Índia. Outros países que são compradores dessas *recommodities* são Japão, Austrália, Alemanha, Reino Unido, Holanda e Espanha.

Os recursos minerais extraídos do *e-waste* são exportados pelo Porto de Tema e, quando chegam às suas destinações, são utilizados como matéria-prima nos mais diferentes tipos de indústrias. As sucatas exportadas, por sua vez, são ainda processadas por companhias ainda mais capitalizadas de reciclagem, capazes de estabelecer uma melhor desagregação das sucatas (GRANT; OTENG-ABABIO, 2012).

4.9 *Recommodização* da economia

As atividades que integram a mineração urbana ganense estabelecem um processo aqui denominado *recommodização* da economia. Os minérios obtidos com a reciclagem do lixo eletrônico não podem ser analisados como uma *commodity* no sentido tradicional do termo, já que não são obtidos usando as mesmas forças produtivas empregadas na extração mineral usual. A distinção torna-se fundamental, pois trata-se de um outro tipo de atividade econômica que, articulada à escala internacional, acaba por deflagrar uma nova forma de inserção da formação socioespacial ganense na DIT, no alvorecer do século XXI.

Para além da categoria de circuito espacial de produção, utilizado especialmente na geografia, acadêmicos de outras áreas do conhecimento lançam mão da categoria de *global value chain* (GVC), que se tornou um dos modelos mais difundidos de análise empírica da Divisão Internacional do Trabalho. A GVC foi desenvolvida no início do século XXI por um grupo de acadêmicos (Gereffi, Humphrey, Kaplinsky e Sturgeon) a partir do modelo de *global commodity chain* (GCC), desenvolvido por Gereffi a partir dos estudos de Hopkins e Wallerstein sobre a importância das *commodities* na análise do sistema mundo (HOPKINS; WALLERSTEIN, 1986; GEREFFI; KORZENIEWICZ, 1994; BAIR, 2009).

O modelo do GVC identifica o papel de Gana na economia mundial nas etapas iniciais de produção da cadeia de valor, mais especificamente na produção de ouro, manganês, bauxita, diamante, petróleo e cacau. Todas essas *commodities* são pouco processadas no território ganense. No entanto, esse modelo tende a encerrar sua análise no consumo, de modo que o desenvolvimento de atividades econômicas pós-consumo – como reparo de objetos usados e reciclagem – dificilmente tem sido levado em consideração.

No entanto, recentemente, aumentou o número de análises que integram as dinâmicas econômicas relativas ao lixo eletrônico à escala planetária (GRANT; OTENG-ABABIO, 2012; LABBAN, 2014; LEPAWSKY; MATHER, 2011; PICKREN, 2014; GRANT, 2016). Nesse sentido, Lepawsky e Mather afirmam que tal dinamismo não deve ser interpretado segundo perspectivas econômicas lineares – como aquela geralmente utilizada nas análises baseadas nos modelos de cadeias produtivas, em especial das GVC –, mas sim dentro de perspectivas mais complexas, que apontem para um funcionamento cíclico da economia do lixo eletrônico, em atividades que apresentam *limites* e *pontes* entre si (LEPAWSKY; MATHER, 2011).

O processo de *recommodização* da economia em Gana oferece ao mercado internacional recursos minerais por um preço mais acessível que o mercado tradicional de *commodities*. Os estudos de Oteng-Ababio (2012) revelam os preços favoráveis das *recommodities* ganenses no caso do cobre, do latão (liga metálica feita de cobre e zinco), do zinco, do alumínio e do ferro (quadro 13).

Quadro 13: Preço do metal em Agbogbloshie (Acra, Gana) e no mercado internacional em 2012.

Metal	Preço no mercado de Agbogbloshie (por kg em dólares)	Preço no mercado internacional (por kg em dólares)
Cobre	3,91	6,11
Latão	3,13	5,78
Zinco	0,93	2,33
Alumínio	0,78	1,80
Aço	0,78	0,67
Ferro	0,21	0,30

Fonte: Elaboração do autor com base em OTENG-ABABIO (2012).

Muitos estudos apontam ainda para o potencial de recuperação de metais a partir do *e-waste*. Para se ter dimensão disso, os telefones celulares têm em sua composição cerca de: 250 mg de prata; 24 mg de ouro; 9 mg de paládio; 9 mg de cobre; enquanto sua bateria tem ainda 3,8 g de cobalto. Já os computadores (*desktop* e *laptop*) têm: 1.000 mg de prata; 220 mg de ouro; 80 mg de paládio; 500 g de cobre; e as baterias dos *laptops* têm ainda 65 g de cobalto. Essas quantidades, analisadas isoladamente, podem parecer insignificantes, mas, colocadas no contexto de produção e consumo mundial, tornam-se expressivas, haja vista que, no ano de 2011, houve o consumo de 1,2 bilhões de telefones celulares e 255 milhões de computadores. Assim, podem-se projetar as possibilidades de obtenção de lucro dentro da mineração urbana (UNITED NATIONS ENVIRONMENT PROGRAMME, 2009).

A *recommodização* da economia é um processo que – centrado em uma força de trabalho mal remunerada e operando em uma marcante situação de precariedade e informalidade – deflagra mais uma forma de expansão e de inserção desigual e combinada dos Países do Sul no sistema capitalista. Esse tipo de inserção – já verificada por Marx no século XIX e por Luxemburgo no século XX ao interpretarem a colonização europeia na periferia do sistema – é um dado central sobre a compreensão da Divisão Internacional do Trabalho e representa mais uma forma de participação de Gana na economia contemporânea, para além das exportações de ouro, bauxita, manganês, diamante, cacau e das importações de manufaturados.

Conclusões do Capítulo 4

As importações e o circuito espacial de produção das *recommodities* mostram que a inserção de Gana na economia mundial não se dá apenas pelas dinâmicas de produção e exportação de *commodities*; dinâmicas que são recorrentemente estudadas em diferentes áreas das ciências humanas.

O entendimento de uma formação socioespacial precisa passar pela negação de sua produção; por aquilo que ela não produz e, fundamentalmente, pelos motivos pelos quais ela não produz determinado bem e necessita, por sua vez, importá-lo. Por trás dessa demanda que o território não consegue suprir existem motivos que podem ser de ordem natural, histórica, política, entre outras.

A formação socioespacial ganense tem uma diversificada pauta de importações, que incluem alimentos não processados, bens de consumo não duráveis, bens de consumo duráveis, bens de capital e bens de produção. O abandono da política de substituição de importações na década de 1980 enfraqueceu a indústria nacional e a reduziu a alguns empreendimentos fabris destinados, principalmente, à manufatura de alguns alimentos, roupas, remédios e cosméticos. Diferentemente do período colonial, quando se importavam bens manufaturados principalmente do Reino Unido e de outros países da Europa Ocidental, no início do século XXI Gana importa muitos produtos de procedência asiática (especialmente chinesa) e também de outros países africanos, em especial dos membros do bloco econômico que o país integra, o ECOWAS. As importações revelam também um importante dinamismo relacionado à distribuição, à circulação e à comercialização dos produtos. As atividades relacionadas a essas dinâmicas estão associadas a diferentes tipos de capital, mas fundamentalmente ao capital privado nacional.

A pauta de importações revela também características fundamentais sobre os tipos de consumidores existentes em uma determinada formação socioespacial. Em outras palavras, ela revela características socioeconômicas da população do país em questão e, para além de seus gostos, as suas condições de aquisição de bens. Em Gana, o baixo rendimento mensal da grande maioria da população – processo intensificado durante a fase neoliberal com o aumento do desemprego em atividades formais – fez com que um tipo específico de bens de consumo duráveis fosse importado: os bens de segunda mão.

Facilitado pela política de redução de tarifas de importação para bens eletroeletrônicos, o mercado ganense foi invadido por um fluxo contínuo de computadores, aparelhos televisores, aparelhos de celular, máquinas copiadoras e muitos outros tipos de bens de consumo, sendo a maioria deles de segunda mão, objetos descartados pelos seus consumidores originais em Países do Norte, em especial da Europa Ocidental, dos Estados Unidos e do Canadá.

Grande parte desses objetos está danificada e sem condições de ser reparada, tornando-se lixo eletrônico. Mesmo os objetos que ainda funcionam e que são vendidos no mercado local tornam-se REEE em poucos meses, já que, na maioria das vezes, estão no fim de sua vida útil.

Inicia-se, então, um processo ainda pouco estudado que foi chamado neste livro de *recommodização* da economia: numerosos trabalhadores urbanos, organizados em atividades informais de coleta, reparo e reciclagem, realizam a extração de diversos recursos minerais do lixo eletrônico (mineração urbana) abandonado em cidades como Acra e Tema. Esse processo conta ainda com a atividades de intermediários e empresas de sucata, que são responsáveis pela exportação desses recursos minerais, aqui denominados *recommodities*, para diversos países industrializados.

Dessa forma, a inserção de Gana não se dá apenas pela exportação diversificada de *commodities* e pela importação diversificada de bens manufaturados. Gana integra a economia mundial contemporânea também por meio da importação de lixo e pela exportação de *recommodities*. Tem-se, assim, novos conteúdos da inserção da formação socioespacial ganense na DIT contemporânea, organizada pelo sistema capitalista em seu movimento de expansão desigual e combinado.

CONSIDERAÇÕES FINAIS:
Ouro por lixo

Ao longo dos quatro capítulos deste livro buscou-se entender as inserções de Gana na Divisão Internacional do Trabalho nas primeiras décadas do século XXI. Para tanto, o conceito de formação socioespacial foi aqui de grande importância, pois garantiu que o processo histórico estivesse sempre na base da análise. É fundamental mencionar isso, pois Gana está localizada em um continente que é, ainda hoje, objeto das mais oportunas e perversas generalizações, as quais acabam por povoar o (in)consciente coletivo de grande parte do mundo ocidental, lugar do planeta onde este estudo foi elaborado.

Afirmar, logo na introdução, que este livro não é sobre a África representou o esforço em tornar explícito o fato de que a pesquisa aqui desenvolvida não pretendeu cair nas sedutoras generalizações, tampouco pretendeu indicar um comportamento ou uma tendência econômica para o continente no momento da realização do estudo, dado que a África não é uma unidade política e, portanto, não pode ser o objeto de análise pretendido neste estudo. Em outras palavras: não existe uma inserção do continente na DIT do momento do estudo. Existem, sim, mais de 50 formações socioespaciais que integram a economia internacional de formas distintas, mediante a construção histórica de seus modos de produção em seus territórios. Situações análogas podem ser encontradas, evidentemente, entre esses países.

A perspectiva histórica permite entender o papel central que a política desempenhou nas inserções de Gana na DIT desde sua independência. Estruturadas em diferentes projetos ideológicos, os governos ocupam o Estado e estabelecem suas estratégias para a economia do país, estabelecendo leis e acordos diversos que colocam em movimento a tríade de capital público, capital privado estrangeiro e capital privado nacional. Este último, por sua vez, ainda conta com significativas distinções internas.

Assim, o modo de produção – espécie de forma de organização que viabiliza o desenvolvimento da base material do território, bem como a sua inserção na economia internacional – tem a sua composição transformada à medida que adere aos projetos políticos. Resistência às transformações são comuns no processo e, no caso ganense, foram verificadas nos inúmeros golpes de Estado sofridos pelo país ao longo de sua jovem história como nação independente.

A inserção contemporânea da formação socioespacial de Gana na DIT começa em 1983, ano que o presidente Rawlings – que chegou ao poder com um golpe militar em 1981 – estabeleceu um programa de recuperação econômica baseado em um conjunto de políticas de ideologia neoliberal, que objetivavam, em um primeiro momento, o equilíbrio fiscal, seguido da redução dos empreendimentos de capital estatal e a abertura do mercado nacional para o capital estrangeiro.

Nesse contexto, foi aumentada a presença do capital externo no país, em especial nas atividades de extração mineral – localizadas na porção centro--sul do território –, que passam a receber mais investimentos externos e do governo. As infraestruturas necessárias para fazer circular e distribuir essas *commodities* também foram construídas ou reparadas mediante a atuação de empresas privadas e estatais. Já a indústria nacional – que representava uma peça central no projeto de desenvolvimento econômico de Nkrumah e de Acheampong nas décadas anteriores – entrou em franco processo de decadência, o que fez com que a dependência do país na importação de manufaturados de todos os tipos aumentasse.

No início do século XXI, o ouro e outras riquezas saem de Gana. Isso não representa nenhuma novidade, pois o país exporta os seus produtos agrícolas e minerais aos países industrializados desde a sua independência política, e essa pauta de exportação deriva ainda do período colonial. As *commodities* são as matérias-primas de um processo produtivo interna-cionalizado que tem sido analisado por muitos economistas a partir da categoria de *global value chain*. A cadeia, essa figura linear, permite pensar numa sucessão de etapas do processo de produção que são funcionalmente articuladas – em uma dada relação espaçotemporal – e que resultam numa mercadoria a ser consumida após integrar os processos de circulação, distribuição e comercialização.

Evidentemente, o valor entra na composição da mercadoria à medida que a produção é feita e que a força de trabalho é dispendida. De todo modo, existem aqueles, em especial na geografia, que optam pela leitura desse processo a partir da categoria do circuito espacial de produção, que leva em consideração a instância espacial para a análise.

As sementes de cacau que saem de Gana, assim como os lingotes de ouro, o manganês, a bauxita e o petróleo em estado bruto são transformados após longos e extensos processos produtivos realizados em outras formações socioespaciais. Em uma cadeia global de valor, as *commodities* ganenses estariam na ponta inicial, já que são produtos cultivados ou extraídos da natureza e que passam por pouco processamento antes de serem utilizados como matérias-primas pela indústria. O chocolate, as joias e as moedas de ouro, os diversos bens de produção e de consumo durável compostos por alumínio e aço e os numerosos derivados do petróleo não são produtos ganenses, apesar de muitos deles terem contado com a produção de Gana para existir.

Estar posicionado nas etapas iniciais de um processo produtivo internacionalizado não garante, contudo, a compreensão total do papel de Gana na DIT contemporânea. Certamente bem menos estudada, a pauta de importações de um país é um dado fundamental para o entendimento da sua economia, já que atesta um conjunto de bens que – por uma série de motivos – não são produzidos na formação socioespacial. Atentar ao fato de que Gana importa quantidade significativa de bens manufaturados é uma informação fundamental para compreender os desequilíbrios na balança comercial do país, bem como a organização de suas forças produtivas, nitidamente canalizadas para a produção das *commodities*. Até aí, nenhuma novidade também, já que esse padrão é comum na maior parte dos Países do Sul e representa uma estrutura da DIT estabelecida desde as primeiras fases de expansão do capitalismo.

Há, porém, uma outra forma de inserção de Gana na DIT contemporânea que não ocorre pela exportação de *commodities*, mas sim, pela exportação de *recommodities*.

Tanto a maior parte das análises desenvolvidas a partir da categoria de *global value chain* quanto aquelas desenvolvidas a partir dos circuitos espaciais de produção propõem-se totalizadoras, na medida em que interpretam o giro do capital (D-M-D'), considerando as etapas que vão da produção até o consumo. O que a formação socioespacial ganense revela, neste livro, é que a totalidade desse giro deve ser recomposta.

O valor gerado em um processo produtivo não é finalizado no ato do consumo. A mercadoria, assim que é descartada por seu consumidor, passa a integrar etapas econômicas que envolvem o reúso, o reparo e a reciclagem. Tais etapas, por sua vez, não são *desterritorializadas* e são, elas mesmas, produtos da Divisão Internacional do Trabalho.

O fluxo de equipamentos elétricos e eletrônicos descartados pelos Países do Norte chega ao Porto de Tema e dá início a uma série de atividades econômicas que operam em uma marcada situação de precariedade e informalidade. Como a maior parte desse fluxo é composta por bens deteriorados que não podem ser utilizados dentro de suas funções originais (resíduos de equipamentos elétricos e eletrônicos), ele pode ser considerado um fluxo ilegal segundo a Convenção da Basileia.

Essa externalidade gerada pelos Países do Norte é transferida de forma ilegal e criminosa para um País do Sul. O Estado ganense viabilizou a importação desses bens eletroeletrônicos descartados pelos consumidores dos países industrializados para garantir a inserção de amplas camadas de sua população – de baixo poder aquisitivo – no mundo da tecnologia. Assim, a ideia original por trás da redução da taxa de importações de eletrônicos foi viabilizar o desenvolvimento, no país, de um mercado de segunda mão. Contudo, o Estado ganense não autorizou a entrada de *e-waste*, o qual, de forma oportuna e perversa, chega ao porto misturado às mercadorias de segunda mão.

Assim, o lixo eletrônico espalha-se por todos os cantos das maiores cidades do país e dá origem, conforme supramencionado, a uma série de atividades econômicas que aprofundam a divisão do trabalho e inserem valor em objetos descartados após o primeiro giro do capital.

Coletores, reparadores, recicladores e sucateiros são responsáveis pela extração de diversos recursos minerais a partir do lixo, dando origem a um processo produtivo que foi denominado aqui *recommodização* da economia. Na atualidade, esses minerais são vendidos para países industrializados – geralmente por um preço mais baixo que aqueles no mercado tradicional – e reintegram, no início, as cadeias produtivas tão estudadas por economistas e geógrafos.

Commodity e *recommodity* não são a mesma matéria, já que são produzidas em circunstâncias distintas e a partir de fontes diferentes. Se existe o interesse em compor uma análise pautada na totalidade do processo produtivo, em muitos casos, essa análise não pode se extinguir no consumo, na realização do giro D-M-D', mas sim em algo que se assemelhe a: D-M-D'-M'-D", integrando ao processo, portanto, a *recommodity* (M') (que não deve ser entendida como um simples insumo ou uma matéria-prima de processo produtivo específico).

Desse modo, a formação socioespacial de Gana integra a DIT contemporânea por meio de uma complexa pauta de exportações e importações. Ao passo que as *commodities* deixam o país em direção ao "norte", parte do lixo produzido no "norte" é importada e se transforma, por meio da divisão do trabalho local, nas *recommodities* que se destinam novamente aos países industrializados. Trata-se, por fim, de mais uma forma de inserção desigual e combinada de um País do Sul ao sistema capitalista, no início do século XXI.

REFERÊNCIAS

ABRAHAM, Ampah Delvin. **Public-private partnership in road infrastructure development in Ghana**: factors affecting project delivery and associated risks. Project report, Masters Degree in Procurement Management (Dep. Building Technology, College of Architecture and Planning), Kwame Nkrumah University of Science and Technology, Kumasi, 2014. Disponível em: <http://ir.knust.edu.gh:8080/bitstream/123456789/6991/1/AMPAH%20DELVIN%20ABRAHAM.pdf>. Acesso em: abr. 2020.

AKABZAA, Thomas; DARIMANNI, Abdulai. Impact of mining sector investment in Ghana: a study of the Tarkwa mining – draft report. **SAPRI Reports**, Washington D.C., jan. 2001. Disponível em: <http://www.saprin.org/ghana/research/gha_mining.pdf>. Acesso em: abr. 2020.

AKABZAA, Thomas. Mining in Ghana: implications for national economic development and poverty reduction. *In*: CAMPBELL, Bonnie (ed.) **Mining in Africa:** regulation and development. New York: Pluto Press, 2009. p. 25-65.

ALENCASTRO, Luiz Felipe de. **O trato dos viventes**: formação do Brasil no Atlântico Sul – séculos XVI e XVII. São Paulo: Companhia das Letras, 2000.

AMANKWAA, E. Livelihoods in risk: exploring health and environmental implications of e-waste recycling as a livelihood strategy in Ghana. **The Journal of Modern African Studies**, Cambridge, v. 51, n. 4, p. 551-557, 2013.

AMIN, Samir. Ideology and development in Sub-Saharan Africa. *In*: ANYANG' NYONG'O, Peter. **30 years of independence in Africa**: the lost decades? Nairobi: African Association of Political Science (AAPS), 1992.

AMOAH, George Owusu-Ansah. Intra-african trade: issues involved in improving Ghana's trade with the rest of the world. **Developing Country Studies**, New York, v. 4, n. 2, p. 75-96, 2014.

AMOAH, J. E. K. **Marketing of Ghana cocoa**: 1885-1992. Accra: Jemre Enterprises, 1998.

AMORIM, Celso. **Teerã, Ramalá e Doha**: memórias da política externa ativa e altiva. São Paulo: Benvirá, 2015.

ANGLOGOLD ASHANTI. **Integrated report 2019**. [Johannesburg]: AGA, 2020. Disponível em <http://www.aga-reports.com/19/download/AGA-IR19.pdf>. Acesso em: maio 2020.

ANIN, T. E. **Gold in Ghana**. Acra: Selwyin, 1989.

ARROYO, Mónica. **Território nacional e mercado externo**: uma leitura do Brasil na virada do século XX. 2001. Tese (Doutorado em Geografia Humana) – FFLCH, USP. São Paulo, 2001.

ARYEETEY, Ernest et al. **The organization of land markets and production in Ghana**. Legon: Institute Of Statistical, Social And Economic Research, 2007.

ARYEETEY, Ernest; OWUSU, George; MENSAH, Edward. **An analysis of poverty and regional inequalities in Ghana**. Washington D. C.: GDN, 2009.

BAIR, Jennifer. **Frontiers of commodity chains research**. Palo Alto: Stanford University Press, 2009.

BALDÉ et al. **The global e-waste monitor 2014**: quantity, flows and resources. Bonn: United Nations University, IAS-SCYCLE, 2015.

BANK OF GHANA. **Annual report 2018**. Accra: Editorial Comittee Bank of Ghana, 2020. Disponível em: <https://www.bog.gov.gh/publications/annual-report/>. Acesso em: abr. 2020.

BASEL CONVENTION SECRETARIAT. **Where are WEee in Africa?** Findings from the Basel Convention E-waste Africa Programme. Châtelaine: Basel Convention Secretariat, 2011. Disponível em: <http://www.basel.int/Portals/4/Basel%20Convention/docs/pub/WhereAreWeeInAfrica_ExecSummary_en.pdf>. Acesso em: 27 ago. 2015.

BERTRAND, Claude. **Uma geografia transversal e de travessias**: o meio ambiente através dos territórios e das temporalidades. Tradução de Messias Modesto dos Passos. Maringá: Massoni, 2007.

BEUVING, Joost. Playing information games: *de marcheurs* in the second-hand car markets of Cotonou, Benin. **Social Antropology/ Antropologie Sociale**, [London] (online), v. 21, n. 1, p. 2-22, feb. 2013.

BIRD, David. **Ghanaian bauxite**. London: Mining Magazine, 1994.

BOAHEN, Adu. **Ghana**: evolution and change in the nineteenth and twentieth centuries. London: Longman, 1975.

BOATENG, Ernest A. **A geography of Ghana**. Cambridge: Cambridge University Press, 1959.

BP [British Petroleum]. **BP Statistical Review of World Energy 2019**. Disponível em: <https://www.bp.com/en/global/corporate/energy-economics/statistical-review-of-world-energy.html>. Acesso em: 21 maio 2020.

BRAFU-INSAIDOO, William; OBENG, Camara. **Effect of import liberalization on tariff revenue in Ghana**. Nairobi: African Economic Research Consortium, 2008.

BRAUTIGAM, Deborah. "Flying Geese" or "Hidden Gradon"? Chinese business and African Industrial Development. *In*: ALDEN, Chris et al. (ed.). **China returns to Africa**: a rising power and a continente embrace. London: Hurst & Company, 2009.

BRUNSCHWIG, Henri. **A partilha da África Negra**. Tradução de Joel J. da Silva. São Paulo: Perspectiva, 1974.

BURRELL, Jenna. **Invisible users**: youth in the internet cafés of urban Ghana. Cambridge: MIT Press, 2012.

BUSINESS & HUMAN RIGHTS RESOURCE CENTRE. **Ghana: MODEC fires local workers striking over expat pay discrepancy**. Disponível em: <https://www.business-humanrights.org/en/ghana-modec-fires-local-workers-striking-over-expat-pay-discrepancy#c107673>. Acesso em: 9 jun. 2020.

CAMPBELL, Bonnie. Introduction. *In*: CAMPBELL, Bonnie (ed.) **Mining in Africa**: regulation and development. New York: Pluto Press, 2009. p. 1-24.

CAPPELAERE, Pierre. **Ghana**: les chemins de la démocratie. Paris: L'Harmattan, 2007.

CARTA DO ATLÂNTICO. 1941. Disponível em: <http://www.direitoshumanos.usp.br/index.php/Documentos-Internacionais-da-Sociedade-das-Nações-1919-a-1945/carta-do-atlantico-1941.html>. Acesso em: abr. 2020.

CASTILLO, Ricardo; FREDERICO, Samuel. Espaço geográfico, produção e movimento: uma reflexão sobre o conceito de circuito espacial produtivo. **Sociedade & Natureza**, Uberlândia (online), v. 22, n. 3, p. 462-474, dez. 2010.

CENTRAL INTELLIGENCE AGENCY. **World Factbook**: Ghana, 2020. Disponível em: <https://www.cia.gov/library/publications/the-world-factbook/geos/gh.html>. Acesso em: abr. 2020.

CHALFIN, Brenda. Cars, the customs service, and sumptuary rule in neoliberal Ghana. **Comparative Studies in Society and History**, Cambridge, v. 50, n. 2, p. 424-453, Apr. 2008.

CHALFIN, Brenda. **Neoliberal frontiers**: an ethnography of sovereignty in West Africa. Chicago: University of Chicago Press, 2010.

CHOLLEY, Andre. Problèmes de structure agraire et d'économie rurale. **Annales de Géographie**, Paris, v. 298, n. 55, p. 81-101, 1946.

COOKE, Edgar; HAGUE, Sarah; McKAY, Andy. **The Ghana poverty and inequality report**: using the 6th Ghana living standards survey. [Accra:] Unicef Ghana, Ashesi University; [Falmer:] University of Sussex, 2016.

DAVIDSON, Basil. **A history of West Africa**: 1000-1800. London: Longman, 1985.

DIAGNE. Pathé. As estruturas políticas, econômicas e sociais africanas durante o período considerado. *In*: OGOT, Bethwell Allan (ed.). **História geral da África**: África do século XVI ao XVIII. Brasília: Unesco, 2010. v. 5, p. 27-54.

ECONOMIC COMMUNITY OF WEST AFRICAN STATES. Disponível em: <http://www.comm.ecowas.int/?lang=pt-pt>. Acesso em: abr. 2020.

ENDEAVOUR MINING CORPORATION. Disponível em: <https://www.endeavourmining.com>. Acesso em: abr. 2020.

EUROPA PUBLICATIONS (ed.). **The Europa regional surveys of the World 2016**: volume 5 – Africa South of Sahara. London: Routledge, 2016.

FERGUSON, James. **Global shadows**: Africa in the neoliberal world order. Durham: Duke University Press, 2006.

FOOD AND AGRICULTURE ORGANIZATION OF THE UNITED NATIONS. **Fertilizer use by crop in Ghana**. Roma: FAO, 2005.

FOSU, Augustin; ARYEETEY Ernest. Ghana's post-independence economic growth: 1960-2000. *In*: ARYEETEY, Ernest; KANBUR, Ravi (ed.). **The economy of Ghana**: analytical perspectives on stability, growth & poverty. Oxford: James Currey, 2008.

G4S. Disponível em: <http://www.g4s.com>. Acesso em: abr. 2020.

GEERTZ, Clifford. **Peddlers and princes.** Chicago: University of Chicago Press, 1963.

GEERTZ, Clifford. **The interpretation of cultures**. New York: Basic Books, 1973. p. 3-30.

GEREFFI, Gary; KORZENIEWICZ, Miguel. **Commodity chains and global capitalism.** Westport: Praeger, 1994.

GFMS. **Gold Survey 2015**. London: Thomson Reuters, 2015.

GHANA CHAMBER OF MINES. Disponível em: <http://ghanachamberofmines.org/wp-content/uploads/2019/07/Performance-of-the-Mining-Industry-2018.pdf>. Acesso em: 10 abr. 2020.

GHANA ENERGY COMMISSION. Disponível em: <http://www.energycom.gov.gh>. Acesso em: abr. 2020.

GHANA MANGANESE COMPANY. Disponível em: <http://www.ghamang.net>. Acesso em: abr. 2020.

GHANA MINE WORKERS UNION. Disponível em: <http://www.ghanamineworkersunion.org>. Acesso em: abr. 2020.

GHANA MINISTRY OF ENERGY AND PETROLEUM. Disponível em: <http://www.petromin.gov.gh>. Acesso em: abr. 2020.

GHANA MINISTRY OF FOOD AND AGRICULTURE. **Agriculture in Ghana**: facts and figures (2012). 2013. Disponível em: <http://mofa.gov.gh/site/wp-content/uploads/2014/02/ff.pdf>. Acesso em: abr. 2020.

GHANA MINISTRY OF ROADS AND HIGHWAYS. Disponível em: <http://www.mrh.gov.gh/4/our-business>. Acesso em: abr. 2020.

GHANA MINISTRY OF TRANSPORT. Disponível em: <http://www.mot.gov.gh>. Acesso em: abr. 2020.

GHANA NATIONAL PETROLEUM CORPORATION. Disponível em: <http://www.gnpcghana.com>. Acesso em: abr. 2020.

GHANA PETROLEUM COMMISION. Disponível em: <http://www.petrocom.gov.gh>. Acesso em: abr. 2020.

GHANA PORTS AND HARBOUR AUTHORITY. **Ghana ports handbook 2014/2015**. Essex: Land & Marine, 2015.

GHANA STATISTICAL SERVICE. 2020. Disponível em: <http://www.statsghana.gov.gh>. Acesso em: abr. 2020.

GHANA VOLTA RIVER AUTHORITY. Disponível em: <http://www.vra.com>. Acesso em: abr. 2020.

GHANA. **National transport household survey report**. [Accra]: Ministry of Transport; Statistical Service, 2009. Disponível em: <http://www.webdeploy.statsghana.gov.gh/nada/index.php/catalog/28>. Acesso em: jun. 2020.

GOCKING, Roger. **The history of Ghana**. Westport: Greenwood Press, 2005.

GOLD FIELDS. Disponível em: <https://www.goldfields.co.za>. Acesso em: abr. 2020.

GOLDEN STARS RESOURCES. Disponível em: <http://www.gsr.com>. Acesso em: abr. 2020.

GOODMAN AMC. Disponível em: < http://www.goodmanamcllc.com>. Acesso em: abr. 2020.

GRANT, Richard; OTENG-ABABIO, Martin. Mapping the invisible and real "African" economy: urban e-waste circuitry. **Urban Geography**, London, v. 33, n. 1, p. 1-21, 2012.

GRANT, Richard. **Africa**: geographies of change. New York: Oxford University Press, 2015.

GRANT, Richard. **Globalizing city**: the urban and economic transformation of Accra, Ghana. New York: Syracuse University Press, 2009.

GRANT, Richard. The "urban mine" in Accra, Ghana. *In*: MAUCH, Christof (ed.). Out of sight, out of mind: the politics and culture of waste. **RCC Perspectives: Transformations in Environment and Society**, Munich (online), n. 1, p. 21-29, 2016.

GRAVITA GHANA LIMITED. Disponível em: <http://www.gravitaghana.com>. Acesso em: abr. 2020.

GREAT CONSOLIDATED DIAMOND LIMITED. Disponível em: <http://gcdgl.com>. Acesso em: abr. 2020.

GUGLER, Josef; FLANAGAN, William. **Urbanization and social change in West Africa**. Cambridge: Cambridge University Press, 1978.

HAGGARTY, Luke; SHIRLEY, Mary; WALLSTEIN Scott. Telecommunication reform in Ghana. *In*: WORLD BANK. **World Bank policy research working paper n. 2983**. 2012. Disponível em: <http://ssrn.com/abstract=636345>. Acesso em: abr. 2020.

HARGREAVES, John. **Decolonization in Africa**. 2. ed. New York: Routledge, 1996.

HART, Keith. Informal income opportunities and urban employment in Ghana. **The Journal of Modern African Studies**, Cambridge, v. 11, n. 1, p. 61-89, 1973.

HART, Keith. Small-scale entrepreneurs in Ghana and development planning. *In*: APTHORPE, Raymond (ed.). **People planning and development studies**. London: Frank Cass, 1970. p. 104-120.

HART, Keith. The politics of unemployment in Ghana. **African Affairs**, London, v. 75, n. 301, p. 488-497, Oct. 1976.

HARVEY, Simon; SEDEGAH, Kordzo. **Import demand in Ghana**: structure, behavior and stability. Nairobi: African Economic Research Consortium, 2011.

HILSON, Gavin et al. Chinese participation in Ghana's informal gold mining economy: drivers, implications and clarifications. **Journal of Rural Studies**, [Oxford] (online), v. 34, p. 292-303, Apr. 2014.

HOPKINS, Terrence; WALLERSTEIN, Immanuel. Commodity chains in the world-economy prior to 1800. **Review**, New York, v. 10, n. 1, p. 157-170, Summer 1986.

HUANG, Jingyu et al. E-waste disposal effects on the aquatic environment: Accra, Ghana. **Reviews of Environmental Contamination and Toxicology**, Cham, v. 229, p. 19-34, 2014.

HUMBOLDT, Alexander von. **Ensayo politico sobre la isla de Cuba.** Madrid: Doce Calles, 1998.

HUTCHFUL, Eboe. **Ghana's adjustment experience:** the paradox of reform. Oxford: James Currey, 2002.

INSTITUTE OF STATISTICAL, SOCIAL AND ECONOMIC RESEARCH. Disponível em: < http://www.isser.edu.gh>. Acesso em: abr. 2020.

INTERNATIONAL COCOA ORGANIZATION. Disponível em: <http://www.icco.org>. Acesso em: abr. 2020.

KI-ZERBO, Joseph. **Para quando a África?** Entrevista com René Holenstein. Tradução de Carlos Aboim de Brito. Rio de Janeiro: Pallas, 2006.

KILLICK, Tony. **Development economics in action**: a study of economic policies in Ghana. Abingdon: Routledge, 2010.

KINROSS GOLD CORPORATION. Disponível em: <http://www.kinross.com>. Acesso em: abr. 2020.

KNUDSEN, Michael; FOLD, Niels. Land distribution and acquisition practices in Ghana's cocoa frontier: the impact of a state-regulated marketing system. **Land Use Policy**, [Amsterdam] (online), v. 28, n. 2, p. 378–387, Apr. 2017.

KOLAVALLI, Shashi; VIGNERI, Marcella. Cocoa in Ghana: shaping the success of an economy. *In*: CHUHAN-POLE, Punam; ANGWAFO, Manka (ed.). **Yes, Africa can**: success stories from a dynamic continent. Washington D.C.: World Bank, 2011. p. 201-217.

KOPINSKI, Dominik, POLUS, Andrzej e TYCHOLIZ, Wojciech. Resource curse or resource disease? Oil in Ghana. **African Affairs**, London, v. 112, n. 449, p. 583-601, Oct. 2013.

KPMG GLOBAL MINING INSTITUTE. **Ghana, country mining guide**. 2014. Disponível em: <https://www.kpmg.com/GH/en/Documents/ghana-mining-guide%202014.pdf>. Acesso em: abr. 2020.

LABBAN, Mazan. Deterritorializing extraction: bioaccumulation and the planetary mine. **Annals of the Association of American Geographers**, [Washington] (online), v. 104, n. 3, p. 560-576, Apr. 2014.

LENINE, Vladimir. O imperialismo, fase superior do capitalismo. *In*: LENINE, Vladimir. **Obras escolhidas**. 3. ed. São Paulo: Alfa-Omega, 1986. v. 1, p. 578-671.

LEPAWSKY, John; MATHER, Charles. From beginnings and endings to boundaries and edges: rethinking circulation and exchange through electronic waste. **Area**, [London] (online), v. 43, n. 3, p. 242-249, May 2011.

LOVEJOY, Paul. **A escravidão na África**: uma história de suas transformações. Tradução de Regina A. R. F. Bhering e Luiz G. B. Chaves. Rio de Janeiro: Civilização Brasileira, 2002.

LUND, Christian. **Local politics and dynamics of property in Africa**. Cambridge: Cambridge University Press, 2008.

LUXEMBURG, Rosa. **The accumulation of capital**. London: Routledge, 2003.

M'BOKOLO, Elikia. **África negra:** história e civilizações. Tomo 1: até o século XVIII. 2. ed. Tradução de Alfredo Margarido. Lisboa: Colibri, 2012.

M'BOKOLO, Elikia. **África negra:** história e civilizações. Tomo 2: do século XIX aos nossos dias. Tradução de Manuel Resende. São Paulo: Casa das Áfricas; Salvador: Edufba, 2011.

MALOWIST, Marian. A luta pelo comércio internacional e suas implicações para a África. *In*: OGOT, Bethwell Allan (ed.). **História geral da África**: África do século XVI ao XVIII. Brasília: Unesco, 2010. v. 5, p. 1-26.

MAMIGONIAN, Armen. Capitalismo e socialismo em fins do século XX (visão marxista). **Ciência Geográfica**, Bauru, v. 7, n. 18, p. 4-9, 2001.

MAMIGONIAN, Armen. A geografia e "A formação social como teoria e como método". *In*: SOUZA, Maria Adélia Aparecida de (org.). **O mundo do cidadão, um cidadão no mundo**. São Paulo: Hucitec, 1996. p. 198. (coletânea dos depoimentos apresentados no seminário "O mundo do cidadão, um cidadão no mundo" realizado pela USP em 1996 em homenagem a Milton Santos)

MARX, Karl. **Contribuição à crítica da economia política**. São Paulo: Expressão Popular, 2008.

MARX, Karl. **O capital**: o processo global de produção capitalista. Rio de Janeiro: Civilização Brasileira, 1975.

MAZRUI, Ali. A. Procurai primeiramente o reino politico. *In*: MAZRUI, Ali. A. (ed.). **História geral da África**: África desde 1935. São Paulo: Cortez; Brasília: Unesco, 2011. v. 8, p. 125-150.

MBEMBE, Achille. **On the post colony**. Berkeley: University of California Press, 2001.

McELVANEY, Kevin. Agbogbloshie: the world's largest e-waste dump – in pictures. **The Guardian**, London (online), 27 feb. 2014. Disponível em: <https://www.theguardian.com/environment/gallery/2014/feb/27/agbogbloshie-worlds-largest-e-waste-dump-in-pictures>. Acesso em: abr. 2020.

McGEE, T. G. **The urbanization process in the Third World**. London: Bell, 1971.

MIRACLE, Marvin; SEIDMAN, Ann. **State farms in Ghana**. Madison: Land Tenure Center University of Wiscosin, 1968.

MKANDAWIRE, Thandika. 30 years of African independence: the economic experience. *In*: ANYANG' NYONG'O, Peter. **30 years of independence in Africa: the lost decades?** Nairobi: African Association of Political Science (AAPS), 1992.

MOORE, Sarah. Global garbage: waste, trash trading, and local garbage politics. *In*: PEET, Richard; ROBBINS, Paul; WATTS, Michael (ed.). **Global political ecology**. London: Routledge, 2011. p. 133-144.

MUNANGA, Kabengele. África – trinta anos de processo de independência. **Revista USP – Dossiê Brasil/África**, São Paulo, n. 18, p. 100-111, jun./ago. 1993.

NEWMONT MINING CORPORATION. Disponível em: <http://www.newmont.com>. Acesso em: abr. 2020.

NIANE, Djibril Tamsir. Introdução. *In*: NIANE, Djibril Tamsir (ed.). **História geral da África**: África do século XII ao XVI. Brasília: Unesco, 2010. v. 4, p. 1-16.

NYAME, Frank; GRANT, J. Andrew. From carats to karats: explaining the shift from diamond to gold mining by artisanal miners in Ghana. **Journal of Cleaner Production**, [Amsterdam] (online), v. 29-30, p. 163-172, July 2012.

NYAME, Frank; GRANT, J. Andrew. The political economy of transitory mining in Ghana: understanding the trajectories, triumphs, and tribulations of artisanal and small-scale operators. **The Extractive Industries and Society**, [Amsterdam] (online), v. 1, n. 1, p. 75-85, March 2014.

OBENG-ODOOM, Franklin. Global political economy and frontier economies in Africa: implications from the oil and gas industry in Ghana. **Energy Research & Social Science**, [London] (online), v. 10, p. 41-56, July 2015.

OBENG, Henry. **Soil classification in Ghana**. Accra: Centre for Policy Analysis, 2000.

OBSERVATORY OF ECONOMIC COMPLEXITY. Disponível em: <http://atlas.media.mit.edu/en/>. Acesso em: abr. 2020.

OKOH, Godfried Appiah. Grievance and conflict in Ghana's gold mining industry: the case of Obuasi. **Futures**, [Amsterdam] (online), v. 62, part A, p. 51-57, Oct. 2014.

OLORUNTIMETHIN, B. Olatunji. A política e o nacionalismo africanos, 1919-1935. *In*: BOAHEN, Albert Adu (ed.). **História Geral da África**: África sob dominação colonial, 1880-1935. Brasília: Unesco, 2010. v. 7, p. 657-674.

OSHIKOYA, Temitope. Introduction. *In*: OSHIKOYA, Temitope (ed.). **Monetary and financial integration in West Africa**. New York: Routledge, 2010.

OTENG-ABABIO, Martin, et al. The local contours of scavenging for e-waste and higher-valued constituent parts in Accra, Ghana. **Habitat International**, [London] (online), v. 43, p. 163-171, July 2014.

OTENG-ABABIO, Martin. When necessity begets ingenuity: e-waste scavenging as a livelihood strategy in Accra, Ghana. **African Studies Quarterly**, Gainesville, v. 13, n. 1-2, p. 1-21, Nov. 2012.

OTENG-KUFUOR, Kofi. **The institutional transformation of Economic Community of West African States**. Hampshire: Ashgate, 2006.

OTTAVIANI, Jacopo. E-waste Republic. **Al Jazeera**, online, 2015. Disponível em: <http://interactive.aljazeera.com/aje/2015/ewaste/index.html>. Acesso em: abr. 2020. [ex-aljazeera]

PERSEUS MINING LIMITED. Disponível em: <http://www.perseusmining.com>. Acesso em: abr. 2020.

PICKREN, Graham. Political ecologies of electronic waste: uncertainty and legitimacy in the governance of e-waste geographies. **Environment and Planning A: Economy and Space**, [London] (online), v. 46, p. 26-45, Jan. 2014.

PRECIOUS MINERALS MARKETING COMPANY. Disponível em: <http://pmmcghana.com>. Acesso em: abr. 2020.

QUIJANO, Aníbal. **Redefinición de la dependencia y marginalización en América Latina.** Santiago: Universidad de Chile, Facultad de Ciencia Económicas, 1970.

RAFFESTIN, Claude. **Por uma geografia do poder**. São Paulo: Ática, 1993.

RANGEL, Ignácio. **Dualidade básica da economia brasileira**. 2. ed. São Paulo: Bienal; Rio de Janeiro: Instituto Ignácio Rangel, 1999.

RIMMER, Douglas. **Staying poor**: Ghana's political economy, 1950-1990. Oxford: Pergamon, 1992.

ROTHCHILD, Donald. **Ghana**: the political economy of recovery. Boulder: Lynne Rienner, 1991.

RUCEVSKA, I. et al. **Waste crime – waste risks**: gaps in meeting the global waste challenge: a rapid response assessment. Nairobi: United Nations Environment Programme; Arendal: GRID-Arendal, 2015.

RUPP, Stephanie. Ghana, China, and the politics of energy. **African Studies Review**, Piscataway, v. 56, n. 1, p. 103-130, Apr. 2013.

SANTOS, K. L. Lixão pontocom. **Carta Capital**, São Paulo, n. 842, p. 8-9, 25 mar. 2015. Disponível em: <https://envolverde.cartacapital.com.br/o-lixao-pontocom-da-africa/>. Acesso em: maio 2020.

SANTOS, Milton. **A natureza do espaço**: técnica e tempo, razão e emoção. São Paulo: Hucitec, 1996.

SANTOS, Milton. Circuitos espaciais de produção: um comentário. *In*: SOUZA, Maria Adélia Aparecida de; SANTOS, Milton (org.). **A construção do espaço**. São Paulo: Nobel, 1986. p. 121-134.

SANTOS, Milton. **O espaço dividido**: os dois circuitos da economia urbana dos países subdesenvolvidos. São Paulo: Edusp, 2004.

SANTOS, Milton. **Por uma outra globalização**: do pensamento único à consciência universal. Rio de Janeiro: Record, 2000.

SANTOS, Milton. Sociedade e espaço: a formação social como teoria e como método. **Boletim Paulista de Geografia**, São Paulo, n. 54, p. 35-59, 1977.

SCHLUEP, Mathias, et al. **Recycling: from e-waste to resources**. Nairobi: United Nations Environmental Program (Unep); Tokyo: United Nations University (UNU), 2009.

SCHLUTER, Thomas. **Geological Atlas of Africa**. Nairobi: Unesco, 2006.

SCISSORS, Derek M. China's outward investment healthy, puzzling. **AEI Research**, Washington D.C., 7 jan. 2015. Disponível em: <https://www.aei.org/research-products/report/chinas-outward-investment-healthy-puzzling/>. Acesso em: maio 2020.

SLAVE VOYAGES. Disponível em: <https://www.slavevoyages.org>. Acesso em: abr. 2020.

TAKANE, Tsutomu. **The cocoa farmers of Southern Ghana**: incentives, institutions, and change in rural West Africa. Chiba: Institute of Developing Economies; Japan External Trade Organization, 2002.

TRADING ECONOMICS. **Indicators**: Countries: Ghana – economic indicators. Disponível em: <http://www.tradingeconomics.com/ghana/indicators>. Acesso em: abr. 2020.

TROTSKY, Leon. **A história da revolução russa**. Tradução de E. Huggins. 3. ed. Rio de Janeiro: Paz e Terra, 1978.

TULLOW OIL. Disponível em: <http://www.tullowoil.com>. Acesso em: abr. 2020.

UEXKULL, Erik von. **Regional trade and employment in ECOWAS**. Genebra: International Labour Office, 2012. p. 415-446. (Employment Working Paper, n. 114)

UNITED STATES GEOLOGICAL SERVICE. Disponível em: <https://www.usgs.gov>. Acesso em: abr. 2020.

UZOIGWE, Godfrey N. Partilha europeia e conquista da África: apanhado geral. *In*: BOAHEN, Albert Adu (ed.). **História geral da África**: África sob dominação colonial, 1880-1935. Brasília: Unesco, 2010. v. 7, p. 21-50.

VARLEY, William J.; WHITE, Henry P. **The geography of Ghana**. London: Longmans, Green & Co., 1958.

WAGAO, Jumanne H. Economic aspects of the crisis in Africa. *In*: ANYANG' NYONG'O, Peter. **30 years of independence in Africa: the lost decades?** Nairobi: African Association of Political Science (AAPS), 1992.

WALLERSTEIN, Immanuel. A África e a economia-mundo. *In*: AJAYI, J. F. Ade (ed.). **História geral da África:** África do século XIX à década de 1880. Brasília: UNESCO, 2010. v. 6, p. 27-46.

WALLERSTEIN, Immanuel. **The road to independence:** Ghana and the Ivory Coast. Paris: Mouton and Co., 1964.

WATTS, Michael. **Silent violence**: food, famine, and peasantry in Northern Nigeria. Athens: University of Georgia Press, 2013.

WORLD BANK. Disponível em: <http://data.worldbank.org/country/ghana>. Acesso em: abr. 2020.

WORLD GOLD COUNCIL. Disponível em: <https://www.gold.org/goldhub/data/historical-mine-production>. Acesso em: abr. 2020.

YANKSON, P. W. K. **Urbanization, industrialization and national development**: challenges and prospects of economic reform and globalization. Legon: University of Ghana, 2006.

LISTAS DE ILUSTRAÇÕES

Imagens

Imagem 1: Estátua mutilada de Kwame Nkrumah no Kwame Nkrumah Memorial Park and Mausoleum em Acra (Grande Acra). Gana, 2016

Imagem 2: Estátua de bronze de Kwame Nkrumah no Kwame Nkrumah Memorial Park and Mausoleum em Acra (Grande Acra). Gana, 2016

Imagem 3: O Kejetia Market, em Kumasi. Gana, 2016

Imagem 4: Vegetação arbustiva de Savana da Guiné no Mole National Park, nas proximidades de Larabanga (Norte). Gana, 2016

Imagem 5: Agricultores de verduras em Paga (Alto Oriental). Gana, 2016

Imagem 6: Plantação de arroz nas proximidades de Cape Coast (Central). Gana, 2016

Imagem 7: Produção de óleo de palma nas proximidades de Tarkwa (Região Ocidental). Gana, 2016

Imagem 8: Parque industrial deteriorado em Acra (Grande Acra). Gana, 2016

Imagem 9: Vendedora de bananas no Makola Market em Acra (Grande Acra). Gana, 2013

Imagem 10: Rodovia pavimentada entre Acra e Kumasi, nas proximidades de Koforidua (Região Oriental). Gana, 2016

Imagem 11: Rodovia parcialmente pavimentada entre Paga e Bolgatanga, nas proximidades de Paga (Alto Oriental). Gana, 2016

Imagem 12: Carros de trem abandonados nos trilhos em Takoradi (Região Ocidental). Gana, 2016

Imagem 13: Usina Hidrelétrica de Akosombo, no lago Volta (Região Oriental). Gana, 2016

Imagem 14: Torres de transmissão de sinal de telefonia móvel entre Acra e Kumasi, nas proximidades de Koforidua (Região Oriental). Gana, 2016

Imagem 15: Pepita de ouro extraída por pequenos mineradores em Tarkwa (Região Ocidental). Gana, 2016

Imagem 16: Propaganda de venda de equipamentos para mineração em Tarkwa (Região Ocidental). Gana, 2016

Imagem 17: Entrada de mina subterrânea artesanal em Tarkwa (Região Ocidental) Gana, 2016

Imagem 18: Máquina de fragmentação de rochas (*crusher*) em estabelecimento de pequena mineração em Tarkwa (Região Ocidental). Gana, 2016

Imagem 19: Máquina de fragmentação de rochas (*smother*) em estabelecimento de pequena mineração em Tarkwa (Região Ocidental). Gana, 2016

Imagem 20: Tanques de decantação em Tarkwa (Região Ocidental). Gana, 2016

Imagem 21: Minerador misturando ouro e mercúrio em Tarkwa (Região Ocidental). Gana, 2016

Imagem 22: Depósitos de manganês no Porto de Takoradi (Região Ocidental). Gana, 2016

Imagem 23: Plantação de bananas em Adanwomase (Axânti). Gana, 2016

Imagem 24: Plantação de cacau em Adanwomase (Axânti). Gana, 2016

Imagem 25: Coleta do cacau em Adanwomase (Axânti). Gana, 2016

Imagem 26: Secagem do cacau em Adanwomase (Axânti). Gana, 2016

Imagem 27: "Aqui a terra é muito ruim." (Youssef, reciclador de lixo eletrônico). Gana, 2016

Imagem 28: Trabalhadores queimando lixo eletrônico nas proximidades do Rio Odaw em Agbogbloshie, Acra (Grande Acra). Gana, 2016

Imagem 29: Mesquita em Agbogbloshie, Acra (Grande Acra). Gana, 2016

Imagem 30: Coletores descarregando lixo eletrônico em Agbogbloshie, Acra (Grande Acra). Gana, 2013

Imagem 31: Lixo eletrônico acumulado em Agbogbloshie, Acra (Grande Acra). Gana, 2013

Imagem 32: Atividade de reparo em Agbogbloshie, Acra (Grande Acra). Gana, 2013

Imagem 33: Trabalhadores em oficina de reparo em Agbogbloshie, Acra (Grande Acra). Gana, 2013

Imagem 34: Oficina de reparo de eletrônicos em Agbogbloshie, Acra (Grande Acra). Gana, 2013

Imagem 35: Oficina de reparo de aparelhos de telefonia móvel em Agbogbloshie, Acra (Grande Acra). Gana, 2013

Imagem 36: Vendedor de cabos conectores em Agbogbloshie, Acra (Grande Acra). Gana, 2013

Imagem 37: Comércio de equipamentos eletroeletrônicos de segunda mão nas proximidades de Agbogbloshie, Acra (Grande Acra). Gana, 2016

Mapas e croquis cartográficos

Mapa 1: Roteiro dos trabalhos de campo em Gana entre 2013 e 2016.
Mapa 2: Principais rotas do comércio transaariano entre a África Ocidental e o Norte da África entre o século XII e o século XVI.
Mapa 3: Principais reinos nas proximidades do rio Volta na África Ocidental entre o século XII e o século XVI.
Mapa 4: Áreas do continente africano articuladas ao tráfico atlântico entre o século XVI e o século XIX.
Mapa 5: Cultivo de plantas oleaginosas na África Ocidental durante o século XIX.
Mapa 6: Divisões políticas coloniais na África em 1900.
Mapa 7: Expansão do Reino Axânti entre o século XVIII e o século XIX.
Mapa 8: Domínios coloniais britânicos na Costa do Ouro entre o século XIX e o século XX.
Mapa 9: Densidade demográfica (por região) em Gana em 2010.
Mapa 10: Zonas de vegetação natural em Gana em 2005.
Mapa 11: Agricultura comercial em Gana em 2005.
Mapa 12: Infraestruturas em Gana em 2011.
Croqui cartográfico 1: Porto de Takoradi em Gana em 2015.
Croqui cartográfico 2: Porto de Tema em Gana em 2015.
Mapa 13: Distribuição de recursos minerais em Gana em 2020.
Mapa 14: Investimentos chineses nos países africanos entre 2005 e 2015.
Mapa 15: Países membro do ECOWAS e infraestruturas na África Ocidental em 2016.

Quadros

Quadro 1: Distinção entre as atividades informais da economia urbana na década 1970 segundo Hart.

Quadro 2: Características dos circuitos da economia urbana na década de 1970 segundo Santos.

Quadro 3: Principais produtos exportados pelos países da África Ocidental em 2017.

Quadro 4: Incentivos fiscais e taxas na mineração em Gana segundo a *Minerals and Mining Law* e a *Minerals and Mining Act*.

Quadro 5: Destino das exportações de Gana em 2017.

Quadro 6: Principais produtos importados pelos países da África Ocidental em 2017.

Quadro 7: Taxas de importação (em %) de bens industrializados em Gana entre 1983 e 2003.

Quadro 8: Conexões transnacionais das empresas de importação em Gana no início do século XXI.

Quadro 9: Importações de alimentos e bens de consumo não duráveis em Gana em 2017.

Quadro 10: Importações de bens de produção em Gana em 2017.

Quadro 11: Importações de bens de capital e bens de consumo duráveis em Gana em 2017.

Quadro 12: Possibilidades e desafios do engajamento chinês na África segundo Grant.

Quadro 13: Preço do metal em Agbogbloshie (Acra, Gana) e no mercado internacional em 2012.

Este livro foi impresso em abril de 2021
na Gráfica Edelbra, em Erechim.
A família tipográfica utilizada foi a Titilium.
O papel utilizado foi o offset 75g/m² para o miolo,
e o cartão 250g/m² para a capa.

foto por Rodrigo Lopez

Kauê Lopes dos Santos nasceu na cidade de São Paulo em 1986. Graduou-se em geografia pela Faculdade de Filosofia, Letras e Ciências Humanas da Universidade de São Paulo (FFLCH-USP) em 2007 e tornou-se mestre em Habitat pela Faculdade de Arquitetura e Urbanismo da mesma universidade (FAU-USP) em 2011. Obteve o título de doutor em geografia humana pela USP em 2017, tendo atuado como pesquisador visitante na University of California, em Berkeley (Estados Unidos) entre 2015 e 2016. Atualmente, Kauê é pesquisador de pós-doutorado no Instituto de Energia e Ambiente da USP e pesquisador visitante no Latin American and Caribbean Centre da London School of Economics and Political Science (Reino Unido). Sua pesquisa acadêmica se dedica aos estudos das dinâmicas econômicas, urbanas e ambientais dos países do Sul Global, em especial daqueles localizados na África e na América Latina.